Stephan Landgraf

Ingrid Brem, Wolfgang Flögel, Christine Heimerl, Karl-Heinz Neumann, Gisela Tittus

Perspektive Wirtschaft 7

Texterfassung und -bearbeitung

Ein Schülerbuch
für den berufsorientierenden Zweig Wirtschaft
Haupt-/Mittelschule Bayern 7/M7

1. Auflage

Bestellnummer 27031

Bildungsverlag EINS

Haben Sie Anregungen oder Kritikpunkte zu diesem Produkt?
Dann senden Sie eine E-Mail an 27031_001@bv-1.de
Autoren und Verlag freuen sich auf Ihre Rückmeldung.

**Die dem Lernmittel beigefügte CD-ROM enthält ausschließlich optionale Unterrichtsmaterialien.
Die CD-ROM unterliegt nicht dem staatlichen Zulassungsverfahren.**

Abbildungen
akg-images, Berlin: S. 138 o. und u. r., 139 u. – **Ingrid Brem, Regensburg/BV1:** S. 161 M., 167 r., 168 (außer Digicam) – **Bundesagentur für Arbeit, Nürnberg:** S. 46 (Logo) – **Deutsche Bundesbank, Außenstelle München:** S. 144 – **Fotolia.com:** Umschlagseite 1 (o. l., © Magalice; o. r., © Thomas Neumer; u. l., © Kzenon; u. r., © Gandolf), S. 8 (Junge, © VRD), 11 (Münzen, © Pegra), 12 (Junge, © VRD), 13 (© VRD), 23 (Hefte, © Unclesam; Register, © mapoli-photo), 27 (o. l., © laurent hamels), 36 (o., © nyul; M., © laurent hamels; u. l., © Tortenboxer; u. M., © Franck Boston; u. r., © Sunil Kumar), 46 (o., © goldencow_images; u. r., © piai), 60 (Provider, © Amy Walters), 67 (Käfer, © Sven; Handwerker, © Peter Atkins; Arztpraxis, © Kzenon; Arzt, © Benjamin Thorn), 68 (© Gina Sanders), 111 (© loiic), 123 (M., © Monkey Business; u., © Marcin Sadlowski), 154 o. (© Alterfalter), 157 (o. r., © jokatoons; u. r., © Ariel Bravy), 158 (©eyezoom1000), 160 (© goldencow_images), 161 u. (© jokatoons), 166 (© foodinaire.de), 167 l. (© jokatoons), 170 (© jokatoons), 172 l. (© XJ6652), 173 (o., © PhotoStocker; u. l., © moonrun; u. r., © jokatoons), 175 (o. l., © Fennilein; o. r., © J. Y.; u., © asteris) – **Stefanie Gabriel, Stettenhofen/BV1:** S. 28, 29 (alle außer Grafiken), 31 M. und u. – **Stephanie Hänig, Nabburg/BV1:** S. 60 (Zebra) – **IrfanView 4.25 (Screen-shots):** S. 27 M. – **KUNO (Uniklinikum, Regensburg):** S. 125, 133 (Logo mit Schriftzug) – **Lineto GmbH Kleinbreitfeld, Küssnacht am Rigi:** S. 43 (FE Mittelschrift, FE Engschrift) – **MEV Verlag GmbH, Augsburg:** S. 24 (Ordner), 44, 58, 59, 60 (PC ohne Bild), 83, 99, 103, 123 o., 145 o., 154 u., 157 o. l., 172 r. – **Microsoft Office 2003 (Screenshots):** S. 11, 12, 32, 33 (außer Grafik), 38 - 40, 42, 43, 49, 50, 53, 54, 68, 94, 97, 165 – **Microsoft WindowsXP (Screenshots):** S. 24 - 27 – **Karl-Heinz Neumann, Alteglofsheim/BV1:** S. 31 o., 116, 117, 168 (Digicam) – **OpenOffice.org 3.3:** S. 125 - 135, 140, 146 - 153 – **picture-alliance:** S. 106 (imagestate/HI) – **Marion Venus, Regensburg/BV1:** S. 27 (alle außer o. l.), 85, 169 – **Wikimedia Deutschland e. V., Berlin:** S. 138 u. l. (http://de.wikipedia.org/wiki/Datei:Daimingbaochao.jpg),
139 u. (http://de.wikipedia.org/wiki/Datei:Die_Gartenlaube_(1894)_b_349_2.jpg)

Grafiken
Angelika Brauner, Hohenpeißenberg: S. 29 (alle außer Fotos), 30 – **Hendrik Kranenberg, Drolshagen:** S. 8 (Frosch), 9, 10, 11 (Schlagzeug, Wanderer), 14, 33 (Apfel), 39, 62 – **Karl-Heinz Neumann, Alteglofsheim:** S. 60 (Karte) – **tiff.any GmbH, Berlin:** S. 67 (Internetseiten)

Quellennachweis
S. 39: „In nur vier Zeilen", „An einen jungen Journalisten", „Dichter" von Heinz Erhardt, aus: Das große Heinz Erhardt Buch, Lappan Verlag, Oldenburg 2009 – **S. 181:** „Bundesagentur für Arbeit", aus: http://www.arbeitsagentur.de/nn_27298/Navigation/zentral/Servicebereich/Ueber-Uns/Ueber-Uns-Nav.html

www.bildungsverlag1.de

Bildungsverlag EINS GmbH
Hansestraße 115, 51149 Köln

ISBN 978-3-427-27031-7

Vorwort

Liebe Schülerinnen und Schüler,

der berufsorientierende Zweig Wirtschaft vermittelt euch in der 7. Jahrgangsstufe in enger Absprache mit dem Fach Arbeit-Wirtschaft-Technik die Gegenstandsfelder Medienkompetenz, Kommunikation und Berufsorientierung. Damit diese Bereiche im Buch leichter zu unterscheiden sind, wurden sie mit verschiedenen Farben gekennzeichnet:

- Medienkompetenz
- Kommunikation
- Berufsorientierung

Vorausgesetzt werden Grundkenntnisse im Tastschreiben aus den Jahrgangsstufen 5 und 6.

Schwerpunkt dieser Jahrgangsstufe sind Dokumentbearbeitung/Dokumentgestaltung, Tabellenkalkulation, EDV – Internetanwendung, 10-Finger-Tastschreiben/Texteingabe, Schriftliche und mündliche Kommunikation, ein erster Zugang zu betrieblicher Erwerbsarbeit und Beruf und schließlich das Erstellen eines Printprodukts als Projekt.

Das Inhaltsverzeichnis gibt euch einen Überblick über die einzelnen Themen. In der rechten Spalte findet ihr die entsprechenden Inhalte.

Die folgenden Piktogramme helfen euch, sich leicht in diesem Schulbuch zurechtzufinden:

- Arbeite am Computer.
- Öffne die angegebene Datei von der beiliegenden CD oder einer anderen Datenquelle.
- Informiere dich im Internet.
- **M** Die mit M gekennzeichneten Aufgaben bzw. Seiten sind für die M-Schülerinnen und M-Schüler gedacht.
- **BO** Die mit BO gekennzeichneten Aufgaben bzw. Seiten dienen der Berufsorientierung.

Arbeitsaufgaben sind mit dieser blauen Farbe gekennzeichnet. Wenn nicht besonders angemerkt, wird dir deine Lehrkraft mitteilen, ob du Aufträge und Fragen in Einzel-, Partner- oder Gruppenarbeit bearbeiten sollst.

An dieser Stelle wirst du auf wichtige bzw. zusätzliche Informationen oder Zusammenhänge hingewiesen.

Merke Mit diesen Farben sind besonders wichtige Sachverhalte gekennzeichnet.

Inhaltsverzeichnis

●	Eine Grafik steht Kopf 8	Grafik drehen bzw. kippen, horizontal spiegeln
●	Eine Grafik – vier Outfits 9	Farbe in einer Grafik ändern
●	Text und Grafik bieten viele Gestaltungsmöglichkeiten 11	Text und Grafik kombinieren
●	Übung macht den Meister 15	Tastwege wiederholen, üben, anwenden, vertiefen, Text eingeben
●	Tastwegübungen mit allen Buchstaben 21	Tastwege wiederholen, üben, anwenden, vertiefen, Text eingeben
●	Irren ist menschlich 22	Fehlererkennung, Fehleranalyse, Fehlerberichtigung
●	Errare humanum est 23	Text eingeben, Ausdauer- und Konzentrationstraining
●	Ordnung ist das halbe Leben 24	Dateien verwalten
●	Ein Dateiverwaltungsprogramm bietet vielfältige Möglichkeiten 25	Dateien öffnen und sichern, Ordner anlegen
●	Mit mehreren Programmen gleichzeitig arbeiten? 27	gleichzeitig mit mehreren Programmen arbeiten
●	Wie können Daten aufbewahrt werden? 28	Datenträger kennenlernen und unterscheiden
●	Wie erstellst du eine Kopf- und/oder Fußzeile? 32	Kopf-, Fußzeile einfügen
●●	Den ganzen Tag nur sitzen? BO 34	Text eingeben, gestalten
●	Kleingeschriebene Wörter mit allen Buchstaben des Alphabets 37	Tastwege wiederholen, üben, anwenden, vertiefen, Text eingeben
●	Unterschiedliche Seitenformatierungen verlangen einen Abschnittsumbruch 38	Abschnitt umbrechen/wechseln
●	Kurze Zeilen erleichtern das Lesen 40	Spalten setzen
●	Lesen – eine der wichtigsten Fähigkeiten des Menschen 41	Text eingeben
●	Die Lesbarkeit eines Textes hängt von vielen Faktoren ab 42	Absatzabstand einstellen, Zeichenabstand/Laufweite ändern
●	Wo liegen deine Stärken? BO 44	Neigungen und Stärken kennenlernen, Informationen über Ausbildungsberufe einholen
●	Nur nicht den Überblick verlieren BO 46	Ordner anlegen, Deckblätter gestalten

●	Mit Formen und Zeichnungselementen Informationen herausstellen BO 48	Objekte zeichnen, Effekte ausprobieren, Objekte positionieren und anordnen, Poster gestalten
●	Ein Blickfang: Text in Textfeldern BO 52	Textfeld erstellen und formatieren, Poster gestalten
●●●	Ausbildungsreife – eine Voraussetzung für den Berufseinstieg BO 56	Text eingeben, gestalten
●	Wie funktioniert das Internet? 60	Text eingeben
●	Internet – das Netz der Netze 61	Internet nutzen
●	Das World Wide Web – eine unermessliche Informationsquelle 62	Informationen aus dem Internet gewinnen
●	Wie ist eine Internetadresse aufgebaut? 63	Bauteile einer Internetadresse kennenlernen
●	Informationen schnell und direkt gefunden 65	Informationen im Internet suchen
●	Einmal im Internet – immer im Internet 66	mit Daten verantwortungsbewusst umgehen
●●	Nach welchen Kriterien kannst du eine Internetseite beurteilen? M 67	Internetseite beurteilen
●	Wie komme ich ins Internet? 70	Text eingeben
●	Erst 10 Jahre alt und schon so riesig! 71	Text eingeben
●	Ziffern 3 4 9 0 72	Ziffern-, Zeichen- und Sondertasten bedienen
●	Ziffern 5 6 7 8, Zeichen für ( ) 74	Ziffern-, Zeichen- und Sondertasten bedienen
●	Ziffern 1 2 76	Ziffern-, Zeichen- und Sondertasten bedienen
●	Beträge, Zeiten, Daten ... .77	Ziffern-, Zeichen- und Sondertasten bedienen
●	Tastschreiben macht Spaß 78	Regeln der DIN 5008 richtig anwenden
●	Großgeschriebene Wörter mit allen Buchstaben des Alphabets 79	Tastwege wiederholen, üben, anwenden, vertiefen, Text eingeben
●	Warum trennt hier der Computer? 80	geschütztes Leerzeichen, Text eingeben und gestalten
●●●	Fluggerätemechaniker – ein anspruchsvoller Beruf BO 81	Text eingeben, gestalten
●	Satzzeichen 84	Tasten mit Zeichen rationell bedienen
●	Abkürzungen, Römische Zahlzeichen 85	Tasten mit Zeichen rationell bedienen
●	Zeichen für den Schrägstrich 86	Tasten mit Zeichen rationell bedienen
●	Zeichen für Paragraf, „und“, „ist gleich“ 87	Tasten mit Zeichen rationell bedienen

●	Zeichen für Prozent und Nummer 88	Tasten mit Zeichen rationell bedienen
●	Zeichen für Grad und Akzente, Hochzahlen 89	Tasten mit Zeichen rationell bedienen
●	Zeichen für „geboren" und „gestorben", Additionszeichen 90	Tasten mit Zeichen rationell bedienen
●	Zeichen für Mikro, Kleiner und Größer, auch spitze Klammer 90	Tasten mit Zeichen rationell bedienen
●	Zeichen für „at", Euro und Schrägstrich links 90	Tasten mit Zeichen rationell bedienen
●	Übung macht den Meister 91	Zeichen und Zahlen gliedern
●	Auslandserfahrene Mitarbeiter haben häufig größere Chancen 92	Text eingeben
●	Tastschreiben ist international 93	Text eingeben
●	Reisen erfordern Sprachkenntnisse 94	Text übersichtlich in Tabellen darstellen
●●	Vereinigtes Königreich Großbritannien und Nordirland 98	Text eingeben und gestalten
●●	Die italienische Küche ist für ihre Bekömmlichkeit bekannt.................................. 101	Text eingeben und gestalten
●	Erst planen, dann gestalten **M** 104	Tabellen planen, erstellen und übersichtlich gestalten
●	Das Europäische Parlament 105	Text eingeben
●	Die Briefmarke ist nicht nur ein Gebrauchsgegenstand 106	Text eingeben
●	Ein lukrativer Handelszweig – Adressen 107	Text eingeben
●	Welche Bauteile enthält ein A4-Brief? **BO** 108	privaten Brief gestalten (Bauteile)
●	Eine normgerechte Anschrift vermeidet Missverständnisse **BO** 110	Anschrift normgerecht gestalten
●	Weitere Bauteile eines Briefes **BO** 112	privaten Brief gestalten (Betreffvermerk, Anrede, Briefabschluss)
●	So kannst du ein Anschreiben zur Zugangserkundung gestalten **BO** 114	privaten Brief gestalten
●	Ein Fragebogen zur Erkundung ist schnell erstellt **BO** 115	Fragebogen übersichtlich erstellen
●●	Telefonieren ist gar nicht so einfach! **BO** 116	Telefongespräch führen
	Da bleibt nur eines: Reklamieren 120	Text eingeben

Übung macht den Meister	121	privaten Brief erstellen
Gesundheits- und Kinderkra BO n-pfleger/-in	122	Text eingeben und gestalten
KUNO – jed BO nn helfen	125	Grundbegriffe der Tabellenkalkulation kennenlernen, Daten erfassen und bearbeiten
So kannst du Tabellen einrichten und gestalten	130	Tabelle einrichten, Daten erfassen und bearbeiten
Münzen und Scheine – wichtige Zahlungsmittel	136	Text eingeben und gestalten
Einfach und schnell - übersichtliche Berechnungen mit der Tabellenkalkulation	140	Daten erfassen, bearbeiten und gestalten
Von Euromünzen und -scheinen lässt sich einiges ablesen	142	Text eingeben und gestalten
Wie können Zahlenwerte grafisch dargestellt werden?	146	Diagramme beschreiben, Zahlenwerte in Diagrammen darstellen und gestalten
Ein Bild sa M ehr als tausend Worte	154	Publikationen und Präsentationen erstellen
Projektarbeit ist Teamarbeit! BO	158	Projektphasen kennenlernen, Projekt planen
Gut gerüstet ins Projekt geher BO	164	Printprodukt herstellen
BO		

Anhang

Kannst du zwitschern?	177	Text eingeben
Dabeisein ist alles - wirklich?	178	Text eingeben
Übersicht zu den DIN-Regeln	179	DIN-Regeln zu Zeichen und Ziffern überblicken
Worterklärungen	181	Fachbegriffe klären
Stichwortverzeichnis	188	

Eine Grafik steht Kopf

Die Arbeit mit Grafiken ist dir bereits bekannt. Du hast gelernt, sie einzufügen, zu positionieren, in der Größe zu verändern oder sie frei zu drehen.

Dein Textverarbeitungsprogramm bietet dir verschiedene Möglichkeiten, Grafiken in eine bestimmte Richtung zu bringen. Der Fachbegriff hierfür ist **Drehen** bzw. **Kippen**.

1. Betrachte die links abgebildeten Grafiken. Berate dich mit deinem Partner:

Welche Arbeitsschritte sind erforderlich, um eine Grafik „auf den Kopf zu stellen"? Erläutere auch mit der unten stehenden Grafik.

Grafik menügeführt kippen

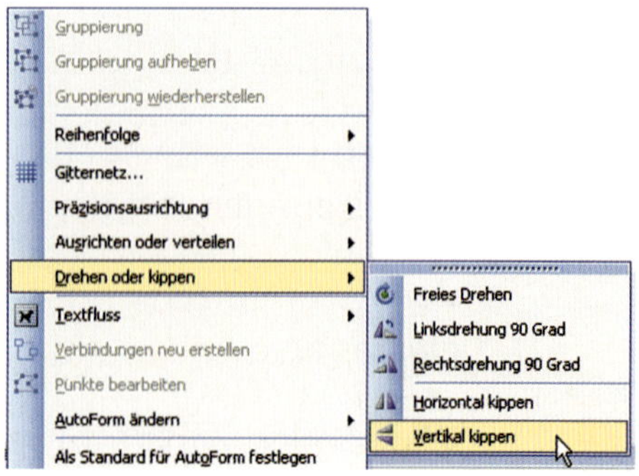

Grafik frei drehen

2. Füge in dein Dokument eine Grafik ein.

- Kopiere diese und füge sie mehrmals auf deinem Arbeitsblatt ein.
- Kippe und drehe die Grafiken in verschiedene Richtungen.

Grafik horizontal spiegeln

So spiegelst du eine Grafik horizontal:

- Grafik aktivieren
- linken Mauszeiger an den linken Eckziehpunkt bringen
- bei gedrückt gehaltener linker Maustaste nach rechts ziehen
- linke Maustaste lösen

Eine Grafik – vier Outfits

Am Schwarzen Brett der Schule hängt die Einladung der SMV zu einer großen Schüler-Disco-Party.

Linda und Zansu betrachten neugierig den Aushang. Was fällt den beiden bei den vier Gitarristen auf?

Auf geht's zur großen
Disco-Party
mit Live-Musik
unserer Schülerband
Solist:
Yannick Borst,
Gitarre
Freitag, 28. Oktober,
17 bis 21 Uhr,
in der Aula der Schule
1
2
3
4

1. Welche Unterschiede stellst du mit deinem Partner zwischen Grafik 1 und Grafik 2 fest?
2. Vergleiche ebenso mit den beiden anderen Gitarrespielern.

Farben ändern

Wie auf der Einladung zur Disco-Party zu sehen ist, können die Farben einer Grafik bzw. die Farben von Teilbereichen einer Grafik geändert werden. Allerdings ist dies nicht bei jeder Grafik möglich. Folgende Voraussetzung muss gegeben sein:

Die Grafik muss sich in ein sog. Zeichnungsobjekt umwandeln lassen. Dies geschieht, indem die Gruppierung der Grafik aufgehoben wird. Dabei wird die Grafik in unzählige kleine Bildpunkte zerlegt.

Vorsicht – bei Berührung der „zerlegten" Grafik mit der Maus können leicht einzelne Teilchen verschoben oder gar gelöscht werden.

Abb. 1:
Die Ursprungsgrafik ist markiert.

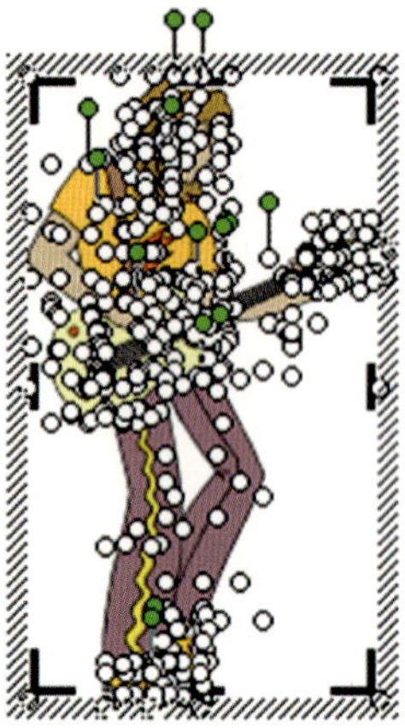

Abb. 2:
Die Gruppierung der Grafik ist aufgehoben – die Grafik ist in einzelne Bereiche zerlegt.

Abb. 3:
Der Teilbereich „Haare" ist markiert.

Abb. 4:
Die Haare sind gelb eingefärbt.

So änderst du z. B. Farben in einer Grafik:

- Grafik markieren, Abb. 1
- Layout „Rechteck" festlegen
- Gruppierung der markierten Grafik aufheben, Abb. 2

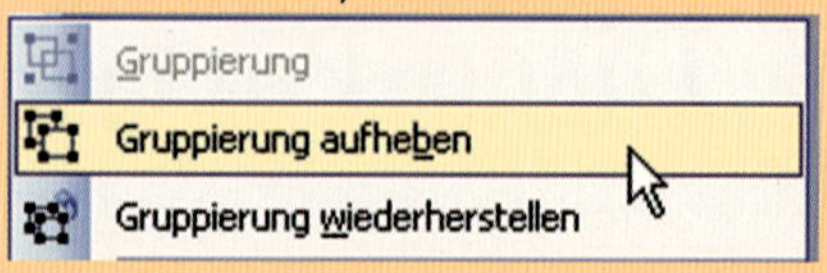

- Frage „Soll die Grafik in ein Zeichnungsobjekt umgewandelt werden?" mit „Ja" beantworten.
- Markierung aufheben
- neu einzufärbenden Bereich markieren, Abb. 3
- gewünschte Farbe (Schaltfläche „Füllfarbe") wählen, den markierten Bereich anklicken, Abb. 4
- Grafik markieren
- Gruppierung wieder herstellen

3. Öffne die Datei *009-Disco-Party* und speichere unter *Disco.*

4. Gestalte das Poster auf Seite 9 nach.

5. Wähle für Hemd, Hose und Gitarre neue Farben.

Text und Grafik bieten viele Gestaltungsmöglichkeiten

Die 7. Klassen möchten ihren Eltern Fotos von ihrem Schullandheimaufenthalt zeigen und erstellen folgendes Einladungsschreiben:

EINLADUNG

Nachdem wir alle glücklich und ohne größere Blessuren von unserem Schullandheimaufenthalt zurückgekehrt sind, möchten wir Ihnen, liebe Eltern, einen kleinen Eindruck von unseren Erlebnissen vermitteln.

Wir laden Sie herzlich ein zu einem

Fotoabend

mit musikalischer Umrahmung.

Wann: 12. Juni 20.., 20 Uhr
Wo: Aula
Es spielt: unsere Klassenband

Über Ihr Kommen freuen wir uns sehr.

Die Schülerinnen und Schüler
der 7. Klassen

Der Eintritt ist selbstverständlich kostenfrei.
Über eine kleine Spende für unsere Klassenkasse
würden wir uns aber sehr freuen.

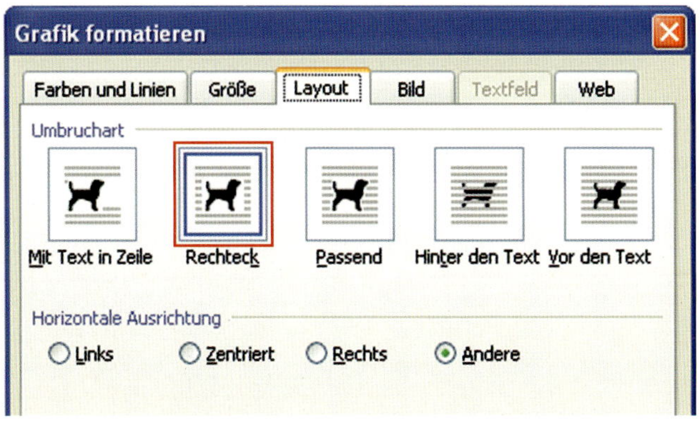

1. Betrachte das nebenstehende Einladungsschreiben und äußere dich zur Position der Grafiken zum Text.

2. Wiederhole mit deinem Partner: Welche Arbeitsschritte sind erforderlich, um Grafiken an verschiedenen Stellen eines Dokuments zu platzieren?

3. Öffne die Datei *011-Grafik positionieren*, speichere unter *Grafik positionieren* und füge in das Arbeitsblatt vier Grafiken ein.

4. Wähle Menü FORMAT – GRAFIK – *Layout.*

- Betrachte die im Fenster dargestellten Umbrucharten und horizontalen Ausrichtungsmöglichkeiten.
- Probiere mithilfe der auf deinem Arbeitsblatt eingefügten Grafiken verschiedene Umbrucharten sowie horizontale Ausrichtungen aus.

In manchen Textverarbeitungsprogrammen ist als Umbruchart *Mit Text in Zeile* voreingestellt.

Weitere Umbrucharten und Optionen für die Ausrichtung findest du, wenn du in der Registerkarte Layout auf die Schaltflächen *Weitere – Textfluss* klickst.

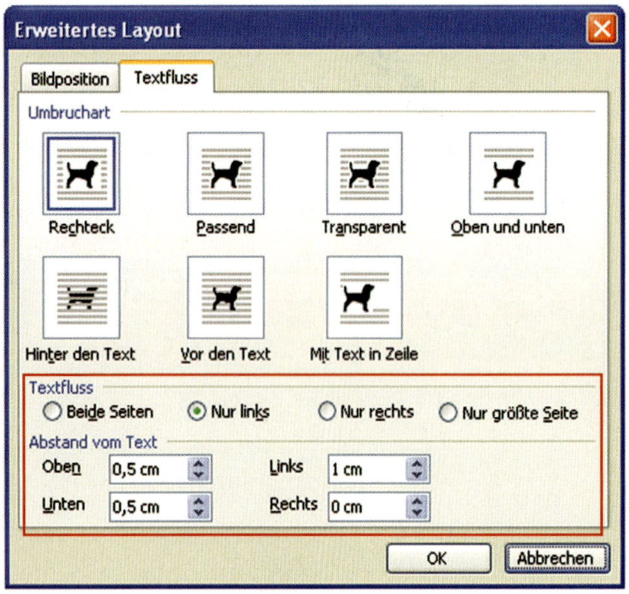

5. Wähle für eine Grafik auf deinem Dokument folgende Optionen:

- Umbruchart *Rechteck*
- Textfluss *Nur links*
- *Abstand vom Text*:
  oben und unten: 0,5 cm
  Links: 1 cm

6. Probiere weitere Optionen aus.

Vor der Formatierung einer Grafik muss diese aktiviert werden.

Bei der Gestaltung eines Textes in Kombination mit einer Grafik gibt es programmabhängig verschiedene Möglichkeiten, das Zusammenspiel dieser Elemente mithilfe eines **Zeilen**- bzw. **Textumbruchs** darzustellen.

Der Text fließt bis zur Grafik und dann darunter weiter. Der Text

fließt bis zur Grafik und dann darunter weiter. Der Text fließt bis zur

Der Text fließt um die Konturen der Grafik. Der Text fließt um die Kontu ren der Grafik. Der Text fließt um die Kontu ren der Grafik. Der Text fließt um die Konturen der Gra fik. Der Text fließt um die Konturen der Gra fik. Der Text fließt um die Konturen der Grafik. Der Text fließt um die Konturen der Grafik. Der

Der Text fließt ohne Rücksicht auf die Grafik weiter. Der Text fließt ohne Rücksicht auf die Grafik weiter. Der Text fließt ohne Rücksicht auf die Grafik weiter. Der Text fließt ohne Rücksicht auf die Grafik weiter. Der Text fließt ohne Rücksicht auf die Grafik weiter. Der Text fließt ohne Rücksicht auf die Grafik weiter. Der Text fließt ohne Rücksicht auf die Grafik weiter. Der Text fließt ohne Rück-

Der Text fließt nur links um einen gedachten Rahmen der Grafik. Der Text fließt nur links um einen gedachten Rahmen der Grafik. Der Text fließt nur links um einen gedachten Rahmen der Grafik. Der Text fließt nur links um ei-

Der Text fließt links und rechts um einen gedachten Rahmen der Grafik. Der Text fließt links und rechts um einen ge dachten Rahmen der Grafik. Der Text fließt links und rechts um einen gedachten Rahmen der Grafik. Der Text fließt links und rechts um einen gedachten Rahmen der Grafik. Der Text fließt links und

Der Text fließt nur rechts um einen gedachten Rahmen der Grafik. Der Text fließt nur rechts um einen gedachten Rahmen der Grafik. Der Text fließt nur rechts um einen gedachten Rahmen der Grafik. Der Text

Merke Grafiken können die Wirksamkeit eines Schriftstücks unterstreichen. Grafiken lassen sich an beliebigen Stellen eines Dokuments einfügen und verschieden positionieren. Beim Zusammenspiel von Text und Grafik kann der Textfluss mit einem Textverarbeitungsprogramm unterschiedlich gestaltet werden.

Arbeitsaufgaben

1. Öffne die Datei *013-Grafik Textfluss,* speichere unter *Grafik Textfluss.*

- Kopiere die Grafik und füge sie in dein Arbeitblatt fünfmal ein.
- Platziere jeweils eine Grafik in jeden der sechs Absätze und wähle die verschiedensten Umbrucharten.
- Beschreibe die Ergebnisse.

2. Öffne die Datei *011-Einladung,* speichere unter *Einladung* und gestalte das Poster von Seite 11 nach.

3. Gib die unten stehenden Daten ein oder öffne die Dateien *014-Schülerlauf*, *014-Schulspielgruppe*, *014-Schultür* und gestalte jeweils ein ansprechendes Poster.

- Nutze den zur Verfügung stehenden Raum einer A4-Seite aus.
- Binde geeignete Grafiken ein.
- Positioniere die Grafiken wirkungsvoll.

Schüler laufen für einen guten Zweck
Großer Schülerlauf der Haupt-/Mittelschule Musterhausen
zugunsten der Station Regenbogen
Freitag, 18. Juni 20..
Start: 11 Uhr
Wegstrecke: 1,5 km
Schulstraße – Gartenstraße – Steige – Schulstraße
Für jede gelaufene Runde erhält jede Schülerin und jeder Schüler 50 Cent, die an die Station Regenbogen gespendet werden.
Ein herzliches Dankeschön an unsere Sponsoren:
Schulverband, Elternbeirat, örtliche Betriebe und sonstige Gönner

Schulspielgruppe und Schulchor
laden ein:
Singspiel
Max und Moritz – eine Bubengeschichte in sieben Streichen
Mittwoch, 25. März 20.., 19 Uhr
Aula
Wir freuen uns auf Ihr zahlreiches Erscheinen.

M **3.** Gib die unten stehenden Daten ein oder öffne die Dateien *014-Schultür* und gestalte ein ansprechendes Poster.

Tag der offenen Schultür
Samstag, 4. Mai 20..
10 bis 14 Uhr
Schülerinnen und Schüler zeigen Ihnen:
Versuche im Physikraum, erste Schritte im Umgang mit dem Internet, Schaukochen in der Schulküche, Schauturnen in der Turnhalle
In der Aula können Sie Schülerarbeiten aus dem Zweig Technik bewundern.
Für Ihr leibliches Wohl sorgt das Schulbistro.

Übung macht den Meister

1. Gib von den Zeilen 1 – 3 jeweils eine ein und lass dich beim Schreiben von deinem Nachbarn beobachten:
- Bei welchen Tastwegen unterbrichst du den Schreibfluss?
- Welche Tasten schlägst du mit dem falschen Finger an?
- Bei welchen Tastwegen benutzt du die Umschalttaste auf der falschen Seite?

1 a b c d e f g h i j k l m n o p q r s t u v w x y z ä ö ü ß
2 A b C d E f G h I j K l M n O p Q r S t U v W x Y z Ä ö Ü ß
3 a B c D e F g H i J k L m N o P q R s T u V w X y Z ä Ö ß Ü

2. Suche aus den Wiederholungsübungen der folgenden Seiten geeignete Zeilen heraus und gib sie mehrmals ein. Beachte dabei die folgenden Punkte.

Gehe mit deinen Fingern in die Grundstellung und kehre nach dem Anschlagen der einzelnen Tasten in diese zurück.

Betätige die Umschalttaste entgegengesetzt zur Schreibhand.

Bediene die Korrigiertaste mit dem kleinen Finger der rechten Hand.

Buchstabiere beim Schreiben leise mit.

A S D F J K L Ö

1 asdf ölkj fdsa jklö asdf ölkj fdsa jklö asdf ölkj fdsa jklö
2 öjaf lskd ldaf lköj öjaf lskd ldaf lköj öjaf lskd ldaf lköj

3 falls ja da öd als las das falls ja da öd als las das falls
4 da las als öd das ja falls da las als öd das ja falls ja da
5 Alaska Skala Dallas Fass Jak Kalk Öl Alaska Skala Dallas Öl

E I ,

1 fdedsa jkiklö fdedsa jkiklö fdedsa jkiklö fdedsa jkiklö e i
2 jkik,klö fdedsa jkik,klö fdedsa jkik,klö fdedsa jkik,klö k,

3 je jedes öde die sie öle sei des je öde die sie öle sei des
4 dies seid lies alle jede lief dies seid lies alle jede lief

5 Fö Ja Dö Ka Eö Ia Sö La Aö Öa Fö Ja Dö Ka Eö Ia Sö La Aö Öa
6 Feld Jade Dias Klee Else Ilse Seide Lied Adel Öle Feld Jade
7 Akelei Öse See Laie Diele Keks Esse Idee Fessel Jaffa Allee

8 diese Kekse, das Eis, diese Filiale, die Kasse, diese Idee,
9 das ideale Öl, dieses Fass, die Seife, das edle lila Kleid,

R U

```
1  frfde jujki frfde jujki frfde jujki frfde jujki frfde jujki
2  röaielsru uaöeislur röaielsru uaöeislur röaielsru uaöeislur
3  l. jujkik,kl.lö frfdedsa jujkik,kl.lö frfdedsa jujkik,kl.lö

4  du er auf aus dir dieser jeder idealer fairer darauf daraus
5  rufe frisiere kassiere rudere radiere kaufe rasiere liefere

6  Rö Ua Ei Ie Fö Ja Dö Ka Sö La Aö Öa Rö Ua Ei Ie Fö Ja Dö Ka
7  Reise Ufer Rad Ulk Rasur Ural Reeder Uri Rille Ursula Reife
8  jedes Rad, der Ulk, diese Ruderer, das Ufer, auf der Reise,

9  Rufe Ulli auf. Erfasse diese Adresse. Liefere Ulla das Rad.   66
10 Der Kassierer rief diese Kauffrau. Kaufe dir diese Kleider.   64
```

1. Gib die Wörter von Zeile 11 ein.

2. Lösche dann mithilfe der Korrigiertaste einzelne Buchstaben, damit du ein neues kleingeschriebenes Wort erhältst.

Benutze den kleinen Finger für die Korrigiertaste.

```
11 Kajak dreierlei daraus Kauffrau Adresse kaufe kassiere dies
```

G H

```
1  fgasd jhölk fgasd jhölk fgasd jhölk fgasd jhölk fgasd jhölk
2  gfrfdedsa hjujkiklö gfrfdedsa hjujkiklö gfrfdedsa hjujkiklö

3  gehe höre grau hell gehe höre grau hell gehe höre grau hell
4  freudig hellhörig gesellig eifrig geduldig heraus geradeaus

5  rudere ruhiger, referiere eifrig, sei geduldiger, höre dies
6  erledige alles, hilf ihr, lege alles hierher, leihe es ihr,

7  Geige Harfe Gage Held Geld Höfe Geduld Herr Gras Hilfe Gala
8  Auge Sieg Ehe Frage Regie Griff Heer Jagd Uhr Iris Kugel Öl

9  Der Ausflug gefiel Frau Gerda Hager sehr. Sie fuhr hierher.   65
10 Liefere Harald die riesige graue Kugel. Gehe auf die Reise.   64
```

1. Gib die Wörter von Zeile 11 ein.

2. Lösche dann mithilfe der Korrigiertaste einzelne Buchstaben, damit du ein neues großgeschriebenes Wort erhältst.

```
11 Hauskauf Grafik Regisseur Haargel Ehefrau Segel Gras Gerald
```

C

```
dcd asdcdedfrfgf jhjujkik,kl.lö asdcdedfrfgf jhjujkik,kl.lö
cka cha cke che cki chi cku chu cke che cka cha cki chi cku

cake calf call case cash chalk cheese chief chair ice crash
such dark halls, he sells cars, his sad face, he calls her,

sachlicher, höflicher, schicklicher, reichlicher, frischer,
,rehcsirf ,rehcilhcier ,rehcilkcihcs ,rehcilföh ,rehcilhcas

CD Chef Celsius Cadillac Caddie Chili Chöre Charles Cassius
CAD Chagall Chur Crash Carla Chauffeur Chefsache Chefsessel

Lege die CD auf das Regal. Cliff fuhr rasch aus der Garage.       65
Die herrliche Schiffsreise gefiel Clarissa sicherlich sehr.       62
```

T N

```
sdftf lkjnj tftds njnkl sdftf lkjnj tftds njnkl sdftf lkjnj
tnghrueiaöt nthgurieöan tnghrueiaöt nthgurieöan tnghrueiaöt

testen tragen trinken tanken teilen trainieren tagen taufen
nachfahren nachdenken nachstellen nachsteigen nachgeliefert

Tagungen Neuerungen Talente Neuanfang Triathlet Nachrichten
Turnerinnen Niederlagen Trainingsleistungen Neigung Taschen

diese Eintrittskarten, die Fahrkarten, diese Theaterkarten,
alle Tage, jede Nacht, keine neuen Tests, gute Nachrichten,

Talentierte Turner treffen sich heuer Ende Juni in den USA.       66
Nach der Anreise trainieren die gut gelaunten Jugendlichen.       62
```

V M

```
mjm vfv njn ftf hjh gfg uju rfr kik ded k,k dcd l.l asd ölk
fvrjmuaöv jmufvröam fvrjmuaöv jmufvröam fvrjmuaöv jmufvröam

vice mine vital make visit middle verse magic value miracle
Late in the evening the driver damaged the right headlight.

viel aufmerksamer fahren, eventuell auch mehrmals anhalten,
vertraulich miteinander reden, sich vielmals entschuldigen,

Vermögen Vertragsverhandlungen Versicherungsvertretertagung
Mustervertrag, Mitfahrgelegenheit, Mitgliederversammlungen,

Magdas Versicherung regelt den Schaden des Verkehrsunfalls.       63
Der Unfallgegner erhielt eine Mitteilung und seinen Scheck.       63
```

B Z

bzeivm zbiemv bzeivm zbiemv bzeivm zbiemv bzeivm zbiemv b z
aböz bazö zaöb böaz aböz bazö zaöb böaz aböz bazö zaöb böaz

bei zum bis zur beim ganz aber zeigt bald sitzt leben jetzt
eben kurz beide zuerst haben zeigen bisher einzelnen bereit

jederzeit schnell zu beziehen, zuletzt ebenfalls begriffen,
ganz kurz beschrieben, einzeln bestellt, zeitlich begrenzt,

Bitte Zufall Berufung Zuname Beteiligung Zutrauen Belehrung
Berufsbildungszentrum Zielsetzung Betriebsleitung Zulassung

Bernhard ist bereits seit August bei einer Bank angestellt. 62
Zurzeit arbeitet der intelligente Bankkaufmann am Schalter. 62

W O

wofjeibzw owjfiezbo wofjeibzw owjfiezbo wofjeibzw owjfiezbo
wövam oamöv wmvaö ovmöa wövam oamöv wmvaö ovmöa wövam oamöv

wood ocean world order wonderful organisation week official
Tomorrow Tom wants to go with his classmates to the movies.

Werbewirksamkeit Wirtschaftswachstum Wettbewerbsbedingungen
Ordnungsmerkmale, Organisationstalent, Originalzeichnungen,

wiederum erfolgreich organisiert, deswegen sofort geordert,
hoffentlich sogleich weitergegeben, rechtzeitig angekommen,

Der Werbegrafiker fertigt vom neuen Modell zwei Skizzen an. 63
Im Oktober oder November erwartet er den konkreten Auftrag. 63

Das
Das Werbeblatt
Das Werbeblatt soll
Das Werbeblatt soll nach
Das Werbeblatt soll nach zwei
Das Werbeblatt soll nach zwei Monaten
Das Werbeblatt soll nach zwei Monaten fertig
Das Werbeblatt soll nach zwei Monaten fertiggestellt
Das Werbeblatt soll nach zwei Monaten fertiggestellt sein.
Das Werbeblatt soll nach zwei Monaten fertiggestellt
Das Werbeblatt soll nach zwei Monaten fertig
Das Werbeblatt soll nach zwei Monaten
Das Werbeblatt soll nach
Das Werbeblatt soll
Das Werbeblatt
Das

Q P

aqfi öpje aqfi öpje aqfi öpje aqfi öpje aqfi öpje aqfi öpje
qafu pöjr qafu pöjr qafu pöjr qafu pöjr qafu pöjr qafu pöjr

quittieren parken qualifizieren pokern qualitativ passieren
quirlig privatisieren querlegen passen quantitativ parieren

gleich persönlich quittieren, privat transportieren lassen,
alles programmiert, schon lange miteinander korrespondiert,

Quartal, Podiumsdiskussion, Quittungsformular, Pappplakate,
Parteiversammlungen Quartalsabrechnungen Personalratswahlen

Peter bekam nach der Barzahlung seiner Waren eine Quittung. 63
Alle Aquarellblöcke und Aquarellfarben wurden gut verpackt. 62

Ä Ü

öädc öäaq öädc öäaq öädc öäaq öädc öäaq öädc öäaq öädc öäaq
öüsw öüdc öüsw öüdc öüsw öüdc öüsw öüdc öüsw öüdc öüsw öüdc

ändern ärgern ätzen ächten ärgerliche ärmliche ästhetischer
über übrig üblich überall übernehmen übellaunig überraschen

prägen rühmen wägen gütig bewähren gründlich erklären zügig
zunächst vernünftige täglich stürmisch träge rüstig ständig

Äste Übungen Äther Übernahme Ärzte Überraschung Ähnlichkeit
Änderung Überlastung Ärgernis Übersetzer Ängste Übertragung

Der Übersetzer wird für die nächsten fünf Monate gebraucht. 62
Er arbeitet sehr sorgfältig und überprüft alles ganz genau. 60

Y -

ayfre ö-jui ayfre ö-jui ayfre ö-jui ayfre ö-jui ayfre ö-jui
yafdc -öjk, yafds -öjk, yafdc -öjk, yafds -öjk, yafdc -öjk,

Kfz-Papiere, km-Zahl, Haftpflicht-Versicherungsgesellschaft
Dehnungs-h, ABC-Staaten, Hawaii-Insel, Januar-Februar-Heft,

you your yours yellow youth young yacht year yard yesterday
happily lovely correctly mostly friendly sincerely actually

Olympiade, Olympische Spiele, Olympiasieg, Olympiamedaille,
Ytong Yuppie typisch zynisch bayerisch Python Mythos Myrrhe

Feldhockey zählt schon lange zu den olympischen Sportarten. 61
Als Sportgeräte werden Hockeyschläger und ein Ball benutzt. 63

ß

ößöj ößte ößri ößbr ößig ößbi ößöj ößte ößri ößbr ößig ößbi
ßöbe ßötr ßövi ßöaq ßözd ßöcf ßört ßökx ßöoy ßöwg ßölv ßönt

heiß mäßig müßig außen äußern äußerst ordnungsgemäß grüßten
spaßig regelmäßig verhältnismäßig sachgemäß außerordentlich

Großhandlung Grußkarte Süßigkeiten Blumenstrauß Straßencafe
Äußerlichkeiten, Verhältnismäßigkeit, Äußerungen, Maßnahme,

immer regelmäßig vorbeigekommen, übermäßige Erfolge erzielt
ordnungsgemäß verhalten, seit Langem schon verlässlich sein

Die Außendienstmitarbeiterin kam regelmäßig nach Straßburg. 62
Sie wurde immer freundlich begrüßt und willkommen geheißen. 61

Tastschreiben
Tastschreiben macht
Tastschreiben macht Spaß
Tastschreiben macht Spaß und
Tastschreiben macht Spaß und ermöglicht
Tastschreiben macht Spaß und ermöglicht größere
Tastschreiben macht Spaß und ermöglicht größere Leistungen.
Tastschreiben macht Spaß und ermöglicht größere
Tastschreiben macht Spaß und ermöglicht
Tastschreiben macht Spaß und
Tastschreiben macht Spaß
Tastschreiben macht
Tastschreiben

Sätze mit allen Buchstaben

Die junge, außergewöhnlich qualifizierte Verkäuferin beriet
kompetent zwei sympathische Kunden aus München beim Kauf eines
Plexiglasregals.

Das große Textilunternehmen aus Verona mit Filialen in Mykonos
und Quebec eröffnete im Juli ganz überraschend ein weiteres
Geschäft in Paris.

Der äußerst bekannte bayerische Tierexperte brachte im August zur
diesjährigen Buchmesse ein qualitativ hochwertiges Fachbuch über
Störche heraus.

Der trainingsfleißige, sympathische Sportler aus Köln konnte in
diesem Jahr zahlreiche Pässe bei extremen Witterungsverhältnissen
überqueren.

Während der öffentlichen Ausstellung der extravaganten und
kostbaren Plastiken sowie der farbenprächtigen Aquarelle des
ägyptischen Künstlers sind jetzt regelmäßige Vorträge geplant.

Tastwegübungen mit allen Buchstaben

1 aqa sws ded frf ftf fgf öäö öüö öpö ößö lol kik juj jzj jhj
2 aya sxs dcd fvf fbf ö-ö l.l k,k jmj jnj aya sxs dcd fvf fbf

3 frfr juju ftft jzjz frfr juju ftft jzjz frfr juju ftft jzjz
4 fvfv jmjm fbfb jnjn fvfv jmjm fbfb jnjn fvfv jmjm fbfb jnjn
5 dede kiki dcdc k,k, dede kiki dcdc k,k, dede kiki dcdc k,k,
6 swsw lolo sxsx l.l. swsw lolo sxsx l.l. swsw lolo sxsx l.l.
7 aqaq öpöp ayay ö-ö- aqaq öpöp ayay ö-ö- aqaq öpöp ayay ö-ö-

8 aqaya öpö-öäöüößö aqaya öpö-öäöüößö aqaya öpö-öäöüößö aqaya
9 swsxs lol.l swsxs lol.l swsxs lol.l swsxs lol.l swsxs lol.l
10 dedcd kik,k dedcd kik,k dedcd kik,k dedcd kik,k dedcd kik,k
11 fgfrfvftfbf jhjujmjzjnj fgfrfvftfbf jhjujmjzjnj fgfrfvftfbf

12 aösldkfjgh, qpwoeirutz, y-x.c,vmbn, aösldkfjgh, qpwoeirutz,
13 öalskdjfhg, pqowieurzt, -y.x,cmvnb, öalskdjfhg, pqowieurzt,

14 fgjh fvjm frju fbjn ftjz deki swlo aqöp ayö- sxl. dck, öüöä
15 jhfg jmfv jufr jnfb jzft kide losw öpaq ö-ay l.sx k,dc öäöü

16 abc def ghi jkl mno pqr stu vwx yzä öüß abc def ghi jkl mno
17 abcd efgh ijkl mnop qrst uvwx yzäö üßab cdef ghij klmn opqr
18 abcde fghij klmno pqrst uvwxy zabcd efghi jklmn opqrs tuvwx

19 abc, def, ghi, jkl, mno, pqr, stu, vwx, yzä, öüß, abc, def,
20 abcd, efgh, ijkl, mnop, qrst, uvwx, yzäö, üßab, cdef, ghij,

21 abc. def. ghi. jkl. mno. pqr. stu. vwx. yzä. öüß. abc. def.
22 abcd. efgh. ijkl. mnop. qrst. uvwx. yzäö. üßab. cdef. ghij.

23 abc- def- ghi- jkl- mno- pqr- stu- vwx- yzä- öüß- abc- def-
24 abcd- efgh- ijkl- mnop- qrst- uvwx- yzäö- üßab- cdef- ghij-

25 a b c d e f g h i j k l m n o p q r s t u v w x y z ä ö ü ß
26 abcdefghijklmnopqrstuvwxyzäöüß

27 ß ü ö ä z y x w v u t s r q p o n m l k j i h g f e d c b a
28 ßüöäzyxwvutsrqponmlkjihgfedcba

29 A b C d E f G h I j K l M n O p Q r S t U v W x Y z Ä ö Ü ß
30 a B c D e F g H i J k L m N o P q R s T u V w X y Z ä Ö ß Ü

31 ß Ü ö Ä z Y x W v U t S r Q p O n M l K j I h G f E d C b A
32 Ü ß Ö ä Z y X w V u T s R q P o N m L k J i H g F e D c B a

33 AAbbCCddEEffGGhhIIjjKKllMMnnOOppQQrrSSttUUvvWWxxYYzzÄÄööÜÜß
34 aaBBccDDeeFFggHHiiJJkkLLmmNNooPPqqRRssTTuuVVwwXXyyZZääÖÖüüß

35 AabbCcddEeffGghhIijjKkllMmnnOoppQqrrSsttUuvvWwxxYyzzÄäööÜüß
36 aabBccdDeefFgghHiijJkklLmmnNoopPqqrRsstTuuvVwwxXyyzZääöÖüüß

Irren ist menschlich

„Fehler kann jeder machen!“ oder „Kein Mensch ist ohne Fehler!“ Solche Lebensweisheiten sind dir sicher bekannt. Dennoch – und das weißt du aus deiner Erfahrung als Schüler/-in – gibt es Mitschüler/-innen, die häufig Fehler fabrizieren, und solche, bei denen Fehler nur selten auftreten. Woran liegt das?

Sicher wird es auch dein Ziel sein, Fehler zu vermeiden bzw. die Anzahl der Fehler so weit wie möglich zu verringern.

Eine Möglichkeit besteht darin, Fehler zu analysieren, d. h. sie nach Fehlerarten (z. B. Hörfehler, Tastfehler etc.) zu ordnen und Ursachen (Ablenkung, mangelnde Technik des Tastschreibens etc.) zu suchen, die die Entstehung von Fehlern begünstigen.

Für viele ist es schwierig, Fehler überhaupt zu erkennen. Im Tastschreiben hilft hier oft ein genauer Vergleich mit der Vorlage. Erst nach dem Feststellen des Fehlers ist eine Berichtigung möglich.

1. In der Grafik sind Fehlerarten und Fehlerursachen dargestellt. Ordne diese zu.

2. Finde weitere Fehlerarten und Fehlerursachen.

3. Sprecht in der Gruppe über Möglichkeiten und ganz persönliche Tricks, Fehler zu vermeiden.

4. Welche konkreten Gründe können zu den in der Grafik genannten Ursachen führen? (Beispiel: Hörfehler aufgrund von Außengeräuschen)

5. Schlage in der Gruppe Verbesserungsmöglichkeiten vor, um die Anzahl der Fehler zu senken.

M **6.** Suche Vor- und Nachteile der Rechtschreibhilfe in deinem Textverarbeitungsprogramm.

Für eine Fehleranalyse kann es sinnvoll sein, die Korrektursperre einzuschalten.

Arbeitsaufgaben

1. Welche Fehlerarten können bei den folgenden Arbeiten auftreten?
10-Minuten-Abschrift, Schreiben nach Diktat

2. Beschreibe die folgenden Fehler und finde mögliche Ursachen:
Schnieder – Schneider, nciht – nicht, 4xtrem – extrem, vorgegeben – vorgegebenen, Karbik – Karibik, in unseren Schreiben – in unserem Schreiben

3. Notiere dir bei deinen 10-Minuten-Abschriften jeweils die falschen und richtigen Begriffe und suche Möglichkeiten, die Fehlerzahl zu vermindern.

4. Der folgende Text wurde diktiert. Vergleiche mit der fehlerfreien Vorlage und ordne die Fehler nach Tastfehlern, Sach-/Lesefehlern, Verstößen gegen DIN 5008 und Rechtschreibfehlern.

Nach Joseph Dolch sind Fehler Abweichungen vom richtigen infolge Versagens von Aufmersamkeit , Gedächtnis und Denken, einzeln oder im Zusammenwirken, gegen den Wilen des Uhrhebers.

Nach Joseph Dolch sind Fehler Abweichungen vom Richtigen infolge des Versagens von Aufmerksamkeit, Gedächtnis und Denken, einzeln oder im Zusammenwirken, gegen den Willen des Urhebers.

Errare humanum est

ist uns aus dem und man der nur von was zur sie für den wer
auch kein wenn weiß dass sind täte noch wird erst dann viel
zudem liegt unser desto nicht diese nennt denke durch etwas

spielende erreicht kleinen riesigen bewusst stärker bringen
einwirken, konzentrieren, wahrnehmen, widerstehen, ablenken
erforderlich, entscheidend, offensichtlich, vorprogrammiert

F Feh Fehlein Fehleinschät Fehleinschätz Fehleinschätzungen
S St Stö Stör Störf Störfa Störfakt Störfaktor Störfaktoren
V Vor Vorau Voraus Voraussetz Voraussetzung Voraussetzungen

Irren ist menschlich, dieses geflügelte Wort, kleinen Teil,
aus Erinnerung und Fantasie, auf diese Sache konzentrieren,
die bewusste Aufnahme und Verarbeitung, eine Notwendigkeit,

Errare humanum est - Irren ist menschlich. Dieses geflügelte Wort 70
ist uns aus dem alten Rom überliefert. Irrtümer, Fehlleistungen 137
und Fehleinschätzungen sind oft die Folge mangelnder 192
Aufmerksamkeit und Konzentration. Dies ist auch kein Wunder, wenn 262
man weiß, dass in der Sekunde 100 Milliarden Reize aus der Umwelt 332

auf den Menschen einwirken. Fehler sind vorprogrammiert, da der 398
Mensch einen nur kleinen Teil dieser riesigen Anzahl von Reizen 466
wahrnehmen kann. Zudem erreicht vieles von dem, was unsere Sinne 533
wahrnehmen, nicht unser Bewusstsein. Anderes wiederum nehmen wir 600
sofort bewusst auf. Woran liegt das? Für die bewusste Aufnahme 667

und Verarbeitung unserer Umwelt spielen Aufmerksamkeit und 729
Konzentration die entscheidende Rolle. Je stärker die Faktoren 796
Wahrnehmung, Vorstellung und Denken aktiviert werden können, 860
desto größer ist die Aufmerksamkeit. Um sich intensiv mit einer 926
Sache zu beschäftigen, ist es erforderlich, allen Störfaktoren 991

von innen und außen zu widerstehen, um nicht abgelenkt zu werden. 1057
Diese Fähigkeit nennt man Konzentration. Man denke nur an 1119
spielende Kinder, die sich auch durch eine noch so laute 1177
Fernsehsendung nicht von ihrem Spiel ablenken lassen. Zur 1238
Konzentration bedarf es in diesem Fall keiner Anstrengung, sie 1304

ist einfach unbewusst vorhanden. Schwierig wird es für den 1364
Menschen offensichtlich erst dann, wenn er sich bewusst auf eine 1430
Sache konzentrieren soll, noch dazu, wenn er viel lieber etwas 1494
anderes täte. Der eigene Wille zur Anstrengung und die 1552
Überzeugung von der Notwendigkeit der zu bewältigenden Aufgabe 1618

sind wesentliche Voraussetzungen, eine Angelegenheit ohne Fehler 1685
zu Ende zu bringen. 1705

Ordnung ist das halbe Leben

In der Schule bekommst du in den verschiedensten Fächern viele Informationen. Ob in GSE, PCB, Wirtschaft oder Deutsch und Mathematik usw. – wenn du deine Notizen, Arbeitsblätter etc. nicht in irgendeine Ordnung bringst, wird es dir schwer fallen, Unterlagen zu finden, die du benötigst.

Sicher hast du ein System entwickelt, das dir hilft, den Überblick zu bewahren. Einige Möglichkeiten zeigen dir die rechts stehenden Fotos.

Auch auf dem PC wird es mit einer zunehmenden Anzahl an Dateien immer schwieriger, diese zu finden, wenn du nicht von vornherein ein Ordnungssystem geschaffen hast oder dich an vorgegebene Einteilungen hältst.

Dazu können die einzelnen Dateien in Ordner gelegt und diese wiederum in weiteren Ordnern untergebracht werden. Wenn du Dateien und Ordner sinnvoll und folgerichtig benennst, findest du dich leicht zurecht.

Wie ein Regal mit vielen Aktenordnern zeigt dir ein Dateiverwaltungsprogramm auf dem PC, wie z. B. der Explorer, den genauen „Standort" der einzelnen Dateien auf einem Datenträger (Festplatte, USB-Stick) an.

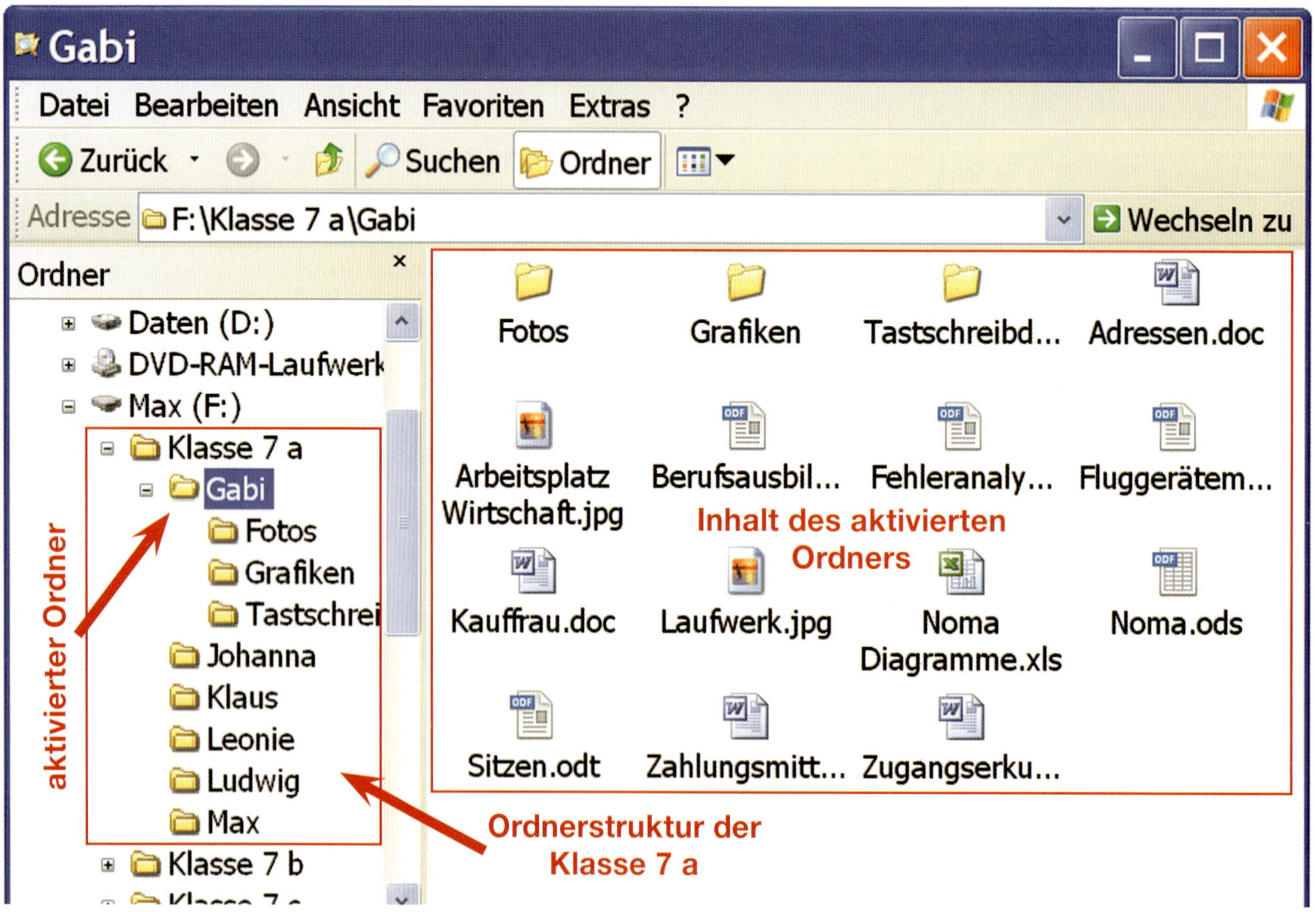

Ein Dateiverwaltungsprogramm bietet vielfältige Möglichkeiten

Neues Dokument öffnen

Um ein neues Dokument zu öffnen, geschieht das aus einem entsprechenden Programm heraus. Hier einige Beispiele:

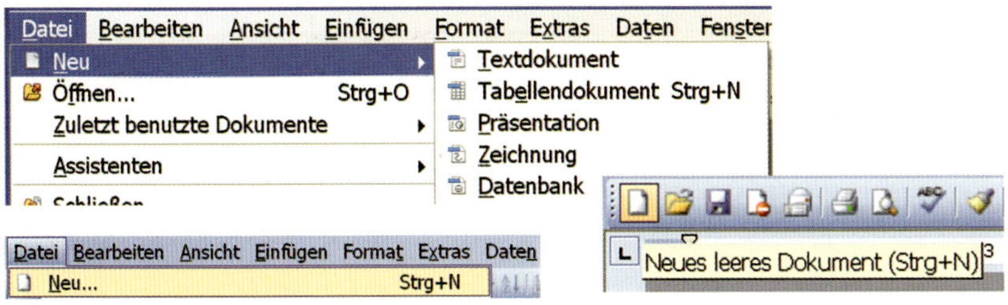

1. Betrachte die Bildschirmkopien und beschreibe die verschiedenen Möglichkeiten.

Datei öffnen

Eine bereits vorhandene Datei öffnest du mit einem Doppelklick oder über ein Menü im geladenen Programm. Dabei kannst du dich aber nicht allein auf den Dateinamen verlassen. Erst **Dateinamen und Kennung** (z. B. jpg, doc, pdf, ods) geben den richtigen Hinweis. Manchmal kann dir auch die Dateigröße weiterhelfen.

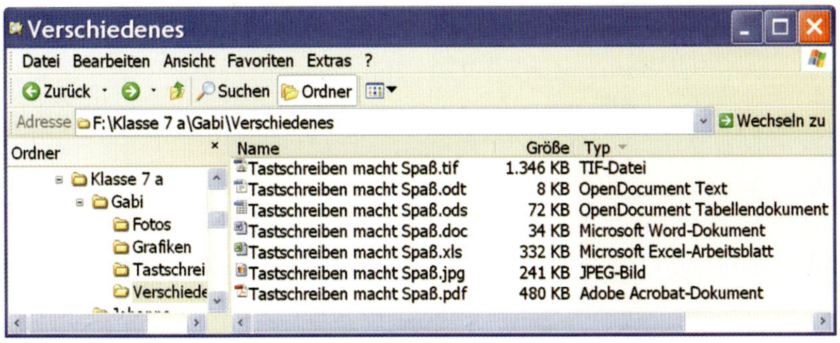

2. Betrachte die links stehende Bildschirmkopie und beschreibe die Dateimerkmale.

3. Kläre dir unbekannte Dateikennungen z. B. mit der Hilfefunktion.

4. Dateien kannst du verschieden darstellen. Aktiviere einen Ordner, klicke auf „Ansicht" und probiere aus.

Datei speichern
Datei speichern unter

Datei in anderen Ordner speichern

Mit einem sinnvollen Dateinamen speicherst du die Datei, evtl. in einen neuen Ordner.

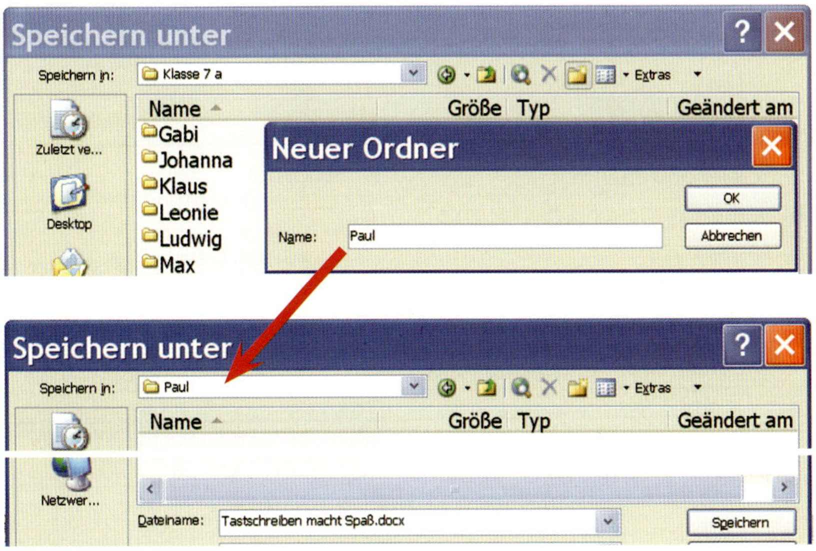

5. SPEICHERN und SPEICHERN UNTER haben unterschiedliche Auswirkungen. Erkläre und überprüfe dann am PC.

6. Erläutere die einzelnen Handlungsschritte anhand der nebenstehenden Bildschirmkopien.

Ordner/Datei umbenennen

Manchmal ist es notwendig, Dateien/Ordnern einen anderen Namen zu geben. In der Regel klickst du das entsprechende Objekt (Ordner bzw. Datei) zweimal langsam an, der Datei-/Ordnername ist aktiviert. Du gibst einen anderen Namen ein und schließt mit der RETURN-Taste ab.

2. Suche in deinem Programm weitere Möglichkeiten, Dateien bzw. Ordner umzubenennen. Nutze dies auch bei den folgenden Operationen.

Ordner/Datei verschieben

Dateien und Ordner lassen sich innerhalb eines Datenträgers verschieben. Dazu aktiviert man die Datei/den Ordner, hält die linke Maustaste gedrückt und zieht das Objekt in das gewünschte Zielverzeichnis auf dem gleichen Datenträger, z. B. gleiche Festplatte.

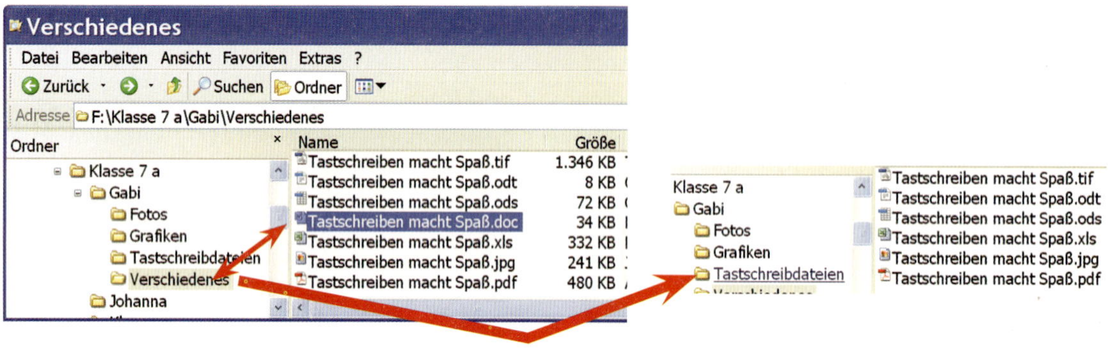

Datei auf einem anderen Datenträger sichern/kopieren

Im Gegensatz zum Verschieben – die Datei bzw. der Ordner befindet sich ausschließlich am neuen Ort – können Dateien und Ordner auf andere Datenträger gesichert/kopiert werden. Dieser Vorgang erfolgt genauso wie das Verschieben. Allerdings befindet sich das Zielverzeichnis auf einem anderen Datenträger.

Ordner/Datei löschen

Dateien und Ordner können natürlich gelöscht werden. Wie bei allen anderen Operationen, lässt sich dieser Vorgang über das Menü (siehe Bildschirmkopie rechts), aber auch einfach nach dem Aktivieren der Datei/des Ordners mit der Löschtaste durchführen.

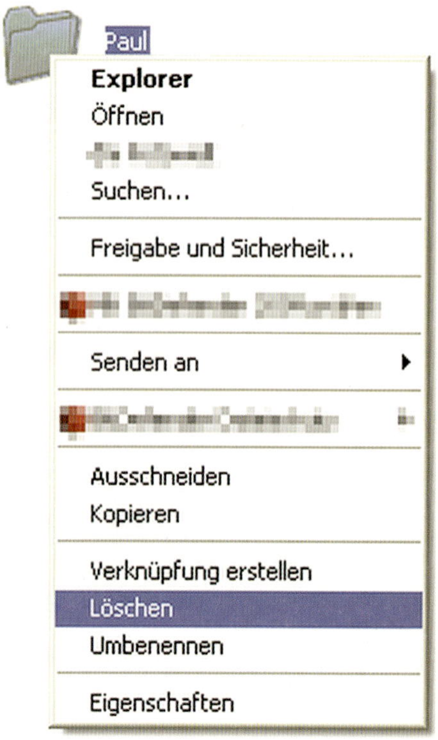

Mit der Anweisung Speichern wird eine vorhandene Datei überschrieben. Mit der Anweisung Speichern unter wird immer eine neue Datei erstellt. Wird eine bereits bestehende Datei mit *Speichern unter* gesichert, bleibt dementsprechend die alte Datei erhalten.

Eine neue Datei kann mit *Speichern unter* in einen neuen oder auch bereits bestehenden Ordner gespeichert werden.

Es ist möglich, Dateien und Ordner ***umzubenennen***.

Dateien und Ordner können an einem anderen Ort – gleicher oder anderer Datenträger – aufbewahrt (***Verschieben***, ***Kopieren***) oder entfernt (***Löschen***) werden.

Mit mehreren Programmen gleichzeitig arbeiten?

Für eine Gestaltung suchst du ein anderes Foto, z. B.:

Daneben fallen viele weitere Aufgaben an, die in einer Verwaltung bzw. Verwaltungsabteilung durchzuführen sind. Einfach scheinende Bereiche wie der Postein- und Postausgang gehören ebenso dazu wie anspruchsvollere, z. B. das Führen von Terminkalendern oder Urlaubslisten sowie die Vorbereitung von Reisen und Besprechungen.

Um auszuprobieren, welches Foto nach deinem Geschmack am besten passt, arbeitest du gleichzeitig mit mehreren Programmen, in diesem Fall mit einem Textverarbeitungs- (siehe oben) und einem Bildbetrachtungsprogramm (siehe unten). Ein Foto kann in der Regel hier oft auch bearbeitet werden.

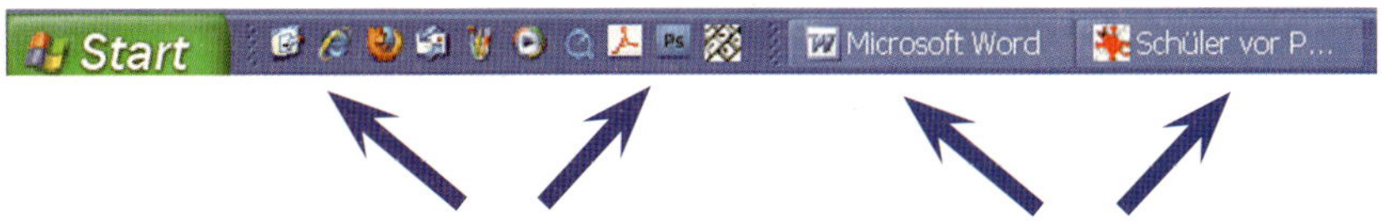

häufig verwendete Programme aktive Programme

Benutzeroberflächen bieten in der Regel eine sogenannte Taskleiste an. Hier können zum einen häufig verwendete Programme gut sichtbar abgelegt, zum anderen die im Moment aktiven Programme angezeigt werden. Durch einen Klick in das jeweilige Programmicon kann schnell zwischen den Programmen gewechselt werden.

Merke Beim gleichzeitigen Arbeiten mit mehreren Programmen – Fachbegriff Multitasking – kannst du entweder die entsprechenden Programmfenster nebeneinander auf dem Bildschirm platzieren oder über die Taskleiste das jeweils gewünschte Programm ansteuern.

Wie können Daten aufbewahrt werden?

Im täglichen Leben gibt es eine Vielzahl von Informationen, die aufzubewahren sind. So werden Zeugnisse auf Papier gedruckt, wichtige Sachverhalte aus dem Unterricht auf einem Notizblock festgehalten ...

Deine Arbeitsergebnisse wie Texte, Grafiken und Tabellen, die du mit dem PC erstellt hast, wirst du sicher aufbewahren wollen, um sie später zu berichtigen, weiterzuverarbeiten oder einfach nur zu nutzen. Dazu benötigst du Datenträger.

Merke Datenträger sind Speichermedien zum dauerhaften Speichern von Daten.

Bei den Datenträgern unterscheidet man **magnetische, optische und elektronische Speichermedien**.

Magnetische Speichermedien

Magnetische Speicher halten die Daten durch unterschiedliche Ladungen (Plus-Minuspol) auf einem magnetisierbaren Material fest.

Diskette

Disketten finden wegen ihrer geringen Speicherkapazität, zuletzt ca. 1,44 MB bei 3,5" – dies entspricht ca. 288 A4-Textseiten – immer weniger Verwendung. Zwischen einer Schutzhülle und einem Vlies liegt eine dünne, magnetisierbare Plastikscheibe, die sich sehr schnell dreht. Auf diese Folie sind die Daten gespeichert. Der Zugriff auf die Daten erfolgt über eine Lese-/Schreiböffnung, die durch einen Metallschieber verschlossen ist. In einem dazu notwendigen Laufwerk gibt dieser Metallschieber den Weg zu den Daten frei.

3,5″ (sprich: 3,5 Zoll): englisches Maß – 1 Zoll entspricht 2,54 cm; gibt die Größe der Diskette an

Disketten sind in der Handhabung sehr empfindlich. Durch Staub, Hitze und Kälte, Magnete ... gehen die Daten schnell verloren.

Festplatte

In jedem PC werden eine oder mehrere Festplatten als Speichermedium verwendet. Das Funktionsprinzip ist dem der Diskette sehr ähnlich. Vorteilhaft sind die wesentlich höhere Speicherkapazität und Arbeitsgeschwindigkeit. Festplatten werden aufgrund der festen Platten, auf denen die Daten gespeichert sind, auch als **Hard Disc** (HD) bezeichnet.

Die Festplatte ist Speichermedium und Laufwerk in einem.

Eine Festplatte besteht aus einer oder mehreren übereinander liegenden, runden magnetisierbaren Metallplatten. Zwischen diesen Platten befindet sich jeweils ein beweglicher Arm, der die Schreib- und Leseköpfe trägt. Die Köpfe gleiten auf einem hauchdünnen Luftpolster über die Magnetplatten.

Schreib- und Lesekopf

Auch eine Festplatte muss geschützt werden. Der Hauptfeind ist der Staub. Ein winziges Staubkorn könnte die Magnetschicht der Datenplatten oder die Schreib-/Leseköpfe beschädigen. Deshalb wird das Gehäuse bei der Herstellung luftdicht abgeschlossen.

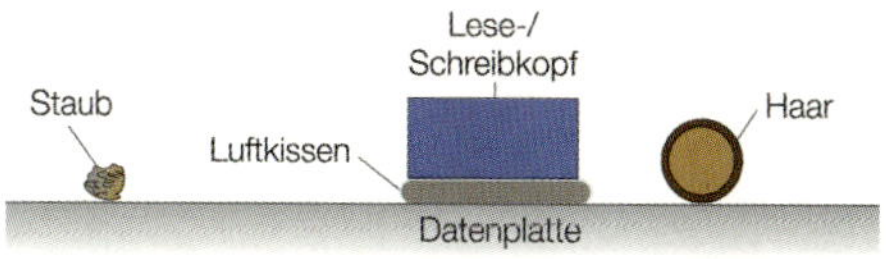

Eine Festplatte nimmt heute bis zu drei TB (Terabyte) Daten auf. Dies entspricht ca. 3 000 GB (Gigabyte) oder 3 000 000 MB (Megabyte).

Auch in vielen MP3-Playern sind kleine Festplatten installiert, die zurzeit bis zu 160 GB Speicherplatz aufweisen. Damit können bis zu 40 000 Musiktitel, 50 000 Fotos oder 200 Stunden Video abgespeichert werden.

Optische Speichermedien

Jeder hat sie zu Hause - die CD (**C**ompact **D**isc). Auch dir ist sie schon lange als Datenträger für Musik bekannt. Inzwischen wird sie zum Speichern aller digitalen Daten z. B. Computerprogramme, Computerspiele, Fotos usw. benutzt.

CD, DVD (**D**igital **V**ersatile **D**isc) und BD (**B**lue-ray **D**isc) gehören mit ihren verschiedenen Formaten, z. B. CD-ROM, CD-R, CD-WR ... - siehe Seite 182, zu den optischen Speichermedien. Hier werden die Daten mit einem Laser gelesen oder auch gespeichert.

CD

Eine CD besteht fast vollständig aus Kunststoff und hat einen Durchmesser von 8 oder 12 cm. Die Kunststoffschicht weist eine winzige spiralförmige Spur mit Vertiefungen auf. Diese bis zu 9 km lange Spur von Vertiefungen (pits) und Erhöhungen (lands) stellt die digitalen Daten dar. Die Spuren sind spiralförmig hintereinander und von innen nach außen angeordnet. Auf die Kunststoffscheibe wird eine dünne reflektierende Schicht aus Aluminium aufgedampft und mit einem Schutzlack versiegelt.

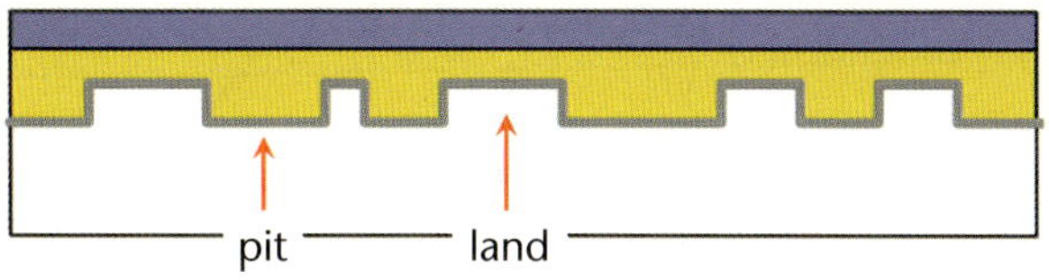

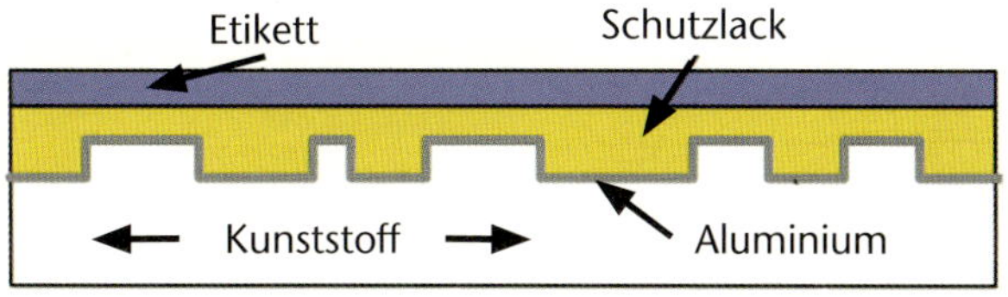

Eine CD kann ca. 140 000 Textseiten speichern, das entspricht ca. 700 MB.

CD-Formate

CD-ROM (**C**ompact **D**isc **R**ead **o**nly **M**emory)

Die Daten auf einer CD-ROM wurden fest eingebrannt und können vom Anwender nur gelesen, nicht aber geändert werden.

CD-R (**C**ompact **D**isc **R**ecordable)

Auf dieser CD kannst du mittels eines Brenners selbst Daten speichern und sie beliebig oft herunterladen.

CD-RW (**C**ompact **D**isc **R**ewriteable)

In diesem Format kann die CD mehrmals beschrieben und wieder gelöscht werden.

DVD (Digital Versatile Disc)

DVDs wurden ursprünglich für die Speicherung von Videos entwickelt. Im Prinzip funktioniert eine DVD wie eine CD, nur die Abstände der Spuren und Vertiefungen sind hier enger gesetzt.

Folglich lassen sich auf einer DVD wesentlich mehr Daten auf einer Scheibe speichern, nämlich ca. 4,7 GB (Gigabyte) auf einer normalen DVD, auf einer einer Double Layer DVD sogar ca. 8,5 GB.

Auch bei DVDs gibt es verschiedene Formate:

CD **DVD**

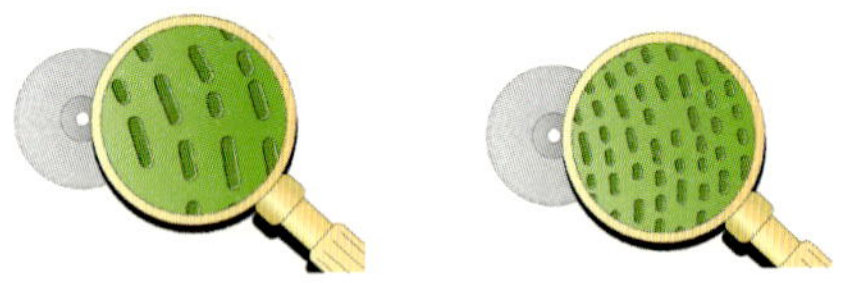

CD **DVD**

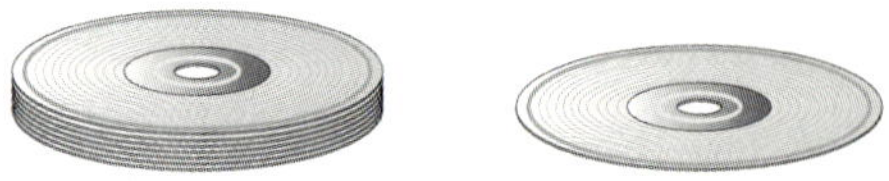

6,7 1

1. Vergleiche mit den Formaten der CDs, siehe Seite 29, und erläutere.

BD (Blu-ray Disc)

Blu-ray bedeutet wörtlich übersetzt „blauer Lichtstrahl" und bezieht sich auf den verwendeten Laser. Mit dieser Technologie ist es möglich, Filme in höchster Qualität und mit vollstem Klang im heimischen Wohnzimmer zu genießen.

Einschichtige BDs speichern ca. 25 GB, zweischichtige bis 50 GB ab. In der Entwicklung sind BDs mit mehr als 400 GB.

Auch bei BDs gibt es verschiedene Formate:

DVD **Blue-ray Disc**

CD **Blue-ray Disc**

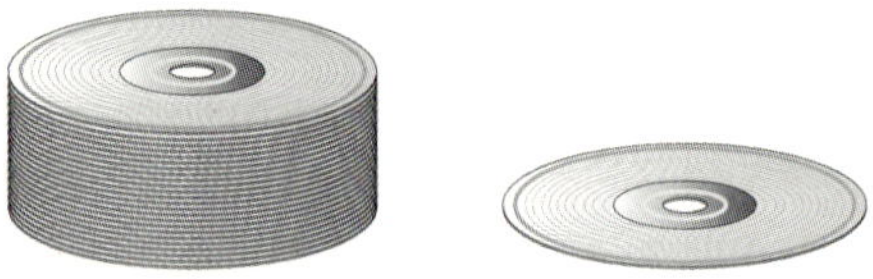

35,7 1

2. Vergleiche mit den Formaten der CDs bzw. DVDs und erläutere.

Elektronische Speichermedien

USB-Sticks und Speicherkarten gehören zu den elektronischen Speichermedien. Die Daten werden in elektronischen Bauelementen gespeichert.

USB-Stick (Universal Serial Bus)

Leicht transportabel und an jeden PC anschließbar ist der USB-Stick für viele Zwecke der Datenspeicherung geeignet.

Grundsätzlich besteht ein USB-Stick aus aus drei Bauteilen:
- USB-Anschluss-Stecker – schafft die Verbindung
- Halbleiterspeicher – speichert die Daten
- Steuerchip – regelt den Datenaustausch

An einigen USB-Sticks ist zusätzlich noch eine LED angebracht. So kann der Datenaustausch durch ein Aufleuchten der LED festgestellt werden.

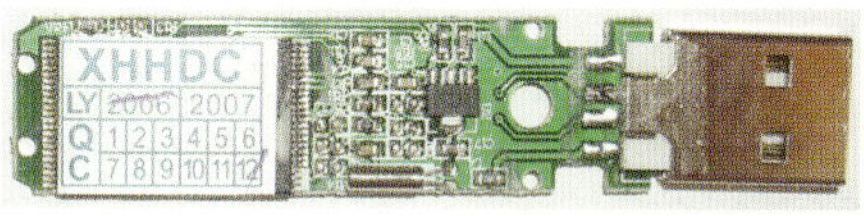

Im Wesentlichen hat der USB-Stick die gleichen Funktionen wie eine Festplatte, nämlich Laufwerk und Speichermedium. Sein erheblicher Vorteil ist allerdings, dass er gegenüber Erschütterungen und Magnetfeldern unempfindlich ist und sich leicht in jede Hosentasche stecken lässt.

In Schulen finden USB-Sticks zunehmend als **Digitale Schultasche** Eingang, da sich sowohl kostenfreie Programme als auch eine erhebliche Datenmenge – zurzeit bis zu 256 GB – darauf speichern lassen.

Zunehmend finden USB-Sticks in Kombination mit anderen Geräten wie Kugelschreiber, Taschenmesser, Diktiergerät ... Verwendung.

Speicherkarten

Zu den elektronischen Medien zählen auch Speicherkarten. Sie werden im Handel in verschiedenen Größen und unterschiedlichen Speichervolumen angeboten. Verwendet werden diese überwiegend in Handys, digitalen Fotoapparaten und Videokameras.

Merke

Um Daten aufzubewahren und zu transportieren, sind **Datenträger** notwendig. Man unterscheidet im Wesentlichen

- **magnetische** Speichermedien, wie z. B. Diskette und Festplatte, von
- **optischen** Speichermedien, wie z. B. CD und DVD, und
- **elektronischen** Speichermedien, wie z. B. USB-Stick und Speicherkarten.

Die Verwendung der Datenträger ist hinsichtlich ihrer Empfindlichkeit, Datenmenge, Handhabbarkeit usw. für den jeweiligen Zweck zu entscheiden.

Wie erstellst du eine Kopf- und/oder Fußzeile?

Um deine gestalteten Dokumente von denen deiner Mitschüler unterscheiden zu können, ist es üblich, diese mit deinem Namen zu versehen. Textverarbeitungsprogramme bieten hierfür sogenannte Kopf- und Fußzeilen an.

Der Weg dahin ist bei den einzelnen Programmen bzw. Programmversionen verschieden. Um sich zurechtzufinden, nutzt man die **Hilfefunktion**, die **offline**, aber auch **online** angeboten wird.

1. Erläutere die Begriffe *offline* und *online*.

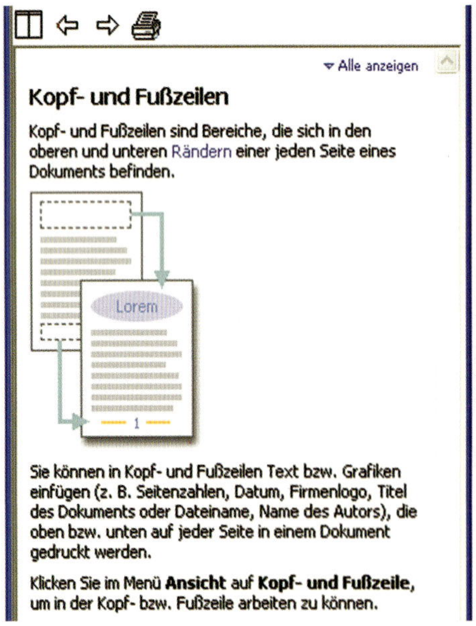

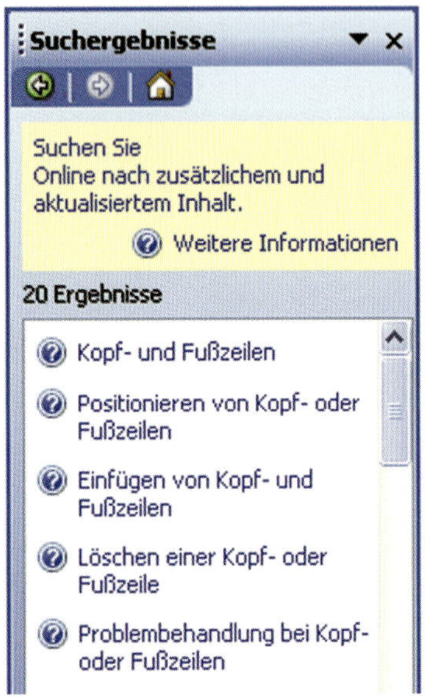

Hilfe erhältst du in den meisten Standardprogrammen sowohl über das Menü **HILFE** bzw. **?**, aber auch über die Funktionstaste **F1**.

2. Gib folgenden Text in ein Hilfefenster ein:

Kopf- und Fußzeilen

Vergleiche mit den nebenstehenden Bildschirmkopien.

3. Betrachte die Ergebnisse und beschreibe.

4. Lies den Text der Bildschirmkopie. Du erfährst Grundsätzliches über Kopf- und Fußzeilen.

Kopf- und Fußzeilen bieten viele Möglichkeiten der Gestaltung.

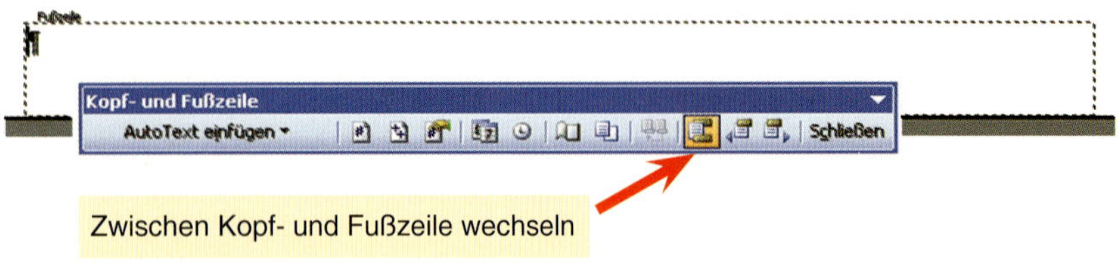

5. Fahre mit dem Mauszeiger die einzelnen Schaltflächen der Symbolleiste „Kopf- und Fußzeile“ an und kläre die Begriffe.

6. Wechsle von der Kopf- in die Fußzeile. Gib das heutige Datum ein und zentriere.

7. Gehe auf die Schaltfläche SCHLIESSEN und drücke sooft die Return-Taste, bis eine neue Seite erscheint.

8. Schaue dir die neue Seite genau an. Was erkennst du?

So können Kopf- und Fußzeilen eingefügt werden:

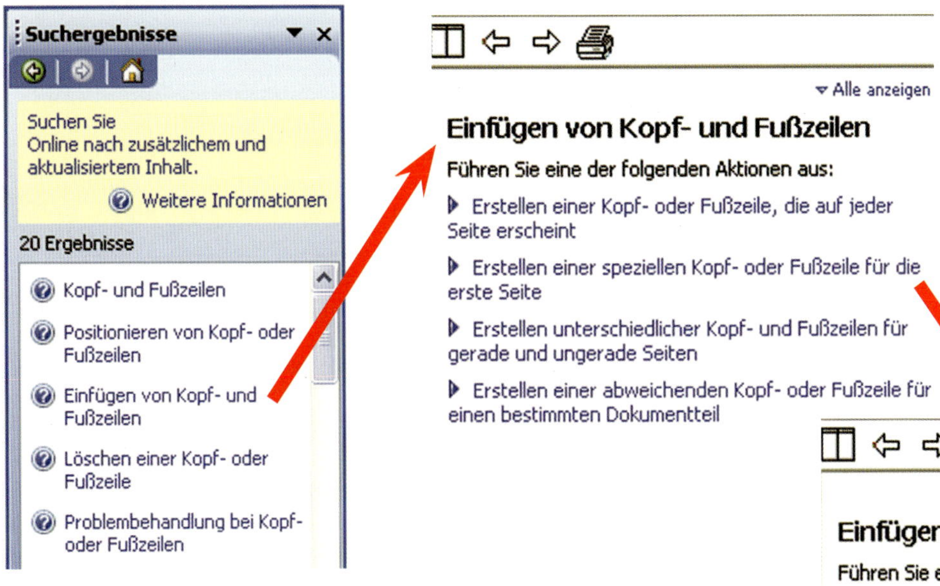

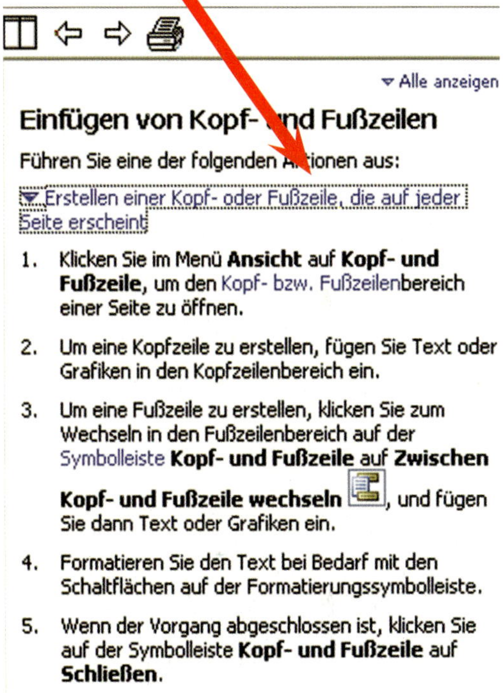

Nicht immer zeigt das Einfügen von Kopf oder Fußzeilen das gewünschte Ergebnis:

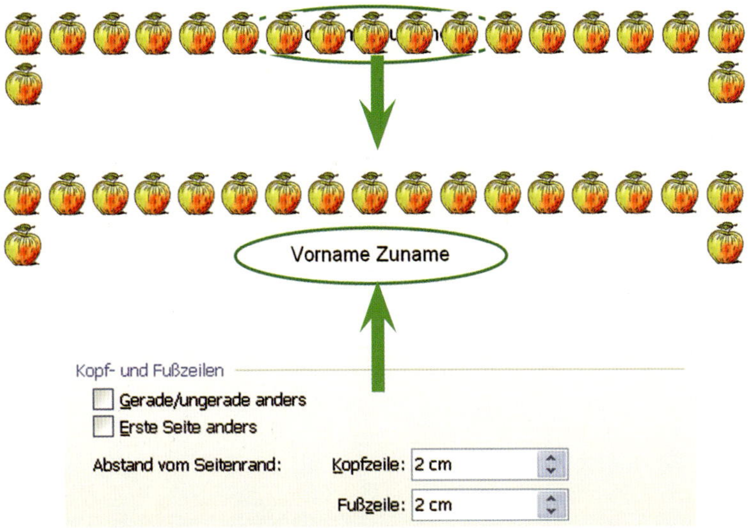

9. Betrachte die Bildschirmkopien mit dem Apfelrahmen.
Was stellst du fest?
Entnimm die Problemlösung aus der darunter stehenden Bildschirmkopie und besprich sie mit deinem Partner.

Merke

Kopf- und Fußzeile

Text und Grafiken, z. B. Name, Datum, Logo, Seitenzahlen, die auf allen oder bestimmten Seiten eines Dokuments erscheinen sollen, können in eine Kopfzeile (Position am oberen Seitenrand) oder eine Fußzeile (Position am unteren Seitenrand) gesetzt werden.

Zum Bearbeiten stehen Zeichen- und Absatzformatierungen, Rahmen und Linien zur Verfügung. Kopf- und Fußzeilen sind dezent zu formatieren, die Schriftgröße soll in der Regel kleiner sein als beim übrigen Text.

10. Erstelle bei verschiedenen Dokumenten sinnvolle Kopf- und Fußzeilen. Bei mehrseitigen Dokumenten empfiehlt es sich, zusätzlich die jeweilige Seitenzahl einzufügen.

Den ganzen Tag nur sitzen?

Wort- und Satzübungen

ein ist bei gar für von die und sie als den wie der was nur
wird auch eine sich oder sind wenn aber dies etwa ganz dazu

erledigen erstellen assistieren kontrollieren durchzuführen
selbstverständlich erledigen, ganz sorgfältig kontrollieren

Terminkalender Verkaufsgespräche Textgestaltung Statistiken
Fachkräfte Experten Verwaltungsabteilung Personalverwaltung
Rechnungswesen Bürokommunikation Kommunikationsübermittlung

Rechnungsein- und Rechnungsausgänge zuverlässig überprüfen,
Reisen und Besprechungen zur vereinbarten Zeit vorbereiten,
Eigeninitiative und Verantwortung allezeit gern übernehmen,

Kaufmann für Bürokommunikation ist ein interessanter Beruf. 62
Eine Ausbildung erfolgt im Betrieb und in der Berufsschule. 63
Zudem kann die Ausbildung auch ganz in der Schule erfolgen. 62

Fließtext

Ein bundesweit anerkannter Ausbildungsberuf ist Kauffrau bzw. 665
Kaufmann für Bürokommunikation. Die erforderliche dreijährige 130
Ausbildung wird sowohl im Handwerk als auch in Industrie und 194
Handel angeboten. Selbst eine nur schulische Ausbildung ist 256
möglich. Sicher handelt es sich bei diesem Beruf um eine 315

überwiegend sitzende, keinesfalls aber um eine langweilige oder 379
gar eintönige Tätigkeit. Diese Kaufleute sind Fachkräfte für 444
Textgestaltung und Kommunikationsübermittlung. Sie erledigen den 512
Schriftverkehr und erstellen Statistiken und Dateien. Daneben 578
fallen viele weitere Aufgaben an, die in einer Verwaltung bzw. 643

Verwaltungsabteilung durchzuführen sind. Einfach scheinende 705
Bereiche wie der Postein- und Postausgang gehören ebenso dazu wie 774
anspruchsvollere, z. B. das Führen von Terminkalendern oder 840
Urlaubslisten sowie die Vorbereitung von Reisen und 895
Besprechungen. Selbstverständlich sind sie auch mit verschiedenen 963

Aufgaben des Rechnungswesens betraut. Sie kontrollieren etwa 1027
Rechnungsein- und Rechnungsausgänge oder führen Kostenrechnungen 1095
durch. Ein höheres Maß an Eigeninitiative und Verantwortung wird 1159
von Kaufleuten für Bürokommunikation gefordert, wenn sie in 1225
Bereichen der Personalverwaltung eingesetzt sind oder sogar bei 1290

Verkaufsgesprächen, Tagungen oder Seminaren assistieren. 1353

Fehlersuche

Im folgenden Text befinden sich 8 Fehler. Vergleiche mit dem Fließtext auf Seite 34.
Öffne die Datei *035-Kauffrau-Fehlersuche,* ermittle die Fehler und verbessere sie.

Ein bundesweit anerkannter Ausbildungsberuf ist Kauffrau bzw. Kaufmann für Bürokommunikation. Die erforderliche vierjährige Ausbildung wird sowohl im Handwerk als auch in Industrie und Handel angeboten. Selbst eine schulische Ausbildung ist möglich. Sicher handelt es sich bei dem Beruf um eine überwiegend sitzende keinesfalls aber um eine langweilige oder gar eine eintönige Tätigkeit. Diese Kaufleute sind Fachkräfte für Textgestaltung und Kommunikationsübermittlung. Sie erledigen den Schriftverkehr und erstellen Statistiken und Dateien. Daneben fallen viele weitere Aufgaben an, die in einer Verwaltung bzw. Verwaltungsabteilung durchzuführen sind. Einfach scheinende Bereiche wie der Postein - und Postausgang gehören ebenso dazu wie anspruchsvollere, z.B. das Führen von Terminkalendern oder Urlaubsliste sowie die Vorbereitung von Reisen und Besprechungen.

Gestaltungsaufgabe: Den ganzen Tag nur sitzen?

Nr.	Arbeitsaufträge
1.	Öffne die Datei *036-Bürokommunikation* und speichere unter *Bürokommunikation.*
2.	Gliedere den Text wie in der Vorlage auf Seite 36 in Absätze.
3.	Wähle folgende Randeinstellungen/Seitenränder: links 4 cm, oben und rechts 2 cm, unten 1 cm.
4.	Verwende für das gesamte Dokument die Schriftart Arial und für den Fließtext die Schriftgröße 13 pt.
5.	Ändere die Abstände zwischen den einzelnen Absätzen des Fließtextes auf 11 pt.
6.	Schreibe deinen Namen in Schriftgröße 10 pt in eine Fußzeile und zentriere.
7.	Stelle für die Fußzeile einen Abstand vom Seitenrand in Höhe von 1,2 cm ein.
8.	Suche und verbessere den Fehler im vierten Absatz.
9.	Gestalte die Begriffe *Kauffrau* bzw. *Kaufmann für Bürokommunikation* nach: Schriftfarbe Dunkelblau, Schattierung Grau 25 %, Breite des Textfeldes 1,35 cm
10.	Gestalte die Überschrift nach.
11.	Bearbeite die Bilder und positioniere sie wie in der Vorlage. Passe Bild 1 in der Größe an. Skaliere Bild 2 proportional auf eine Höhe von 5 cm. Skaliere die Bilder 3, 4 und 5 proportional auf eine Breite von 5 cm.
12.	Gestalte den Fließtext nach.
13.	Lösche nicht benötigte Textteile.
14.	Speichere das Dokument und drucke aus.

Kauffrau bzw. Kaufmann für Bürokommunikation

Den ganzen Tag nur sitzen?

Ein bundesweit anerkannter Ausbildungsberuf ist Kauffrau bzw. Kaufmann für Bürokommunikation. Die erforderliche dreijährige Ausbildung wird sowohl im Handwerk als auch in Industrie und Handel angeboten. Selbst eine nur schulische Ausbildung ist möglich.

Sicher handelt es sich bei diesem Beruf um eine überwiegend sitzende, keinesfalls aber um eine langweilige oder gar eintönige Tätigkeit. Diese Kaufleute sind **Fachkräfte für Textgestaltung und Kommunikationsübermittlung**. Sie erledigen den Schriftverkehr und erstellen Statistiken und Dateien.

Daneben fallen viele weitere Aufgaben an, die in einer Verwaltung bzw. Verwaltungsabteilung durchzuführen sind. Einfach scheinende Bereiche wie der Postein- und Postausgang gehören ebenso dazu wie anspruchsvollere, z. B. das Führen von Terminkalendern oder Urlaubslisten sowie die Vorbereitung von Reisen und Besprechungen.

Selbstverständlich sind sie auch mit verschiedenen Aufgaben des Rechnungswesens betraut. Sie kontrollieren etwa Rechnungsein- und Rechnungsausgänge oder führen Kostenrechnungen durch.

Ein höheres Maß an Eigeninitiative und Verantwortung wird von Kaufleuten für Bürokommunikation gefordert, wenn sie in Bereichen der Personalverwaltung eingesetzt sind oder sogar bei Verkaufsgesprächen, Tagungen oder Seminaren assistieren.

Vorname Zuname

Kleingeschriebene Wörter mit allen Buchstaben des Alphabets

Wiederhole regelmäßig diese Übung.

antworten aufstellen arbeiten aussuchen anordnen ansprechen
berichten bewerben benutzen betragen bitten bedanken bilden
charakterisieren campen chiffrieren cutten checken chartern
danken dinieren dämmern denken dosieren darlegen durchlesen
erleben erfahren ersetzen ernennen erwarten erkennen ernten

finden feiern folgen flimmern fertigen filmen füllen fahren
glänzen gründen gedulden geben grüßen garnieren gratulieren
helfen handeln heften hindern herholen hinlegen herausragen
informieren interessieren inspirieren imitieren instruieren
jonglieren joggen jetten jubeln jammern jauchzen jubilieren

kaufen kümmern kichern kommen klammern kosten kämmen krönen
lächeln landen lehren leisten lästern lenken lösen linieren
melden meistern mixen messen mustern modellieren meditieren
notieren nicken nummerieren nachahmen nachblicken nachsehen
ordnen organisieren orientieren offenbaren operieren ordnen

probieren prägen patentieren plaudern präsentieren predigen
quittieren qualifizieren quietschen quer quengeln quotieren
rufen rasten rütteln rühmen rollen ragen retten reklamieren
sprechen singen starten senden schenken schreiben sortieren
tanzen tönen tragen testen teilen trainieren tasten treiben

umdenken umändern umfahren umlaufen unterbringen unterlegen
verändern veräußern verlangen verdanken vertragen versorgen
warten weigern wissen weichen wohnen wundern wandern wählen
x-fach x-förmig x-beliebig x-te xerographisch xylographisch
yes young youthful yellow yellowish you your yours yet yell

zahlen zielen zählen zeichnen zeigen zucken zaudern zaubern
ändern äußern ärgern ächzen äugeln äsen ächten ätherisieren
östlich örtlich öffentlich ökologisch ökonomisch ökumenisch
überbringen übersetzen übernehmen überraschen überschreiten
grü**ß**en vergrößern abschließen versüßen einfließen veräußern

Unterschiedliche Seitenformatierungen verlangen einen Abschnittsumbruch

Martin möchte verschiedene Gedichte und Sprüche gestalten und dazu für jede Seite u. a. einen anderen Seitenrahmen auswählen. Sobald er aber für die zweite Seite einen neuen Rahmen bestimmt, erscheint dieser auch auf der ersten Seite.

Das Problem lässt sich lösen, wenn Martin für jede neue Seite einen **Abschnittsumbruch** vornimmt, z. B. über das Menü
EINFÜGEN – MANUELLER UMBRUCH.

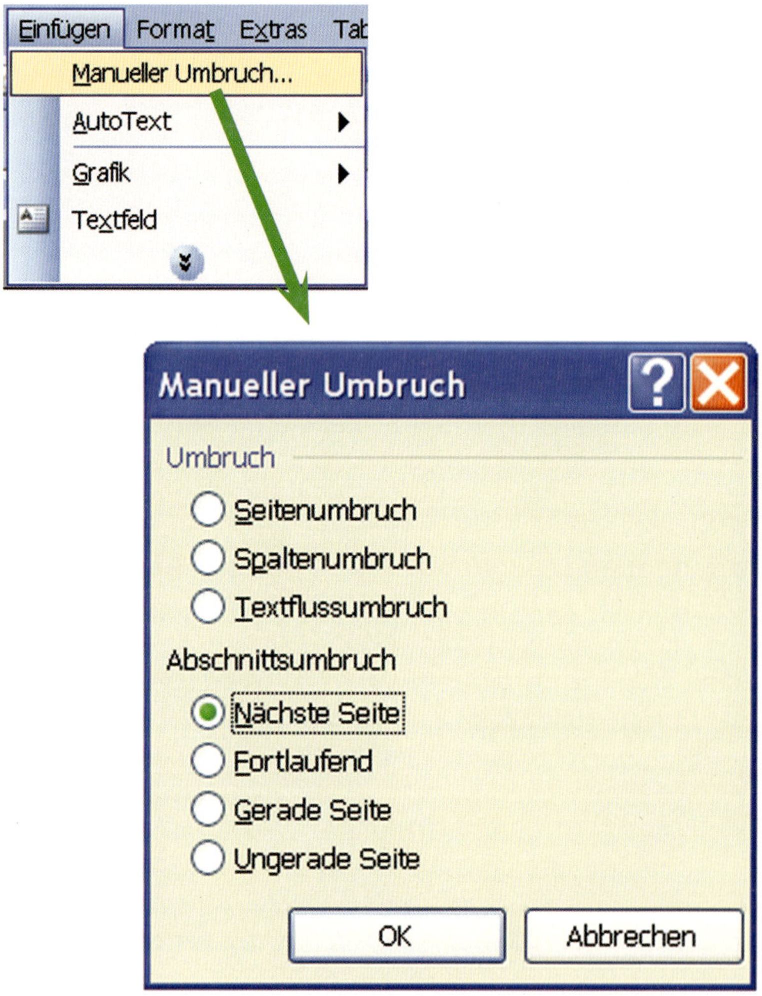

1. Öffne die Datei *039-Spruch1-unformatiert* oder *039-Spruch2-formatiert* und speichere unter dem Namen *Spruch.* Erstelle ein mehrseitiges Dokument.

2. Füge nach jeder Seite einen Abschnittsumbruch „Nächste Seite" ein.

3. Wähle unterschiedliche
   - Seitenränder,
   - Seitenrahmen,
   - Positionen von Kopf- und Fußzeile,
   - Angaben in den Kopf- und/oder Fußzeilen.

4. Kontrolliere, ob die gewünschte Änderung wirklich nur auf der einen Seite durchgeführt wurde.

5. Führe die weiteren Formatierungen durch.

Merke

Ein Abschnittsumbruch/Abschnittswechsel ***Nächste Seite*** bewirkt, dass für jede Seite Seitenformatierungen wie z. B. die Maße für die Seitenränder, das Papierformat, der Seitenrahmen sowie die Angaben in Kopf- und Fußzeilen individuell geregelt werden können.

Wünscht man hingegen nur eine weitere Seite mit denselben Seitenformatierungen, so genügt die Anweisung

UMBRUCH – SEITENUMBRUCH.

Vorname Name

In nur vier Zeilen

In nur vier Zeilen was zu sagen
erscheint zwar leicht; doch es ist schwer!
Man braucht ja nur mal nachzuschlagen:
die meisten Dichter brauchen mehr ...

HEINZ ERHARDT

1

Spruch

Vorname Name

An einen jungen Journalisten

An einen jungen Journalisten

Das Schreibenlernen, das begannst
du früh schon zu betreiben;

und doch – obwohl du schreiben kannst –
kannst du bis heut nicht "schreiben"!

HEINZ ERHARDT

Spruch

3

Vorname Name

Dichter

Es soll manchen Dichter geben,
der muss dichten, um zu leben.
Ist das immer so? Mitnichten,
manche leben, um zu dichten.

HEINZ ERHARDT

2

Spruch

Kurze Zeilen erleichtern das Lesen

Lorenz arbeitet in der Redaktion der Schülerzeitung mit. Heute hat er einige neue Beiträge erhalten. Als er sich die Blätter genauer ansieht, muss er feststellen, dass sie wenig mit einem Zeitungslayout zu tun haben.

In Zeitungen und Zeitschriften ist der Text meist in Spalten angeordnet. Die geringe Zeilenbreite erleichtert das Lesen – vor allem bei Schriftgrößen von 8 – 10 Punkt. Solch ein Layout lässt sich auch mithilfe eines Textverarbeitungsprogramms herstellen. Dabei kann eine ganze Seite oder auch nur markierter Text in Spalten dargestellt werden. Die Anzahl und die Breite der Spalten kann individuell bestimmt werden.

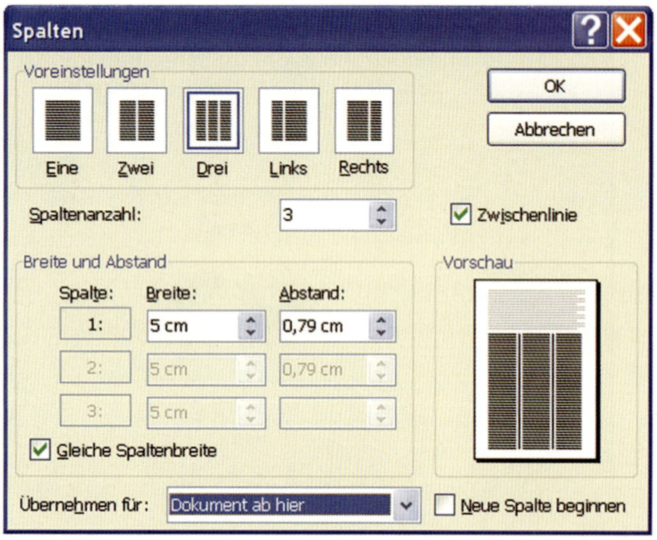

Merke Das Programm fügt automatisch einen Abschnittswechsel ein, wenn markierter Text in Spalten gesetzt wird.

1. Wie viele Spalten erscheinen dir bei einer A4-Seite sinnvoll? Begründe.

2. Sprich über die Lesbarkeit des unten stehenden Textes.

3. Öffne die Datei *041-Lesen* und speichere unter *Lesen1*.

4. Stelle die ganze Seite in Spalten dar und führe an einer beliebigen Stelle einen Spaltenwechsel durch, gib im Hilfemenü „Spaltenwechsel" ein.

5. Probiere weitere Möglichkeiten bei der Arbeit mit Spalten aus.

6. Öffne die Datei *41-Lesen* erneut und speichere unter *Lesen2*. Wähle die Spalteneinteilung wie unten (Schriftart Arial, Schriftgröße 10 pt). Abweichungen von der Vorlage sind aufgrund verschiedener Trennungen möglich.

7. Füge Trennlinien ein.

8. Führe die Worttrennung durch.

9. Setze die Absätze in Blocksatz.

Schnelllesen ist keine Hexerei

Die Flut an Informationen, die täglich über Fernsehen, Rundfunk und Printmedien auf uns einströmt, ist immer weniger zu bewältigen. Selbst das Angebot an Lesestoff in Fachzeitschriften, Zeitungen, Büchern oder im Internet ist so umfangreich, dass es kaum noch aufgenommen und verarbeitet werden kann.

Wer hier Schritt halten und vorankommen will, kann sich der Herausforderung nur durch die Anwendung moderner Lesetechniken stellen. Dabei erweist sich die Leseleistung als komplexer Vorgang, bei dem es physikalische, physiologische und psychologische Einflüsse zu beachten gilt. So spielen Beleuchtung, Blickwinkel, Körperhaltung und Motivation eine erhebliche Rolle. Grundsätzlich schließt eine Schulung der Lesetechnik immer die Steigerung des Lesetempos und der Fassungskraft, den Abbau der Lesefehler und eine Verbesserung der Konzentration ein. Da die Augenmuskulatur sehr hoher Belastung ausgesetzt ist, ruft dies nach Ausgleich, der durch besondere augengymnastische Übungen erzielt werden kann. Entscheidend ist, sich vor dem Lesen über das jeweilige Ziel des Lesens im Klaren zu sein. Denn Lesen ist eben viel mehr als nur ein Mittel zur raschen Aufnahme von Informationen. Ein langsames Vorgehen erst ermöglicht z. B. eine intensive Auseinandersetzung mit einem Stoff.

Darüber hinaus verbessert Lesen das Sprachvermögen, erweitert den Wortschatz, fördert die Gedächtnisleistung, regt die Phantasie an und ist nicht zuletzt ein köstliches Vergnügen. Dafür sollte man sich immer genügend Zeit nehmen.

Lesen – eine der wichtigsten Fähigkeiten des Menschen

Lesestoff Lesetraining Lesetechniken Lesetempo Leseleistung
Bücher Zeitungen Fachzeitschriften Radio Fernsehen Internet

books newspapers magazins gazette radio television internet
Reading latest magazins and newspapers is very interesting.

Motivation Phantasie Konzentration Sprachvermögen Vergnügen
physikalische, physiologische, psychologische, gymnastische

Das Lesen verbessert Sprachvermögen und Gedächtnisleistung. 63
Es erweitert auch den Wortschatz und regt die Phantasie an. 62
Jeder sollte sich für das Lesen immer genügend Zeit nehmen. 62

Die Flut an Informationen, die täglich über Fernsehen, Rundfunk 69
und Printmedien auf uns einströmt, ist immer weniger zu 126
bewältigen. Selbst das Angebot an Lesestoff in Fachzeitschriften, 196
Zeitungen, Büchern oder im Internet ist so umfangreich, dass es 263
kaum noch aufgenommen und verarbeitet werden kann. Wer hier 324

Schritt halten und vorankommen will, kann sich der 376
Herausforderung nur durch die Anwendung moderner Lesetechniken 442
stellen. Dabei erweist sich die Leseleistung als komplexer 503
Vorgang, bei dem es physikalische, physiologische und 558
psychologische Einflüsse zu beachten gilt. So spielen 614

Beleuchtung, Blickwinkel, Körperhaltung und Motivation eine 678
erhebliche Rolle. Grundsätzlich schließt eine Schulung der 740
Lesetechnik immer die Steigerung des Lesetempos und der 799
Fassungskraft, den Abbau der Lesefehler und eine Verbesserung der 869
Konzentration ein. Da die Augenmuskulatur sehr hoher Belastung 936

ausgesetzt ist, ruft dies nach Ausgleich, der durch besondere 999
augengymnastische Übungen erzielt werden kann. Entscheidend ist, 1066
sich vor dem Lesen über das jeweilige Ziel des Lesens im Klaren 1134
zu sein. Denn Lesen ist eben viel mehr als nur ein Mittel zur 1199
raschen Aufnahme von Informationen. Ein langsames Vorgehen erst 1267

ermöglicht z. B. eine intensive Auseinandersetzung mit einem 1330
Stoff. Darüber hinaus verbessert Lesen das Sprachvermögen, 1393
erweitert den Wortschatz, fördert die Gedächtnisleistung, regt 1458
die Phantasie an und ist nicht zuletzt ein köstliches Vergnügen. 1525
Dafür sollte man sich immer genügend Zeit nehmen. 1577

Surfen macht Spaß

Suche zum Thema „Lesen" weitere Informationen im Internet und gestalte eine A4-Seite zu folgenden Inhalten:

Lesegeschwindigkeiten, geeignete Literatur, Lesekurse (Wo? Dauer? Kosten? Inhalt des Kurses?)

Die Lesbarkeit eines Textes hängt von vielen Faktoren ab

Inzwischen hast du schon viele Möglichkeiten erfahren, Text zu gestalten. Auf den nächsten Seiten erprobst du, welche Effekte mit den Formatierungen Absatzabstand und Zeichenabstand/Laufweite erreicht werden können.

Absatzabstand
Zeichenabstand/Laufweite

Absätze sind in der Regel vom vorherigen und folgenden Text durch eine Leerzeile zu trennen. Bei Gestaltungsaufgaben ergibt sich oftmals ein besseres Bild, wenn die Abstände zwischen den Absätzen nicht genau, sondern eher weniger als eine Zeilenhöhe betragen.

Über das Menü FORMAT – ABSATZ – *Abstand vor* einem Absatz bzw. *Abstand nach* einem Absatz lässt sich der Abstand punkteweise oder in Millimetern verändern (3 pt ≈ 1 mm).

Absatzabstand

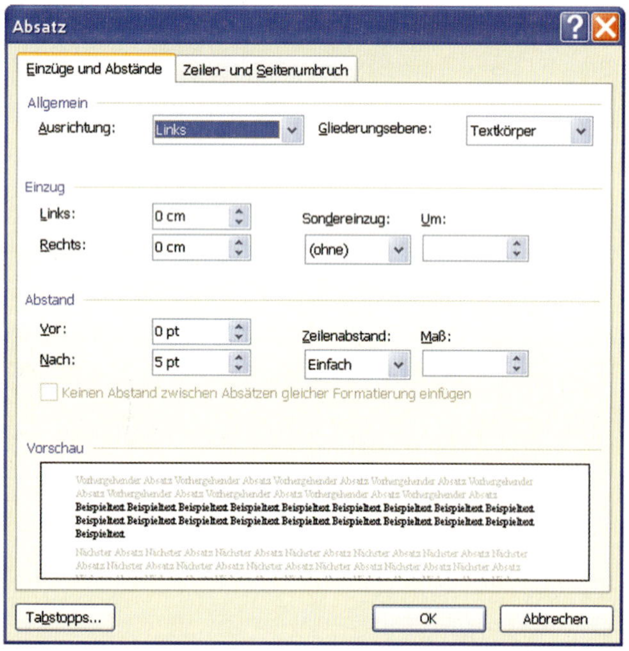

In der folgenden Tabelle sind verschiedene Absatzabstände dargestellt:

Änderung des Absatzabstandes	
Abstand nach diesem Absatz:	2 pt
Abstand nach diesem Absatz:	4 pt
Abstand nach diesem Absatz:	6 pt
Abstand nach diesem Absatz:	8 pt
Abstand nach diesem Absatz:	10 pt
Abstand nach diesem Absatz:	...

1. Öffne die Datei *042-Absatzabstand* und speichere unter *Absatzabstand*.

2. Gib beim Hilfe-Assistenten den Begriff „Absatz" ein und informiere dich.

3. Probiere verschiedene Möglichkeiten aus.

Bei der Dokumentgestaltung kann es manchmal notwendig sein, dass einzelne Zeichen noch in eine Zeile passen oder der Text bis zum ausgewählten Rand reichen soll. Dies lässt sich durch das Ändern des **Zeichenabstands** erreichen.

Änderung der Laufweite

Unterschiedliche Laufweiten ändern die Zeilenlänge.	-1,0 pt
Unterschiedliche Laufweiten ändern die Zeilenlänge.	-0,8 pt
Unterschiedliche Laufweiten ändern die Zeilenlänge.	-0,6 pt
Unterschiedliche Laufweiten ändern die Zeilenlänge.	-0,4 pt
Unterschiedliche Laufweiten ändern die Zeilenlänge.	-0,2 pt
Unterschiedliche Laufweiten ändern die Zeilenlänge.	0,0 pt
Unterschiedliche Laufweiten ändern die Zeilenlänge.	0,2 pt
Unterschiedliche Laufweiten ändern die Zeilenlänge.	0,4 pt
Unterschiedliche Laufweiten ändern die Zeilenlänge.	0,6 pt
Unterschiedliche Laufweiten ändern die Zeilenlänge.	0,8 pt
Unterschiedliche Laufweiten ändern die Zeilenlänge.	1,0 pt

Zeichenabstand/Laufweite

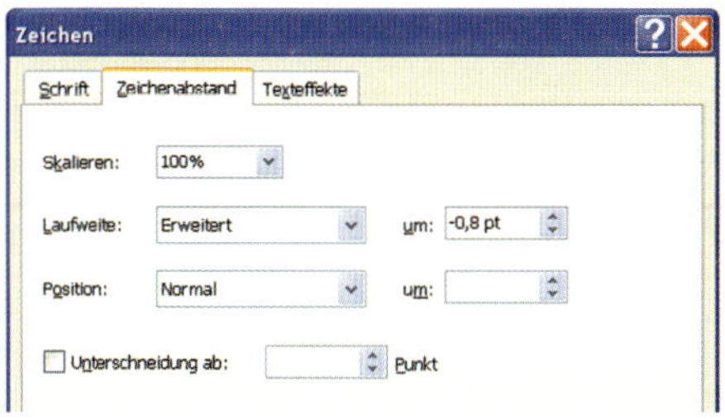

1. Öffne die Datei *043-Laufweite* und speichere unter *Laufweite*.

2. Gib beim Hilfe-Assistenten den Begriff „Laufweite" ein und informiere dich.

3. Probiere verschiedene Möglichkeiten aus.

Arbeitsaufgaben

Bei der Schrift der deutschen Kraftfahrzeug-Kennzeichen – der sogenannten FE Mittelschrift/Engschrift – hat sich wohl schon mancher gefragt, warum die Buchstaben diese teilweise seltsamen Formen haben. Die Erklärung ist ganz einfach: FE heißt fälschungserschwerend. Jeder Buchstabe hat ein individuelles Erscheinungsbild und lässt sich nicht von anderen ableiten. Im Vergleich zu früher ist es nun nicht mehr so leicht möglich, mit Farbe z. B. aus einem P ein R oder aus der 3 eine 8 zu machen.

1. Lies den oben stehenden Fließtext.

2. Gib ihn ein (Seitenrand links 2,5 cm, rechts 1,91 cm) oder öffne die Datei *043-Kennzeichen* und speichere unter *Kennzeichen.*

3. Kopiere ihn und füge ihn mehrmals ein.

4. Formatiere in unterschiedlichen Schriftarten und Schriftgrößen und probiere verschiedene Laufweiten aus.

5. Vergleiche die Beispiele und äußere dich zur Lesbarkeit.

6. Wähle die folgenden Vorgaben und versuche, den oben stehenden Text auf die jeweilige Gesamtzeilenzahl zu verteilen. Führe immer die Worttrennung durch.

Nr.	Schriftart	Schriftgröße	Gesamtzeilenzahl
1	Arial	12	6
2	Arial	11	5
3	Courier New	12	7
4	Times New Roman	14	6
5	Bradley Hand ITC, fett	16	8

Buchstaben und Ziffern der FE Mittelschrift/Engschrift

ABCDEFGHIJKLM
NOPQRSTUVWXYZ
abcdefghijklm
nopqrstuvwxyz
1234567890

Wo liegen deine Stärken?

Hast du schon einmal darüber nachgedacht, welchen Ausbildungsberuf du erlernen willst? Kennst du überhaupt deine Begabungen und Neigungen, deine Fähigkeiten und Fertigkeiten? Langsam ist es an der Zeit, dass du dich mit diesen Fragen beschäftigst.

In dieser Jahrgangsstufe besuchst du drei für dich neue Fächer, die sog. „Berufsorientierenden Zweige", kurz BoZ.

Diese berufsorientierenden Zweige vermitteln dir Grundlagen, damit du z. B.

- deine Begabungen, Fähigkeiten und Fertigkeiten sowie deine Neigungen feststellen bzw. überprüfen kannst – oder vielleicht gar erst kennenlernst – und
- durch Arbeitsplatzerkundungen und Orientierungspraktika einen Überblick über fachbezogene Berufe und deren Anforderungen erhältst.

Zudem soll dir durch den Erwerb von Grundkenntnissen in den berufsorientierenden Zweigen eine fundierte Wahl für einen dieser Zweige in der 8. Jahrgangsstufe ermöglicht werden. Je nach Profil der Schule kannst du einen zweiten Zweig hinzunehmen. In diesem Fall triffst du dann am Ende der 8. Jahrgangsstufe die Entscheidung für einen Zweig.

Jeder dieser Zweige setzt Schwerpunkte und stellt, wie auch der spätere Ausbildungsberuf in einem dieser Bereiche, unterschiedliche Anforderungen an dich.

1. Welche Anforderungen stellt die Ausbildung in einem kaufmännischen oder verwaltungstechnischen Beruf? Berate dich mit deinem Partner.

2. Begründe einige in der unten stehenden Grafik aufgeführten Anforderungen.

M **3.** Suche nach weiteren Anforderungen.

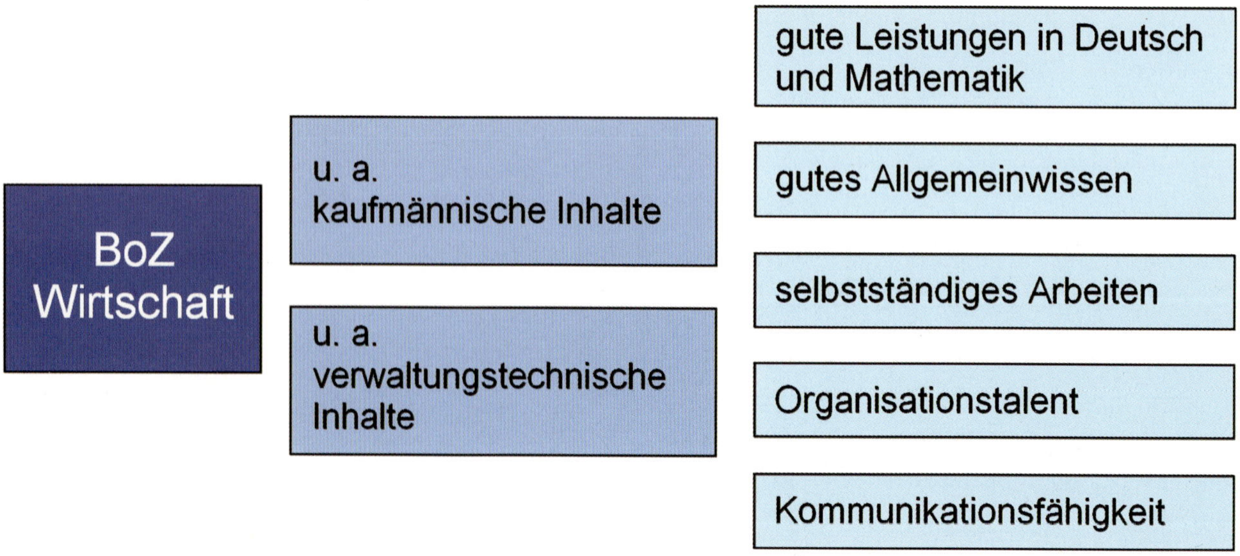

Mögliche Ausbildungsberufe für Haupt- und Mittelschüler/-innen

Wie du aus der unten abgebildeten Aufstellung ersiehst, kannst du neben kaufmännischen und verwaltungstechnischen Ausbildungsberufen – je nach Begabung und Neigung – unter einer ganzen Reihe weiterer Ausbildungsberufe wählen.

Berufsfelder	Berufe
Wirtschaft, Verwaltung	– Bürokaufmann/-frau – Bankkaufmann/-frau – Fachangestellte/-r für Bürokommunikation – Kaufmann/-frau für Bürokommunikation – Rechtsanwaltsfachangestellte/-r – Kaufmann/-frau im Einzelhandel – Kaufmann/-frau im Groß- und Außenhandel – Verkäufer/-in
Verkehr, Logistik	– Fachkraft für Lagerlogistik – Kaufmann/-frau für Eisenbahn und Straßenverkehr – Kaufmann/-frau für Verkehrsservice
Medien	– Medienkaufmann/-frau Digital und Print – Mediengestalter/-in Bild und Ton oder Digital und Print
Gesundheit	– Medizinische/-r Fachangestellte/-r – Zahnmedizinische/-r Fachangestellte/-r – Tiermedizinische/-r Fachangestellte/-r – Sport- und Fitnesskaufmann/-frau – Sportfachmann/-frau
IT, DV, Computer	– Fachinformatiker/-in – Informatikkaufmann/-frau – Informations- und Telekommunikationssystemkaufmann/-frau
...	– ...

In der oben dargestellten Auflistung findest du Ausbildungsberufe für Haupt- und Mittelschüler/-innen.

1. Suche aus den oben dargestellten Berufsfeldern einen Ausbildungsberuf heraus, für den du dich besonders interessierst und erkunde zwei weitere Berufsfelder mit Berufen z. B. in „BERUF AKTUELL".

www **2.** Informiere dich im Internet über Zugangsvoraussetzungen und Tätigkeitsbereiche der von dir ausgewählten Ausbildungsberufe.

3. Stelle deine Suchergebnisse übersichtlich dar.

M **4.** Informiere dich über den Ausbildungsberuf Tierpfleger/-in: Zugangsvoraussetzungen (Interessen, Fähigkeiten), Tätigkeitsbereiche, Ausbildung.

M **5.** Stelle deine Suchergebnisse auf einem Poster übersichtlich dar.

Nur nicht den Überblick verlieren

Ein wichtiges Hilfsmittel für deinen persönlichen Berufsorientierungsprozess ist der sog. **Berufswahlpass**:

In einem Ordner, den du in dieser Jahrgangsstufe anlegst und bis zu deiner Schulentlassung weiterführst, sammelst, ordnest und dokumentierst du alles Wichtige innerhalb deines Berufsorientierungsprozesses.

Dieser Ordner ist so aufgebaut, dass Eltern und Lehrkräfte sowie Berufsberater dich auf deinem Berufsfindungsweg begleiten, beraten und dir zur Seite stehen können.

Im Unterricht Arbeit-Wirtschaft-Technik legst du den Ordner an und besprichst dessen Aufbau.

Im BoZ Wirtschaft fertigst du dazu die einzelnen Register mit Deckblättern und gestaltest dein persönliches Layout für den Berufswahlpass.

Beispiel für einen möglichen Aufbau des Ordners:

Welche Angebote findest du an deiner Schule?

Welche außerschulischen Partner unterstützen dich?

Welche Anschriften haben die Ansprechpartner?

...

Welche Ziele hast du?

Wo liegen deine Stärken?

Passen diese zu den beruflichen Anforderungen?

Welche außerschulischen Interessen hast du?

...

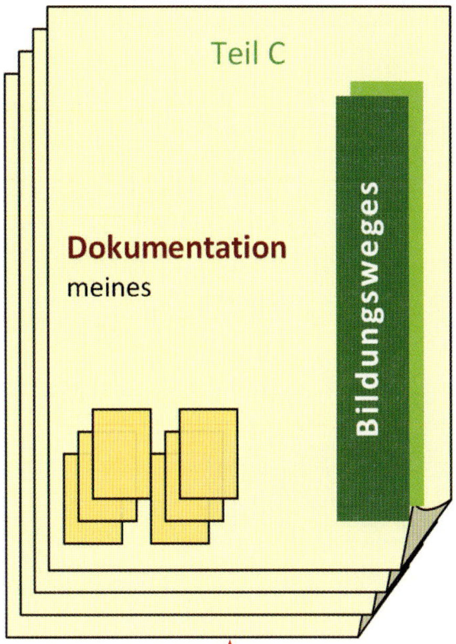

Welche Interessen hast du?

Welche Berufsziele schweben dir vor?

An welchen Betriebserkundungen, Praktika hast du teilgenommen?

Welche Bescheinigungen/Zertifikate hast du gesammelt?

…

Wie gehst du mit deinen persönlichen Unterlagen um?

Wie kommst du mit dem Einkommen aus?

Welche Versicherungen benötigst du?

…

Merke

Der Berufswahlpass begleitet und unterstützt dich nicht nur in deinem Berufswahlprozess, er dient auch als wertvolles „Bewerbungsinstrument".

Achte also auf eine ordentliche Führung des Ordners. Gestalte Arbeitsblätter ansprechend und lege sie verantwortungsbewusst ab.

Entwirf und gestalte weitere Deckblätter für die einzelnen Bereiche des Berufswahlpasses.

Mit Formen und Zeichnungselementen Informationen herausstellen

Sicher bist auch du schon einmal mit Bleistift und Papier an deinem Arbeitsplatz gesessen und hast um eine Notiz oder um einen Stichpunkt z. B. ein Viereck oder einen Kreis gezeichnet. Oder Wichtiges wurde von dir mit Pfeilen gekennzeichnet.

Timo will diese „Technik" am Computer ausprobieren:
Mithilfe von Formen und Zeichnungselementen erstellt er das unten abgebildete Poster.

1. Informiere dich in deinem Textverarbeitungsprogramm:
Wo findest du die im unten stehenden Poster abgebildeten Formen?

So wie du mithilfe der Maus ein Textfeld zeichnest, erstellst du nach Aktivierung der entsprechenden Schaltfläche bei gedrückt gehaltener linker Maustaste z. B. einen Strich, einen Pfeil oder eine andere Form.

2. Zeichne mit den Objekten, die auf den links stehenden Schaltflächen dargestellt sind:
Linien, Pfeile, Rechtecke und Ellipsen.

Formen und Effekte

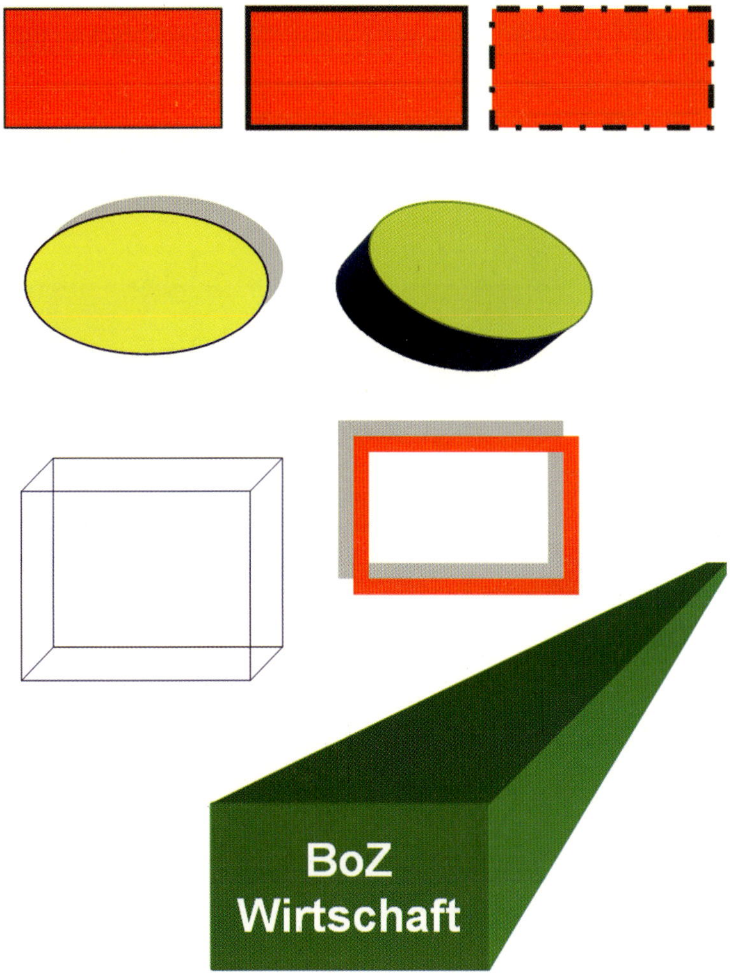

3. Kläre mithilfe der sog. „Quick-Info" die Bedeutung der in deinem Textverarbeitungsprogramm vorhandenen Schaltflächen für Formen.

4. Zeichne verschiedene Formen. Ändere bzw. wähle unterschiedliche
- Linien- und Stricharten
- Linienfarben
- Füllfarben

5. Zeichne die nebenstehenden Formen nach.

6. Informiere dich im Hilfemenü, wie du einer Form Text hinzufügen kannst.

Diese Tasten helfen dir beim „Zeichnen":

Umschalttaste

Bei gedrückt gehaltener Umschalttaste wird beim Aufziehen

- aus einem Rechteck ein Quadrat und
- aus einer Ellipse ein Kreis.

Steuerungstaste

Bei gedrückt gehaltener Steuerungstaste wird

- unter Zuhilfenahme der Cursorsteuertasten eine markierte Form millimeterweise in die gewünschte Richtung verschoben,
- die Operation MARKIEREN an weiteren Formen fortgesetzt, wenn Formen bereits markiert sind.

Häufig benötigte Befehle

Befehl „Gruppierung“

Mehrere markierte Objekte lassen sich zu einem Objekt verbinden.

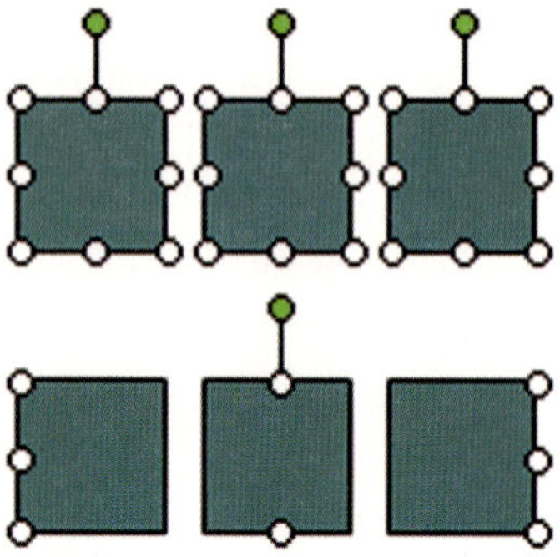

Befehl „Reihenfolge“

Hier wird die Position eines markierten Objektes festgelegt:

In den Vordergrund
In den Hintergrund
Eine Ebene nach vorne
Eine Ebene nach hinten
Vor den Text bringen
Hinter den Text bringen

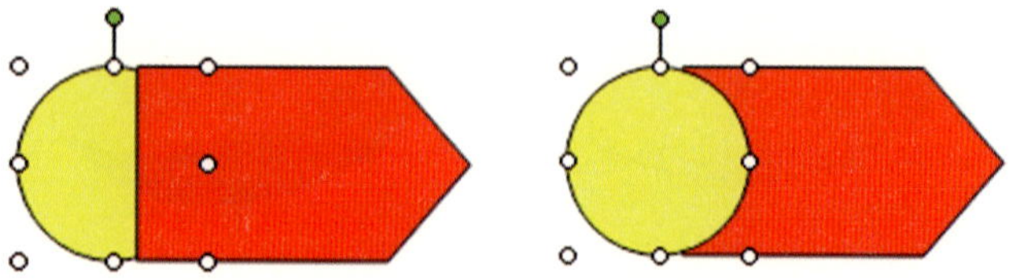

Befehl „Gitternetz“

Mit diesem Befehl werden sog. „Rasterlinien“ am Bildschirm angezeigt, mit deren Hilfe Objekte ausgerichtet werden können. Diese Rasterlinien sind Hilfslinien, die nicht gedruckt werden.

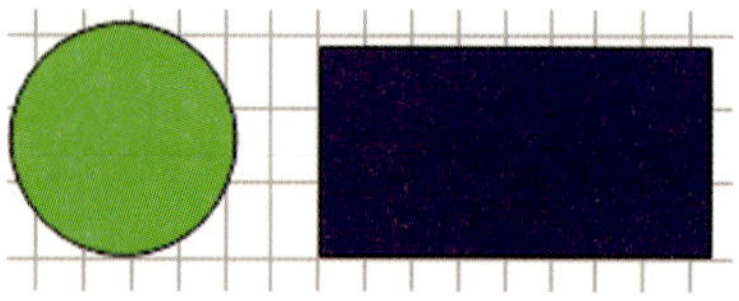

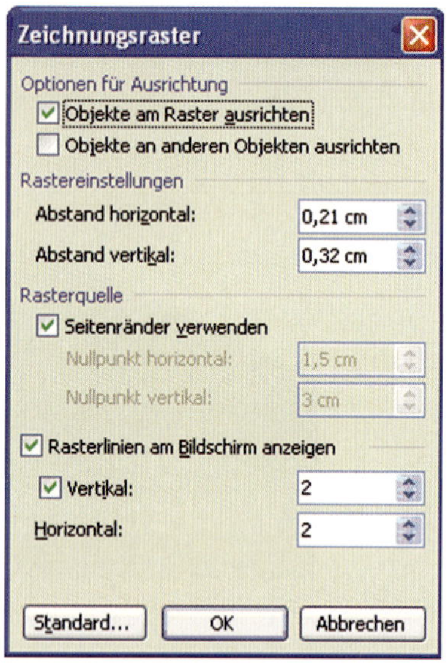

Befehl „Ausrichten oder Verteilen“

Mehrere markierte Objekte können ausgerichtet werden, z. B.:

Linksbündig
Rechtsbündig
Oben ausrichten
Unten ausrichten

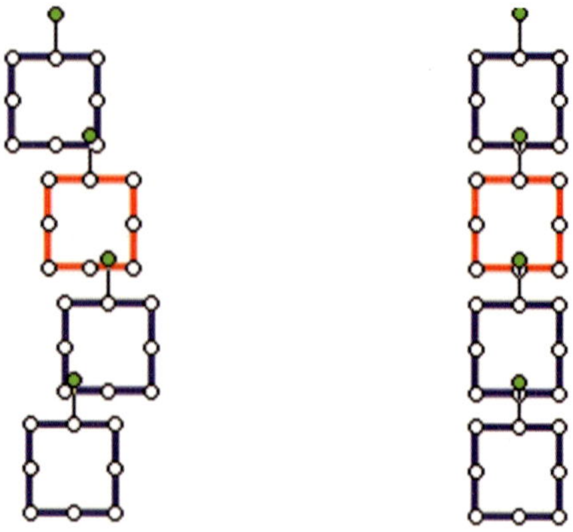

Befehl „Drehen oder Kippen“

Markierte Objekte können gedreht bzw. gekippt werden – der Ursprungspfeil ist rot markiert, z. B.:

Linksdrehung

Rechtsdrehung

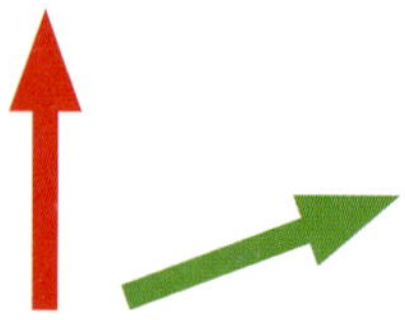

Horizontal kippen

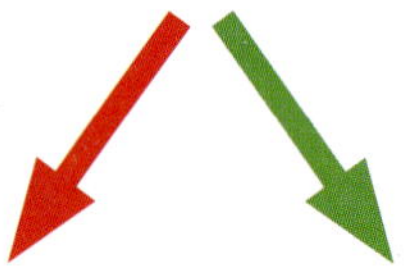

Vertikal kippen

Gestaltungsaufgabe: Poster Orientierungspraktikum

Nr.	Arbeitsaufträge
1.	Öffne ein Dokument und speichere unter *Poster,* siehe Seite 48.
2.	Richte die Seite des Dokuments ein: Querformat, Seitenränder 1 cm
3.	Wähle für das gesamte Schriftstück die Schriftart Calibri.
4.	Zeichne ein Rechteck und formatiere: – Höhe 1,5 cm, Breite 14 cm, Füllfarbe Grün – 3D-Art 1, 3D-Farbe Hellgrün – Ausrichtung Zentriert
5.	Beschrifte die Form wie vorgegeben und zentriere den Text horizontal und vertikal, Schriftfarbe Weiß, Schriftgröße 22 pt.
6.	Zeichne einen Blockpfeil nach unten und formatiere: – Höhe 2 cm, Breite 21 cm, Füllfarbe Rot, Linienfarbe Schwarz, Linienstärke ¾ pt – Ausrichtung Zentriert
7.	Beschrifte die Form wie vorgegeben und zentriere den Text horizontal und vertikal, Schriftfarbe Weiß, Schriftgröße 20 pt..
8.	Gestalte die dritte Zeile des Posters: – Blockpfeil nach rechts: Höhe 4,25 cm, Breite 5,75 cm, Füllfarbe Gold, Linienfarbe Braun, Linienstärke 2 ¼ pt – Rechteck 1: Höhe 2,75 cm, Breite 7,5 cm, Füllfarbe Gelb, Linienfarbe Braun, Linienstärke 2 ¼ pt – roter Pfeil: Breite 2 cm, Linienstärke 4 ½ pt – Rechteck 2: Höhe 2,75 cm, Breite 5 cm, Füllfarbe Hellgelb, Linienstärke 1 ½ pt, Strichart Strich
9.	Markiere die beiden Rechtecke und richte sie nach unten aus. Positioniere die Spitze des Blockpfeils mittig zum Rechteck. Positioniere den roten Pfeil mittig zwischen den beiden Rechtecken.
10.	Gruppiere die vier Objekte. Kopiere das gruppierte Objekt mithilfe der Drag&Drop-Funktion darunter.
11.	Beschrifte die Formen der dritten und vierten Zeile wie vorgegeben. Wähle die Schriftfarbe Schwarz und die Schriftgröße 14 pt.
12.	Kopiere den Pfeil „Vorbereitung" mithilfe der Drag & Drop-Funktion mittig unter die letzte Zeile.
13.	Ändere die Füllfarbe in Indigoblau. Ersetze „Vorbereitung" durch „Nachbereitung".
14.	Gestalte die letzte Zeile des Posters: – Blockpfeil nach rechts, Höhe 2,85 cm, Breite 3,95 cm – Rechteck: Höhe 1,5 cm, Breite 5 cm – Wähle für beide Formen die Füllfarbe Blassblau, Linienfarbe Schwarz, Linienstärke ¾ pt. – Kopiere mithilfe der Drag & Drop-Funktion das Rechteck nach rechts.
15.	Positioniere die Formen und beschrifte sie wie vorgegeben. Wähle die Schriftfarbe Schwarz und die Schriftgröße 14 pt.
16.	Gruppiere alle Formen und richte mittig aus.
17.	**M** Weise mithilfe Zeichnungselementen auf die Schul-Cafeteria hin.

Ein Blickfang: Text in Textfeldern

Seit Beginn der 7. Klasse werdet ihr immer wieder mit dem Begriff **Berufsorientierung** konfrontiert. Schritt für Schritt sollt ihr auf die Berufs- und Arbeitswelt vorbereitet werden.

Wichtige außerschulische Partner in dieser Vorbereitung sind die Agentur für Arbeit und ihre Mitarbeiter.

Heute kommt ein Mitarbeiter dieser Agentur in die 7. Klassen. Er stellt die Einrichtung **Agentur für Arbeit** und das ihr angeschlossene Berufsbildungszentrum, kurz **BiZ** genannt, vor und berichtet über Aufgaben und Aktivitäten dieser Institutionen.

Für einen Aushang im Klassenzimmer hält Kathrin die wichtigsten Informationen stichpunktartig fest.

www **1.** Informiere dich im Internet:
- Wo befindet sich im Umfeld deiner Schule die nächste Agentur für Arbeit?
- Welche Aufgaben hat die Agentur?
- Wie lautet die Langform für die Abkürzung BiZ?
- Welche Veranstaltungen finden im BiZ statt?

2. Betrachte die unten stehende Grafik und berate dich mit deinem Partner:
Welche Arbeitstechnik hat Kathrin für die Erstellung des Aushangs angewendet?

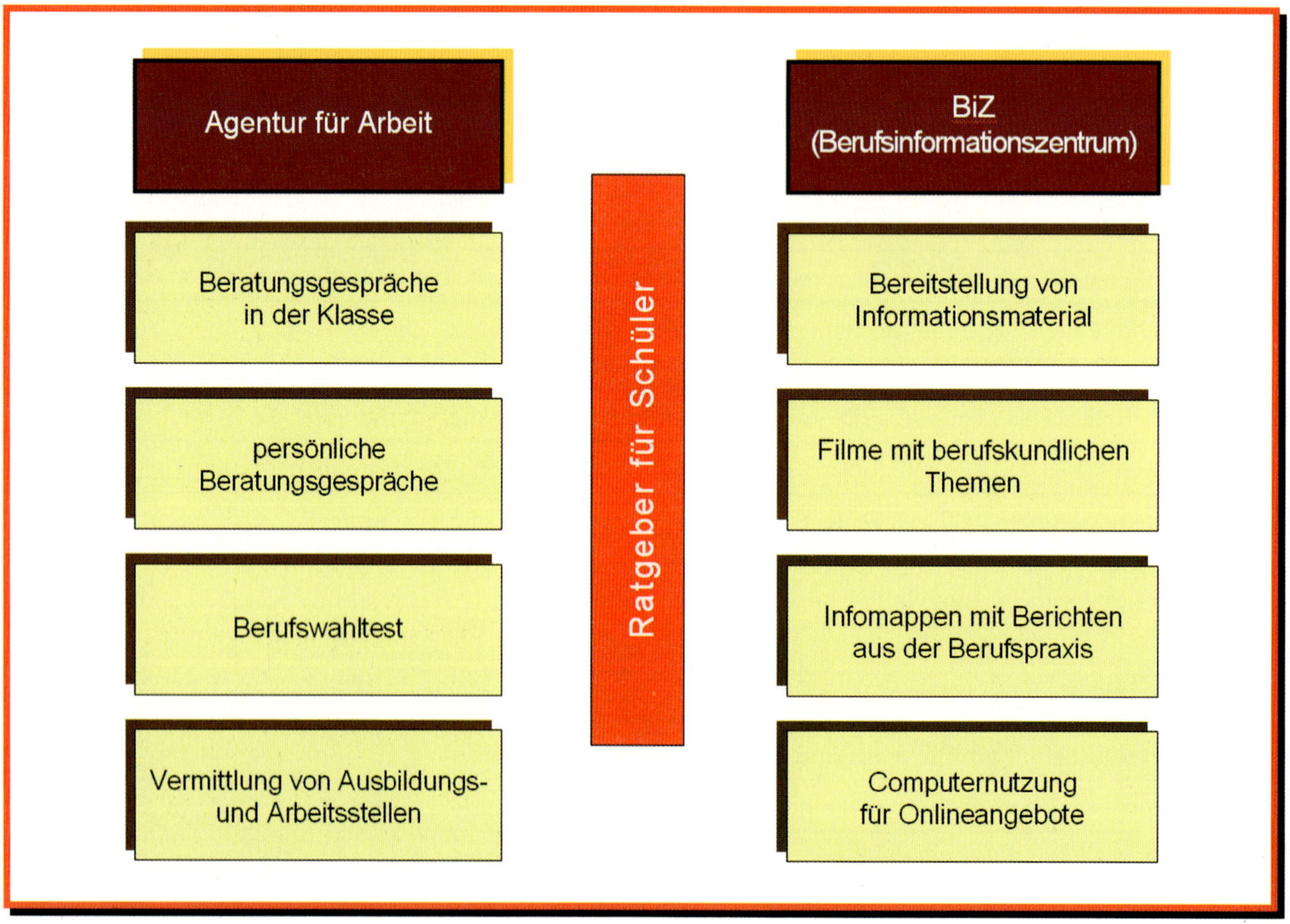

Mit Textfeldern arbeiten

Erste Eindrücke von der Arbeit mit Textfeldern hast du bereits in der vorausgegangenen Jahrgangsstufe erhalten.

Mithilfe von Textfeldern kann Text nicht nur an jeder beliebigen Stelle eines Dokuments eingefügt werden. Textfelder ermöglichen auch eine übersichtliche Darstellung z. B. von Informationen, Hinweisen, Auflistungen usw. Nutzt man noch einige Hilfsmittel und Tricks, lassen sich Dokumente mit Textfeldern besonders wirkungsvoll gestalten.

3. Beantworte folgende Fragen mit deinem Partner oder in der Gruppe:
- Welche Vorteile bietet ein Textfeld?
- Wie wird ein Textfeld eingefügt?
- Wie kann die Größe eines Textfeldes verändert werden?

So erhält dein Textfeld einen Schatten:
- Textfeld aktivieren
- Schattenart und Schattenfarbe auswählen

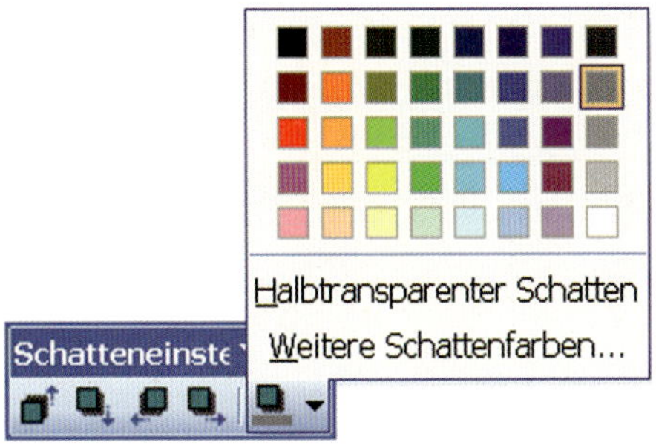

So beschriftest du dein Textfeld vertikal:
- Textfeld aktivieren
- Menü FORMAT – ABSATZRICHTUNG
- Textrichtung festlegen

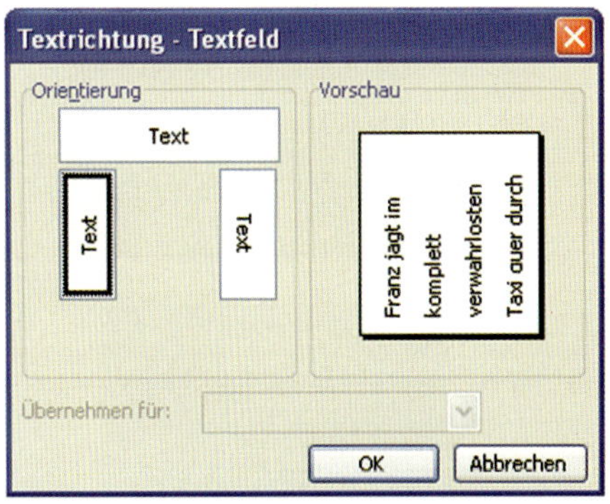

4. Ziehe auf deinem Arbeitsblatt mehrere Textfelder auf und probiere verschiedene Schattenarten und Schattenfarben aus.

5. Beobachte, was geschieht, wenn du die Schaltfläche *Halbtransparenter Schatten* aktivierst.

Textfelder ausrichten

Mario hat das unten stehende Informationsblatt für das Schwarze Brett im Klassenzimmer gestaltet.

Kathrin betrachtet das Dokument kritisch. Was gefällt Kathrin nicht?

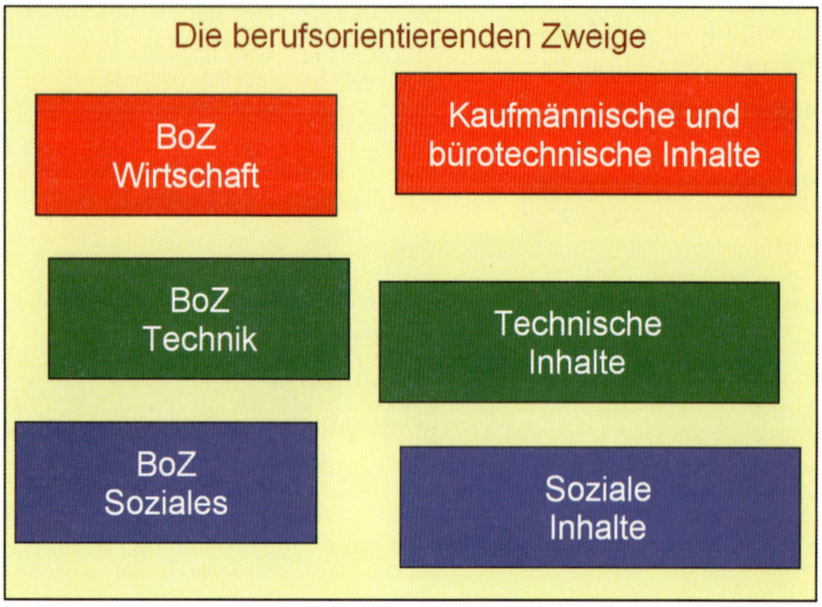

Der Befehl **Ausrichten oder Verteilen** schafft bei der Anordnung von Textfeldern oder anderen grafischen Objekten Ordnung:
Mehrere markierte Objekte können z. B. nach links oder rechts, nach oben oder unten ausgerichtet werden.

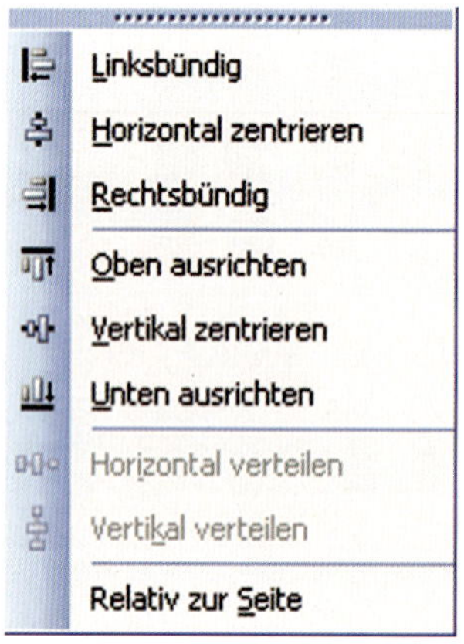

Links- oder rechtsbündige Ausrichtung:

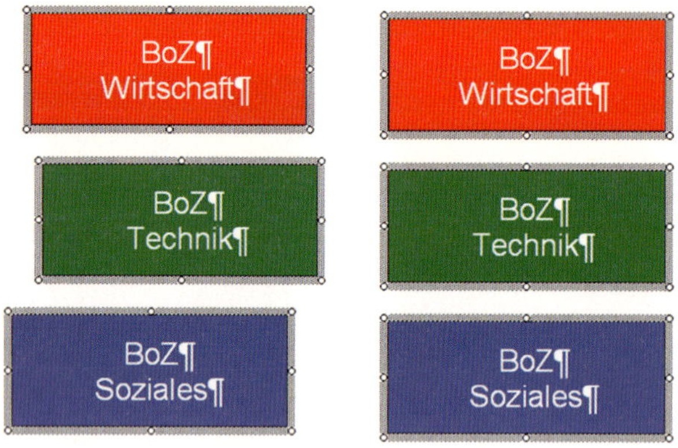

Ausrichtung nach oben oder unten:

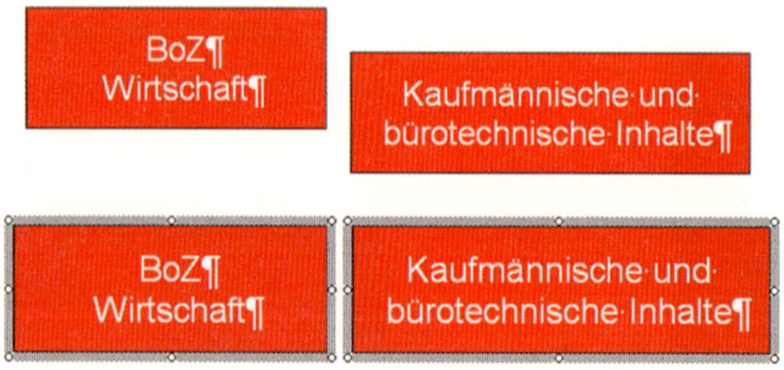

6. Gestalte das Informationsblatt „Die berufsorientierenden Zweige“ nach.
Achte bei der Anordnung der Textfelder auf eine links- bzw. rechtsbündige Ausrichtung sowie auf die Ausrichtung nach oben bzw. unten.

Gestaltungsaufgabe: Agentur für Arbeit – BiZ

Nr.	Arbeitsaufträge
1.	Gestalte das Poster „Agentur für Arbeit – BiZ" auf Seite 52 nach und vergib einen sinnvollen Dateinamen.
2.	Richte die Seite des Dokuments ein: Querformat, Seitenränder: 2 cm.
3.	Füge einen Seitenrahmen ein: Schattiert, Linienfarbe Rot, Linienbreite 4 ½ pt
4.	Ziehe auf deinem Dokument ein Textfeld auf und formatiere es: • Höhe 2,75 cm, Breite 8 cm • Füllfarbe Dunkelrot • Linienfarbe Schwarz, Linienbreite 2 ¼ pt • Schattenart 2, Schattenfarbe Gold
5.	Kopiere das Textfeld: Ziehe mithilfe der Drag&Drop-Funktion ein Textfeld neben das erste Textfeld.
6.	Absolute Position der Textfelder: linkes Textfeld 2 cm rechts vom Seitenrand, rechtes Textfeld: 15,5 cm rechts vom Seitenrand
7.	Markiere die beiden Textfelder und kopiere sie mithilfe der Drag&Drop-Funktion insgesamt viermal unter die beiden ersten Textfelder.
8.	Formatiere die kopierten Textfelder: • Füllfarbe Gelb • Linienfarbe Schwarz, Linienbreite ¾ pt • Schattenart 1, Schattenfarbe Dunkelbraun
9.	Beschrifte die Textfelder wie auf Seite 52 vorgegeben: • Schriftart Arial, Schriftgröße 14 pt • Schriftfarbe Weiß für die Textfelder mit dunkler Füllfarbe • Schriftfarbe Schwarz für die Textfelder mit heller Füllfarbe
10.	Ändere in den Textfeldern den Abstand vor dem Absatz (jeweils erste Zeile): einzeilige Beschriftung: jeweils 15 pt; zweizeilige Beschriftung: jeweils 10 pt
11.	Passe die Abstände der Textfelder vertikal an und richte sie aus: • linke Reihe linksbündig, rechte Reihe rechtsbündig • nebeneinanderstehende Textfelder nach unten bzw. nach oben
12.	Ziehe zwischen der linken und der rechten Reihe ein weiteres Textfeld auf und formatiere: • Höhe: 12 cm, Breite 2 cm • Füllfarbe Rot • Linienfarbe Schwarz, Linienbreite ¾ pt
13.	Beschrifte das Textfeld wie auf Seite 52 vorgegeben: • Schriftart Arial, Schriftgröße 18 pt, Schriftfarbe Weiß • Erweiterter Zeichenabstand um 1,5 pt
14.	Gruppiere die Textfelder.
15.	Drucke dein Arbeitsergebnis aus.

Ausbildungsreife – eine Voraussetzung für den Berufseinstieg

Wortübungen

das und die des der auf mit ist für von wie ein zur vor dem
eine beim sind wird muss mehr ganz auch klar dass lang dies
unter wurde diese genau jeder viele schon nicht heute solch

A Au Aus Ausbi Ausbil Ausbildun Ausbildung Ausbildungsreife
B Be Ber Beru Beruf Berufs Berufsei Berufseig Berufseignung
V Ve Ver Verm Vermi Vermittel Vermittelbar Vermittelbarkeit
B Be Ber Beru Beruf Berufs Berufsw Berufswa Berufswahlreife

Durchhaltevermögen, Frustrationstoleranz, Arbeitsverhalten,
Leistungsbereitschaft, Sorgfalt, Verantwortungsbewusstsein,
Kommunikationsfähigkeit, Zuverlässigkeit und Teamfähigkeit,

Fließtext

Beim Einstieg in das Berufsleben spielen Ausbildungsreife, 63
Berufseignung und Vermittelbarkeit eine entscheidende Rolle. Da 131
unter diesen Begriffen häufig verschiedene Inhalte verstanden 195
wurden, versuchte die Bundesagentur für Arbeit in der Broschüre 262
„Kriterienkatalog zur Ausbildungsreife“, Klarheit in diese 326

Begriffsvielfalt zu bringen. Hier werden einzelne Merkmale 388
aufgezählt, die für die Ausbildungsreife unverzichtbar sind. 450
Unterschieden wird zwischen schulischen Basiskenntnissen und 513
psychologischen und physischen Merkmalen. Daneben sind auch das 579
Arbeitsverhalten, die Persönlichkeit und letztendlich die 639

Berufswahlreife von erheblicher Bedeutung. Dass jeder 696
Berufsanfänger Lesen, Schreiben und Rechnen können muss, liegt 763
auf der Hand. Mit Texten und Medien umgehen zu können, ist für 830
viele Schulabgänger schon nicht mehr ganz so selbstverständlich. 896
Manchmal wird auch die Bedeutung von Merkmalen wie 950

Durchhaltevermögen und Frustrationstoleranz, Sorgfalt, 1008
Leistungsbereitschaft, Teamfähigkeit, Verantwortungsbewusstsein 1075
und Zuverlässigkeit unterschätzt. Schließlich erfordert die 1137
Berufswahlreife ein erhebliches Maß an Selbsteinschätzungs- und 1204
Informationskompetenz. Da all diese Merkmale nicht so einfach von 1273

heute auf morgen zur Verfügung stehen, ist jedem klar, dass ein 1338
Einstieg in das Berufsleben lange vor dem Schulabschluss beginnt. 1406

Fehlersuche

Im folgenden Text befinden sich 8 Fehler. Vergleiche mit dem Fließtext auf Seite 56.
Öffne die Datei *057-Ausbildungsreife-Fehlersuche*, ermittle die Fehler und verbessere sie.

Beim Einstieg in das Berufsleben spielt Ausbildungsreife, Berufseignung und Vermittelbarkeit eine entschiedene Rolle. Das unter diesen Begriffen häufig verschiedene Inhalte verstanden wurden, versucht die Bundesagentur für Arbeit in der Broschüre „Kriterienkatalog zur Ausbildungsreife" Klarheit in die Begriffsvielfalt zu bringen. Hier werden einige Merkmale genau aufgezählt, die für die Ausbildungsreife verzichtbar sind, Unterschieden wird zwischen schulischen Basiskenntnissen und psychologischen und physischen Merkmalen.

Gestaltungsaufgabe: Ausbildungsreife – eine Voraussetzung für den Berufseinstieg

Nr.	Arbeitsaufträge
1.	Öffne die Datei *058-Ausbildungsreife* und speichere unter *Ausbildungsreife*.
2.	Füge nach der ersten Seite einen manuellen Seitenumbruch ein.
3.	Setze die zweite Seite in Querformat.
4.	Wähle folgende Seitenränder: Seite 1: links 2,5 cm; oben, unten, rechts jeweils 2 cm Seite 2: oben 2,5 cm, links und rechts 2 cm, unten 1 cm
5.	Verwende die Schriftart Arial und folgende Schriftgrößen: Seite 1: 22 pt, 20 pt, 12 pt, 8 pt Seite 2: 28 pt, 18 pt, 8 pt
6.	Setze deinen Namen in eine Fußzeile, zentriere ihn und füge rechts die Seitenzahl ein.
7.	Wähle als Abstand vom Seitenrand für die Fußzeile 1,2 cm.
8.	Gliedere den Text wie in der Vorlage und gestalte nach. Ändere bei Bedarf den Zeichenabstand.
9.	Skaliere Bild 1 auf 75 % und positioniere es wie in der Vorlage.
10.	Schneide Bild 2 oben 1,2 cm und rechts 0,5 cm zu, skaliere es auf 80 % und positioniere es wie in der Vorlage.
11.	Passe Bild 3 in der Größe an und positioniere es wie in der Vorlage.
12.	Führe die Worttrennung durch und setze alle Absätze in Blocksatz.
13.	Gestalte die zweite Seite nach. Schneide Bild 4 oben um 1 cm zu, skaliere es auf 90 % und positioniere es wie in der Vorlage. Ergänze die Textfelder mit weiteren Kriterien zur Ausbildungsreife und passe sie in der Größe an. Richte die nebeneinander stehenden Textfelder nach unten aus.
14.	Lösche nicht benötigte Textteile.
15.	Speichere das Dokument und drucke aus.

AUSBILDUNGSREIFE –
eine Voraussetzung für den Berufseinstieg

Beim Einstieg in das Berufsleben spielen **Ausbildungsreife, Berufseignung und Vermittelbarkeit** eine entscheidende Rolle.

Da unter diesen Begriffen häufig verschiedene Inhalte verstanden wurden, versuchte die Bundesagentur für Arbeit in der Broschüre **Kriterienkatalog zur Ausbildungsreife**, Klarheit in diese Begriffsvielfalt zu bringen. Hier werden einzelne Merkmale aufgezählt, die für die Ausbildungsreife unverzichtbar sind. Unterschieden wird zwischen schulischen Basiskenntnissen und psychologischen und physischen Merkmalen Daneben sind auch das Arbeitsverhalten, die Persönlichkeit und letztendlich die Berufswahlreife von erheblicher Bedeutung.

Dass jeder Berufsanfänger Lesen, Schreiben und Rechnen können muss, liegt auf der Hand. Mit Texten und Medien umgehen zu können, ist für viele Schulabgänger schon nicht mehr ganz so selbstverständlich.

Manchmal wird auch die Bedeutung von Merkmalen wie Durchhaltevermögen und Frustrationstoleranz, Sorgfalt, Leistungsbereitschaft, Teamfähigkeit, Verantwortungsbewusstsein und Zuverlässigkeit unterschätzt.

Schließlich erfordert die **Berufswahlreife** ein erhebliches Maß an Selbsteinschätzungs- und Informationskompetenz. Da all diese Merkmale nicht so einfach von heute auf morgen zur Verfügung stehen, ist jedem klar, dass ein Einstieg in das Berufsleben lange vor dem Schulabschluss beginnt.

Vorname Zuname 1

KRITERIEN ZUR AUSBILDUNGSREIFE

Leistungsbereitschaft

Sorgfalt

Teamfähigkeit

Durchhaltevermögen

Zuverlässigkeit

Frustrationstoleranz

Verantwortungsbewusstsein

Kommunikationsfähigkeit

???

???

???

???

???

???

Vorname Zuname

2

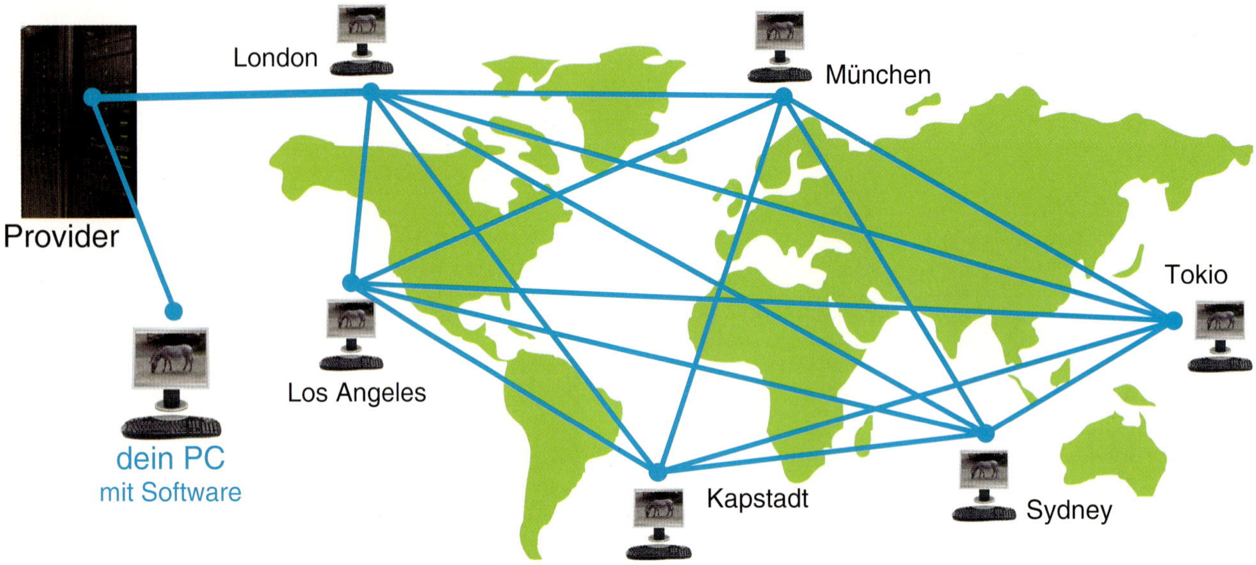

Wie funktioniert das Internet?

öffentlichen militärischen automatisch verschiedene anderen
funktionieren kommunizieren schickten aufspalteten zerlegte

die Übertragung, das amerikanische Verteidigungsministerium
einige Universitäten, Rechner von unterschiedlicher Bauart,
das Arpanet der USA, erstes Ergebnis der Forschungsarbeiten
Die Dortmunder Uni bekam 1984 den ersten Internetanschluss.

Das amerikanische Verteidigungsministerium begann 1969, ein 62
neuartiges Datennetz zu entwickeln. Die Übertragung von Daten 128
sollte auch dann noch funktionieren, wenn Teile des Netzes durch 195
Naturkatastrophen oder Kriege ausfallen würden. Außerdem sollten 263
Rechner unterschiedlicher Bauart und mit verschiedenen 320

Betriebssystemen kommunizieren können. Ein erstes Ergebnis der 386
Forschungsarbeiten war das Arpanet, das die Computer einiger 450
Universitäten an der Ostküste der USA miteinander verband. Die 519
Techniker ließen Informationen nicht direkt vom Sender zum 580
Empfänger laufen, sondern schickten Nachrichten über sogenannte 646

Knotenrechner zum Zielrechner. Der Sendecomputer zerlegte die 712
Nachricht in kleine Datenpakete, die mit einer Nummer und den 777
Adressen von Absender und Empfänger gekennzeichnet wurden. Der 844
angesteuerte Knotenrechner entschied, über welche Netzleitung die 912
Daten geschickt werden sollten. Fiel eine Leitung aus, wurde das 980

Datenpaket automatisch auf einen anderen Weg gelenkt. Der 1041
Empfängercomputer setzte die einzelnen Pakete entsprechend der 1106
Nummernfolge wieder zu einer vollständigen Nachricht zusammen. 1171
Das Arpanet arbeitete so gut, dass es die Beteiligten bald für 1237
ihre tägliche Korrespondenz nutzten. Bereits im Jahre 1983 war 1303

der Ansturm so groß, dass man das Netz in einen militärischen und 1371
einen öffentlichen Teil aufspaltete. Das Internet breitete sich 1438
wie eine Lawine aus. 1984 erreichte es auch Deutschland: Die 1503
Universität Dortmund erhielt den ersten Internetanschluss. 1564

Internet – das Netz der Netze

Michael hat sich für ein Referat zum Thema „Olympische Spiele" entschieden. Gerade überlegt er, woher er dazu Hilfen bekommen kann: Neben Sportbüchern, Lexika und Zeitschriften ist natürlich das Internet eine wichtige Informationsquelle.

Das Internet ist das weltweit größte Computernetzwerk. Millionen von Rechnern sind dabei miteinander verbunden (Fachbegriff: vernetzt).

Von jedem PC mit Internetanschluss aus lassen sich z. B.:

- elektronische Plaudereien führen (engl.: to chat = plaudern, dt.: chatten)
- Software von anderen, auch weit entfernten Computern laden
- andere Computer anwählen und mit deren Dateien arbeiten, z. B. Telearbeit
- Informationen aller Art suchen
- Meinungen zu unterschiedlichen Themen verfassen bzw. lesen
- Briefe empfangen und versenden
- Musiktitel anhören und Filme ansehen (Achtung: oft gegen Gebühr)
- Daten mit anderen Usern tauschen
- Telefongespräche führen ...

Dafür sind innerhalb des Internets verschiedene Dienste zuständig:

1. Erläutere die Internetdienste auch mithilfe der Worterklärungen ab Seite 181.

2. Ordne den nebenstehenden Möglichkeiten die verschiedenen Internetdienste zu.

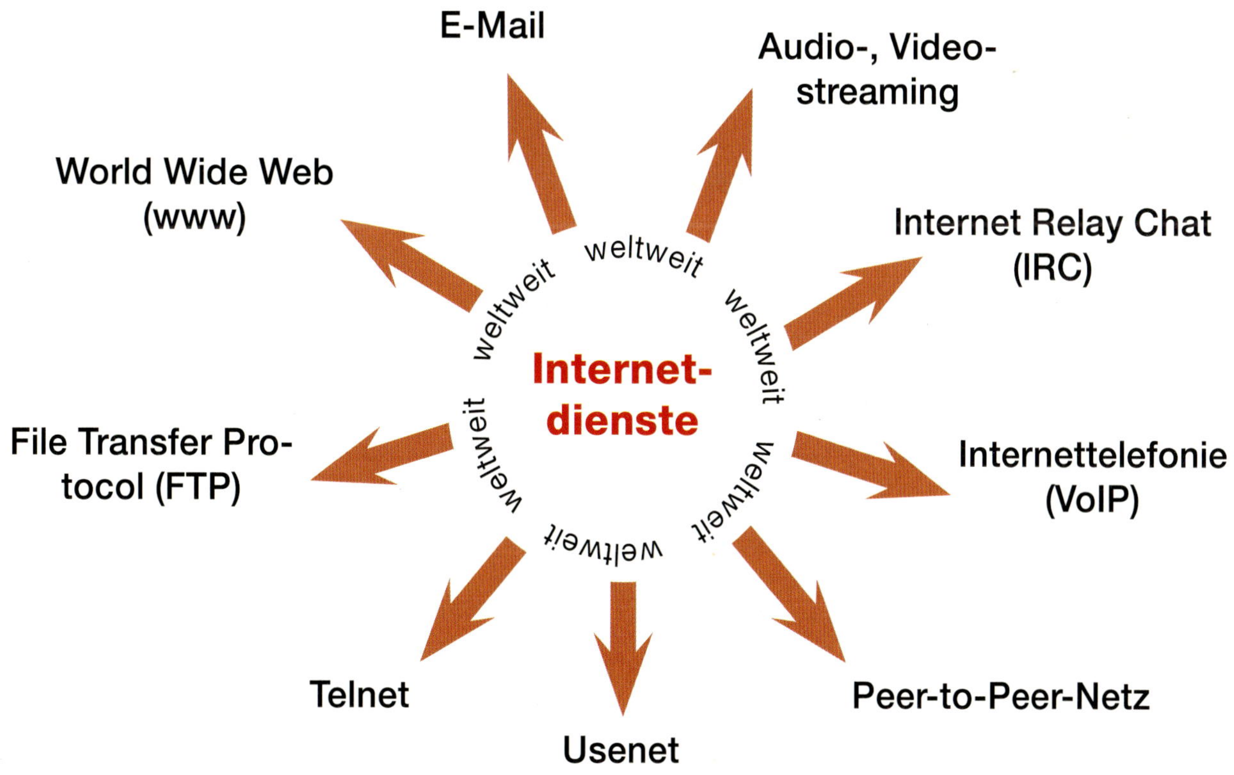

Das World Wide Web – eine unermessliche Informationsquelle

World Wide Web (www)

Um viel Wissenswertes über die Olympischen Spiele zu bekommen, ist Michael im **World Wide Web** (www) an der richtigen Stelle. Das www präsentiert Informationen in Form von Text, Bildern, Sound und Videoclips. Diese Informationen befinden sich auf Internetseiten, die auf sogenannten www- oder Web-Servern (engl.: serve, dt.: bedienen) gespeichert sind. Die einzelnen Seiten sind miteinander verbunden.

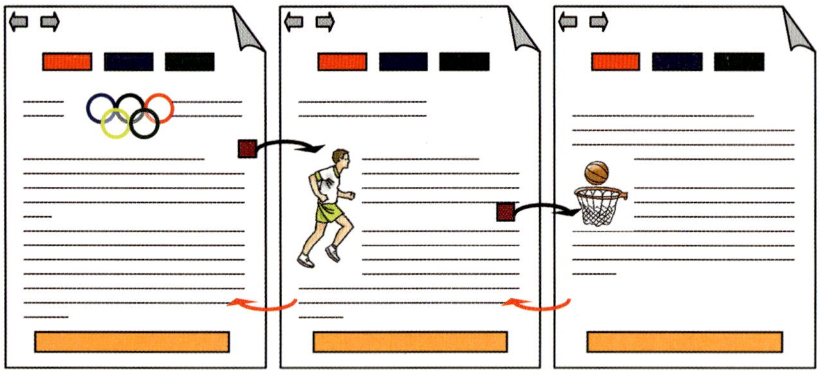

Hyperlink

Auf jeder Internetseite befinden sich Verweise in Form von markierten Begriffen, Bildern oder Symbolen (Fachbegriff: **Hyperlinks**, kurz Links; engl.: to link, dt.: verbinden). Zeigt man mit der Maus auf einen Link, verwandelt sich der Mauszeiger in ein Handsymbol. Per Mausklick gelangt man zu Informationen auf anderen Seiten, in anderen Dateien und auf anderen Rechnern. Man spricht von „surfen" im Sinne von herumsuchen.

HyperText Markup Language (HTML)

Ermöglicht werden die Verzweigungen durch die Computersprache **H**yper**T**ext **M**arkup **L**anguage, abgekürzt **HTML**.

Browser

Die Software, die es bewerkstelligt, sich vom eigenen Rechner aus im www zu bewegen, bezeichnet man als **Browser** (engl.: to browse, dt.: blättern).

Wie ist eine Internetadresse aufgebaut?

Jede Seite, die auf einem Internetrechner gespeichert ist, hat einen Namen, damit sie weltweit eindeutig identifizierbar ist. Vergleichbar ist dies in etwa mit einer Anschrift. Als Adresse bzw. als eine Art Wegbeschreibung zu den gewünschten Daten ist – wie auch in einem Anschriftfeld – eine bestimmte Reihenfolge vereinbart, der sogenannte **U**niform **R**esource **L**ocator, abgekürzt **URL** (engl.: uniform, dt.: gleich; engl.: resource, dt.: Quelle; engl.: locator, dt.: Wegbeschreibung).

Uniform Resource Locator (URL)

	1	2	3
	Empfänger – **Servername**	Straße – **Ordner**	Bestimmungsort – **Dateiname**
	↓	↓	↓
	Bayer. Staatsministerium für Unterricht und Kultus	Salvatorstr. 2	80333 München
	↓	↓	↓
http://	**www.km.bayern.de/**	**schueler/**	**nach-der-schule.html**

Ganz gleich, von welchem Land der Erde aus z. B. die Adresse

http://www.km.bayern.de/schueler/nach-der-schule.html

eingegeben wird, immer erscheint die gleiche Informationsseite. Informationsseiten werden freilich nur dann in das Bildschirmfenster des eigenen Computers geladen, wenn diese Seiten auf einem www-Rechner gespeichert sind. Bestehende Internetadressen und Internetseiten können natürlich auch verändert oder gelöscht werden.

> Achte bei der Eingabe von Internetadressen stets auf die korrekte Schreibweise. Tastschreibfehler werden nicht verziehen.
>
> Umlaute sind noch mit zwei Buchstaben zu schreiben, z. B. ä = ae.
>
> Oftmals werden Internetseiten in Englisch angeboten. Wähle eine dir verständliche Sprache aus.

Der Aufbau einer Internetadresse ist genau festgelegt. So könnte eine Adresse aussehen:

http://www.km.bayern.de/schueler/nach-der-schule.html

1	2	3	4
Protokoll	Servername	Ordner	Dateiname

> Die eingegebene Internetadresse wird vom Rechner in Zahlen umgewandelt, da dieser nur Zahlen bearbeiten kann.

1. Die Adresse beginnt mit dem **Protokoll**. So nennt man eine Sammlung von Regeln, die festlegen, mit welchem Code die Seiten im Internet verschickt werden. Im www ist dies das **H**ypertext **T**ransfer **P**rotocol (dt.: Hypertextübertragungsprotokoll), abgekürzt **http**. Nach dem Protokoll folgt ein Doppelpunkt.

http

2. www bedeutet, dass dieser Rechner ein Webserver ist, also ein Computer, der im www-Bereich des Internets Seiten zur Verfügung stellt.

www

km.bayern bezeichnet die Adresse einer Website im Internet.

de ist die Länderkennung und steht für Deutschland. Nur außerhalb der USA stellt dieser Begriff (de) den **Ländercode** dar.

Länderkennungen			
Abkürzung	*Land*	*Abkürzung*	*Land*
at	Österreich	ch	Schweiz
it	Italien	uk	Großbritannien
fr	Frankreich	us	USA

Innerhalb der USA bezeichnet die Kennung den sog. **Organisationscode**, der anzeigt, welche Art von Organisation den Server betreibt.

Kennungen in den USA		
Abkürzung	*Organisation*	*Deutsch*
edu	education	Universitäten
com	commerce	kommerzielle Einrichtungen
net	networks	Netzwerkeinrichtungen
org	organisation	alle sonstigen Einrichtungen

Viele Internetadressen lassen sich durch einiges Nachdenken mithilfe des üblichen Namens oder einer Abkürzung finden.

3. schueler/ ist der Verzeichnisname. Weitere (Unter-)Verzeichnisse sind möglich.

4. nach-der-schule bezeichnet den Dateinamen des Dokuments.

Die abgekürzte Endung **htm** oder **html** zeigt an, dass das Dokument in der **H**yper**t**ext **M**arkup Sprache erstellt worden ist.

Adressen können auch nur aus dem Übertragungsprotokoll und dem Domain-Namen bestehen, wie z. B.:

http://www.bayern.de/ oder **http://www.bundesregierung.de/**

www **3.** Bilde für folgende Einrichtungen Internetadressen und probiere aus:
München, Deutsches Museum, Bundesagentur für Arbeit, Deutsches Jugendherbergswerk ...

Informationen schnell und direkt gefunden

Im Internet stehen riesige Datenmengen zur Verfügung. Bequem surfen wir mithilfe von Hyperlinks von Seite zu Seite. Dabei können wir uns aber auch sehr schnell in der Flut von Informationen verlieren.

Wie lassen sich ganz bestimmte Informationen rasch finden?

Ein Inhaltsverzeichnis, das alle Dokumente enthält, gibt es nicht. Verschiedene **Suchhilfen**, auch **Suchdienste** genannt, unterstützen dich gezielt bei der Suche nach Informationen.

Nach dem Aufrufen eines solchen Suchdienstes erscheint in der Regel ein **Suchfeld**, in das man den gewünschten Begriff eingibt. Nun durchforstet eine **Suchmaschine** das www nach Seiten mit den gewünschten Inhalten, eine andere sucht nicht nur Angebote, sondern gibt auch kurze Inhaltsangaben.

Die Suchergebnisse werden in einer Trefferliste präsentiert. Durch Anklicken des Themas oder der jeweiligen Internetadresse gelangt man rasch zu den entsprechenden Seiten.

Suchmaschinen sind für die Benutzer kostenlos. Finanziert werden sie in der Regel durch Werbung. Häufig genutze Suchmaschinen sind u. a. Google, Ecosia, Yahoo, AltaVista ...

- Lies stets die Anleitung der angewählten Suchmaschine, um gezielt im Internet suchen zu können.
- Konkretisiere deinen Suchbegriff. Folgende Zeichen helfen dir dabei:

  + im Suchergebnis erscheinen die durch das Plus-Zeichen verbundenen Begriffe, z. B.: Marathon +Antike

  – im Suchergebnis wird der durch das Minuszeichen gekennzeichnete Begriff ausgeschlossen, z. B.: Marathon -Antike

  „ “ im Suchergebnis erscheinen die in Anführungszeichen gesetzten Begriffe in der vorgegebenen Reihenfolge, z. B.: „Stellenangebote der Agentur für Arbeit“

www **1.** Informiere dich im Internet über Suchmaschinen:

- Gib z. B. folgenden Begriff ein: Suchmaschinen-Liste
- Probiere einige der angeführten Suchmaschinen aus.

Suchmaschine

www **2.** Gib folgende Suchbegriffe ein und vergleiche:

- Olympische Spiele +Antike
- Olympische Spiele -Antike
- Sportarten bei den Olympischen Spielen
- „Sportarten bei den Olympischen Spielen“

www **3.** Beantworte folgende Fragen:

- Wann fanden die ersten olympischen Spiele der Antike statt?
- Welcher Wettkampf wurde bei den ersten Spielen durchgeführt?
- Wann fanden die ersten olympischen Spiele der Neuzeit statt?

Einmal im Internet – immer im Internet

Nicht nur das Internet bietet Informationen – auch der Benutzer kann beim Surfen im Internet Spuren, sprich Informationen, hinterlassen, die z. B. durch den Internetprovider verfolgt werden können. Diese Spuren können technisch ausgewertet werden und so Auskunft über den Benutzer und dessen Surfgewohnheiten geben.

Häufig gibt aber auch der Anwender freiwillig Informationen ein, z. B beim Shoppen im Internet oder beim Nutzen der Online-Plattformen wie Facebook.

verantwortungsbewusster Umgang mit Daten

All diese freiwillig oder unfreiwillig abgegebenen Daten werden gesammelt und können so gut wie nicht gelöscht werden. Deshalb lautet eine goldene Internetregel:

Gib so wenig Daten wie möglich preis.

Datenklau kommt teuer

Urheberrecht

Schnell und einfach lassen sich per Mausklick Texte, Bilder und Grafiken aus dem Internet auf den eigenen Computer speichern und können in geeigneten Programmen bearbeitet werden. Solche Daten sind aber kein „Allgemeingut" – sie sind und bleiben das geistige Eigentum des jeweiligen Verfassers und dürfen daher nicht grenzenlos genutzt werden. Das **Urheberrechtsgesetz** schützt die Rechte der Personen an ihrer geistigen Arbeit.

Was musst du beachten, damit du das Urheberrecht nicht verletzt?

Für deinen persönlichen Gebrauch, also z. B. für ein Referat, kannst du Texte und Bilder unter Angabe der Quellen verwenden. Willst du aber das Referat mit Texten und Bildern aus dem Internet veröffentlichen, musst du dir dafür die Genehmigung des jeweiligen Verfassers einholen.

Arbeitsaufgaben

www **1.** Deine Klasse plant eine dreitägige Fahrt.

- Wähle unter den folgenden Städten zwei aus: Berlin, Landshut, München, Nürnberg, Würzburg, Salzburg, Wien, Paris, London
- Suche in jeder Stadt zwei Sehenswürdigkeiten.
- Gib Öffnungszeiten und Eintrittspreise an.
- Informiere dich über die Zugverbindungen in die ausgewählten Städte.
  - Abfahrt in Regensburg gegen 06:00 Uhr
  - Ankunft in Regensburg drei Tage später gegen 20:00 Uhr.

www **2.** Informiere dich über die Hilfsorganisation UNICEF (Abkürzung, Ziele und Aufgaben).

www **3.** Suche weitere Informationen zu folgenden Themen:

- Öffnungszeiten des Deutschen Museums
- diesjähriger Termin der Salzburger Festspiele
- Termine für die nächsten Heimspiele des FC Bayern München sowie die jeweiligen Gegner

www **4.** Betrachte mit deinem Partner die Internetseite des Bayerischen Staatsministeriums für Unterricht und Kultus. Welche Informationen findest du dort?

M www **5.** Erkläre folgende Fachbegriffe mithilfe eines „Internetlexikons": Download, FAQ, Offline, Update, Passwort, virtuell, Browser

Nach welchen Kriterien kannst du eine Internetseite beurteilen?

In den folgenden Grafiken erkennst du zwei Internetseiten, die Aussagen zum Berufsbild einer/s Medizinischen Fachangestellten – im Volksmund auch als Arzthelfer/-in bekannt – vermitteln sollen.

1. Vergleiche mit deinem Partner die dargestellten Beispiele einer Internetseite.

Bestimmt kannst du erhebliche Unterschiede feststellen. Das bedeutet, dass es sinnvoll ist, sich bei der Erstellung von Internetseiten an bestimmte **Kriterien** zu halten. In der folgenden Grafik sind die wichtigsten Beurteilungspunkte für eine Internetgrafik zusammengefasst:

2. Einige der unten stehenden Kriterien sind dir bekannt. Erkläre sie deinem Partner.

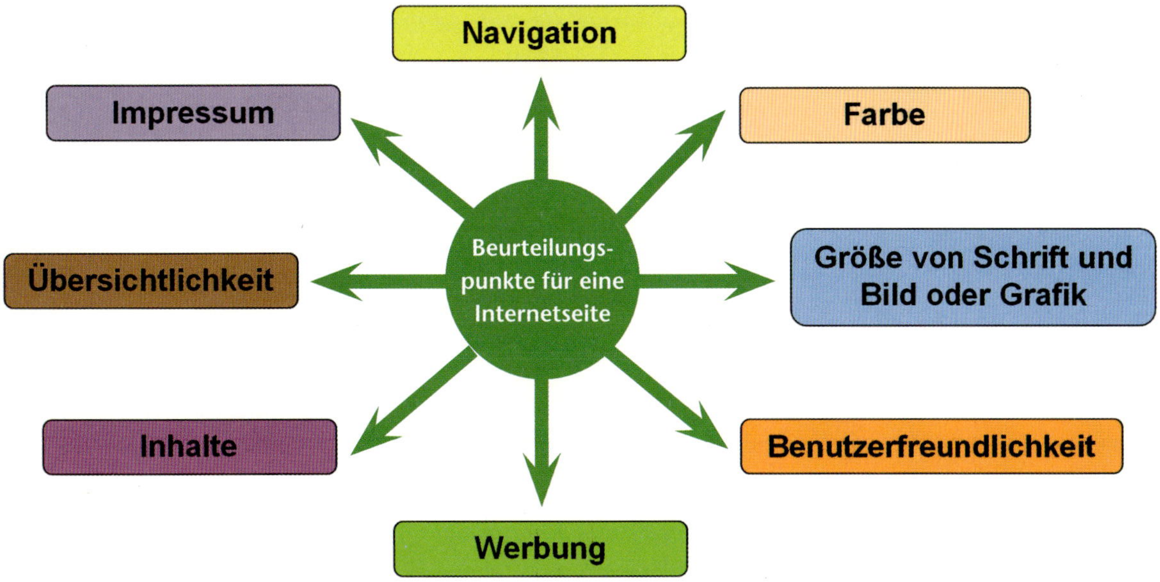

Was beinhalten die einzelnen Beurteilungspunkte?

Navigation

Die Navigation soll Zugriff auf die angebotenen Informationen ermöglichen sowie die bestmögliche Orientierung innerhalb der Homepage gewährleisten.

Es gibt verschiedene Möglichkeiten, dies umzusetzen:

- *Navigationsleiste* (Button-Leiste)
  Sie führt zu den verschiedenen Rubriken der Seite.

- *Fußzeile*
  Am Fuß jeder Zeile befinden sich Links zu den wichtigsten Standardelementen (z. B. AGB´s).

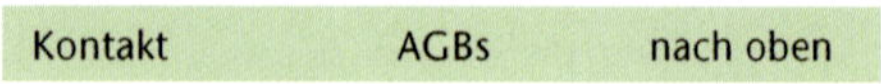

- *Suchmaske*
  Sie ist ein Eingabefeld für die Volltextsuche.

- *Brotkrumen*
  Diese Navigation zeigt dir den Weg deiner vorher besuchten Seiten bis zur aktuellen Seite an.

Der Name Brotkrümel-Navigation wurde in Anlehnung an das Märchen Hänsel und Gretel der Gebrüder Grimm gebildet. In diesem Märchen streuen die Kinder auf dem Weg durch den Wald Brotkrumen, um den Weg zurückzufinden.

Farbe

Oberstes Ziel von Farbe ist, die Information optimal zu unterstützen. Ist eine Farbgestaltung gut gelungen, wird die Information vom Empfänger leicht und bereitwillig aufgenommen. Farbe fällt auf und erweckt Reaktionen, sie erhöht die Motivation, sorgt für Wiedererkennung, vermittelt einen guten Eindruck und lenkt die Aufmerksamkeit.

Farben können aber auch das Gegenteil bewirken und Ablehnung hervorrufen.

Merke Auch für den Einsatz von Farben gilt:
Weniger ist mehr!

Größe von Schrift und Bild oder Grafik

Die Größe von Schrift und Bild ist ebenfalls ein wichtiges Kriterium zur Beurteilung einer Internetseite.

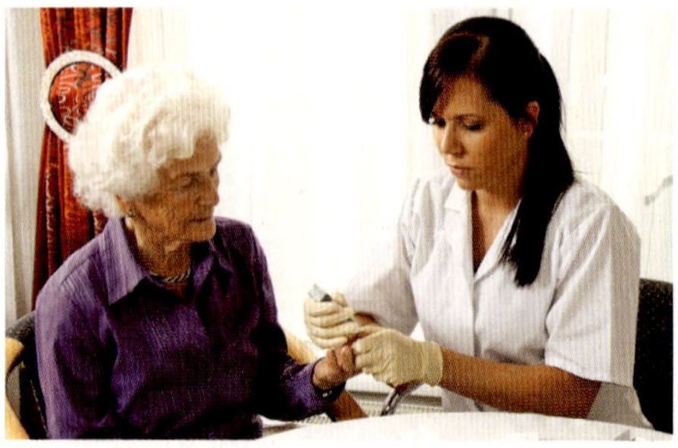

Ist eine zu kleine Schrift gewählt, so leidet die Lesbarkeit. Die Informationsaufnahme strengt den Leser an und bewirkt Ablehnung.

Ebenso beeinflusst die richtige Größe eines Bildes und/oder einer Grafik das Interesse und die Motivation des Lesers, sich mit den Inhalten der Seite zu beschäftigen.

Selbstverständlich spielen auch ein dem Anliegen der Seite angepasster Inhalt und die Aussagekraft eines Bildes/einer Grafik eine große Rolle.

Arbeitsaufgaben

1. Neben Navigation, Farbe und Größe gibt es noch weitere Kriterien zur Beurteilung einer Internetseite.

Ordne die folgenden Fragen den jeweiligen Kriterien in der rechten Spalte zu:

Funktionieren die Links? Gibt es eine schnelle Weiterleitung innerhalb der Seite zum Ziel? Ist ein Suchfeld vorhanden?
Wird für eigene Produkte geworben? Wird für fremde Produkte geworben?
Sind die Inhalte brauchbar und informativ? Passen die Bilder zum entsprechenden Thema?
Sind die Interessensschwerpunkte schnell zu finden? Ist ein Inhaltsverzeichnis vorhanden? Ist das Suchfeld leicht zu finden?
Ist das Impressum einwandfrei erkennbar? Ist eine schnelle Kontaktaufnahme möglich?

Impressum

Inhalte

Werbung

Benutzerfreundlichkeit

Übersichtlichkeit

www **2.** Suche Internetseiten zum selben Thema. Vergleiche mit deinem Partner die Inhalte.

www **3.** Einige dich mit deinem Partner auf eine Internetseite und beurteile sie nach den angegebenen Kriterien.

Ein Impressum ist eine gesetzlich vorgeschriebene Herkunftsangabe, die Informationen über den Herausgeber enthält, vor allem, um diesen für den Inhalt verantwortlich zu machen.

Wie komme ich ins Internet?

Der
Der Provider
Der Provider ermöglicht
Der Provider ermöglicht einem
Der Provider ermöglicht einem User
Der Provider ermöglicht einem User den
Der Provider ermöglicht einem User den Zugang
Der Provider ermöglicht einem User den Zugang zum
Der Provider ermöglicht einem User den Zugang zum Internet.

wird auch über also muss oder dass eine sind aber kann sein
heute hoher einem damit neben sowie jeden durch einer wegen

selbstverständlich weitergegeben elektronisches kostenlosen
Verarbeitungsgeschwindigkeit, Übertragungsgeschwindigkeiten

ein ISDN-Gerät, ein ISDN-Anschluss, mit dem Internet-System
Lieferumfang des Betriebssystems, dieser Internet-Anbieter,

So selbstverständlich, wie heute der Umgang mit dem Computer ist, 69
so selbstverständlich ist auch die Nutzung des Internets. Der 128
Zugang zur Online-Welt ist einfach. Als Arbeitsgerät wird ein 200
Rechner mit hoher Verarbeitungsgeschwindigkeit und großem 260

Speicher benötigt. Das Einwählen ins Internet geschieht über die 329
Telefonleitung - also muss ein Telefonanschluss vorhanden sein. 395
Bei einem analogen Anschluss ist ein schnelles Modem zu 454
empfehlen, das die digitalen Daten des Absendecomputers in 515

Signale umwandelt, die über die Telefonleitung übertragen werden. 583
Besitzt man ein ISDN-Gerät und einen ISDN-Anschluss, werden die 658
Daten in digitaler Form weitergegeben. Dadurch ist eine höhere 724
Übertragungsgeschwindigkeit möglich, sodass die Telefonkosten 788

gesenkt werden. Neben der Hardware ist eine entsprechende 848
Software notwendig. Damit der eigene Rechner mit dem Internet- 915
System kommunizieren kann, bedarf es einer gleichen „Sprache“. 982
Die nötigen Programme, u. a. ein Browser, werden z. B. von einem 1051

Internet-Provider zur Verfügung gestellt bzw. gehören zum 1112
Lieferumfang des Betriebssystems. Der Internet-Anbieter betreibt 1182
einen oder mehrere fest mit dem Internet verbundene Rechner und 1248
ermöglicht so seinen Kunden einen ständigen Zugriff. Er stellt 1314

außerdem die E-Mail-Adresse zur Verfügung und richtet ein 1376
elektronisches Postfach ein. Manche Internet-Provider gewähren 1443
einen kostenlosen Zugang ins Internet, andere verlangen eine 1506
monatliche Grundgebühr sowie Online-Gebühren für die Verbindung 1574

zu ihrem Server. Zu zahlen sind aber auf jeden Fall die 1633
Telefongebühren für die Zeit, in der der Benutzer online ist. 1697

Erst 10 Jahre alt und schon so riesig!

Wortübungen

wer man ist der gab nur was und dem aus den war von ihm das
kann nach dann dies ganz oder ohne dazu jede dass auch noch

E En Enz Enzy Enzyk Enzyklo Enzyklop Enzyklopä Enzyklopädie
E En Enc Ency Encyc Encyclo Encyclop Encyclope Encyclopedia

übersichtlich, alphabetisch, ursprünglich, deutschsprachig,
Wissenslücke Nachschlagewerk Bibliothek Information Gründer
Hawaii Lexikon Online-Lexikon Wikipedia Wortschöpfung Texte

bis 2001, am 15. Januar 2001, in 278 Sprachen, 400 Artikel,
15. Jan. 2001, in 278 Sprachen, 400 Artikel, 1,7 Millionen,

Fließtext

Wer kann schon alles wissen? Will man eine Wissenslücke füllen, 68
schlägt man am besten in einer Enzyklopädie nach. In einem 129
solchen Lexikon ist mehr oder weniger der gesamte Wissensstoff 194
umfassend, übersichtlich und oft auch alphabetisch dargestellt. 258
Bis 2001 gab es solche Nachschlagewerke in der Regel nur in 321

Buchform. Am 15. Januar 2001 startete dann eine der ersten 383
Online-Enzyklopädien, nämlich Wikipedia. Diese Wortschöpfung 449
setzt sich aus Wiki, was auf Hawaii „schnell" bedeutet, und pedia 519
- dies entstammt dem englischen Wort Encyclopedia - zusammen. 583
Dabei kommt paedia ursprünglich aus dem Griechischen und bedeutet 651

Bildung. Den Gründern Larry Sanger und Jimmy Wales war vor 10 720
Jahren sicher noch nicht klar, welchen Umfang diese Enzyklopädie 788
zum 10. Geburtstag erreichen würde - und das ganz ohne Werbung. 854
Wikipedia finanziert sich ausschließlich über Spenden. Es genügt 922
ein Klick, und der Besucher einer solchen oder ähnlichen 981

Internetseite erhält in Sekundenschnelle Informationen über das 1048
von ihm gesuchte Thema. In 278 Sprachen sind bei Wikipedia 1111
zurzeit weltweit unzählige Artikel zu allen möglichen Themen zu 1177
finden. Die deutschsprachige Ausgabe allein enthält 1,7 Millionen 1246
Texte. Täglich kommen hier ca. 400 Artikel dazu. Der Grundidee 1314

nach ergänzen und berichtigen ehrenamtliche Autoren auf der 1375
gesamten Welt dieses Nachschlagewerk. Die Folge davon ist 1437
natürlich, dass sich Fehler einschleichen und sich nicht jede 1500
Information als richtig erweist. Deshalb macht es durchaus Sinn, 1568
die vorliegenden Informationen in anderen Online-Lexika zu suchen 1637

oder in einer Bibliothek in einer gedruckten Ausgabe zu 1695
überprüfen. Wenn Wikipedia auch zu den bekanntesten und größten 1761
Online-Enzyklopädien zählt, so darf doch nicht vergessen werden, 1828
dass es auch noch viele andere Nachschlagewerke im Internet gibt. 1895

3 **4** | **9** **0**

Linke Hand

Ringfinger 3

Mittelfinger 4

Rechte Hand

Mittelfinger 9

Ringfinger 0

Übungen zu 4 und 9

```
de4d ki9k de4d ki9k d4d k9k d4d k9k d4d
asd4d ölk9k asd4d ölk9k asd4d ölk9k 4 9
```

Betrachte in den nachfolgenden Übungen die Zahlen.
Stelle ihre Schreibweise fest.

```
4 Dollar, 9 Kronen, 4 Dirham, 9 Kwanza,
4 Dinar, 9 Kopeken, 4 Franken, 94 Peso,
99 Euro, 499 Won, 944 Rubel, 949 Pfund,
```

```
Für die Fahrt nach London haben sich 49 Schüler angemeldet.     63
Sie wollen 4 Wochen lang ihre Englischkenntnisse vertiefen.     62
Der Gesamtpreis der Reise beträgt 499 Pfund pro Teilnehmer.     64
Er muss spätestens 49 Tage vor der Abreise überwiesen sein.     62
In dem Preis sind auch die Kosten für 4 Ausflüge enthalten.     63
```

Führe folgende Anweisungen aus:

- Starte dein Tastlern- und dein Textverarbeitungsprogramm.
- Schreibe im Tastlernprogramm die Übungen.
- Kopiere dann die Sätze in das Textverarbeitungsprogramm, gestalte nach folgendem Muster:

Zahlen 4 und 9

Für die Fahrt nach London haben sich 49 Schüler angemeldet.
Sie wollen 4 Wochen lang ihre Englischkenntnisse vertiefen.
9 Jungen waren bereits einmal in der britischen Hauptstadt.

Der Gesamtpreis der Reise beträgt pro Teilnehmer 499 Pfund.
Er muss spätestens 49 Tage vor der Abreise überwiesen sein.
In dem Preis sind auch die Kosten für 4 Ausflüge enthalten.

Vor und nach der Ziffer bzw. der Zahl steht ein Leerzeichen.
Satzzeichen werden unmittelbar an die Zahl angeschlossen.

Übungen zu 3 und 0

11 sw3s lo0l sw3s lo0l s3s l0l s3s l0l s3s
12 3sf 0lj 3sf 0lj 3sf 0lj 3sf 0lj 3sf 0lj

13 3 Surfer, 3 Skilangläufer, 3 Schwimmer,
14 30 Leichtathleten, 40 Leistungssportler
15 3 Speerwerfer, 0 Tore, 9 Skifahrerinnen

16 Am Züricher Sportfest nahmen heuer 439 Leichtathleten teil. 63
17 Es konnten 33 verschiedene Wettbewerbe durchgeführt werden. 61
18 Eine Hochspringerin überbot den Weltrekord um 3 Zentimeter. 63
19 Wegen 3 Fehlstarts wurde ein Läufer sofort disqualifiziert. 62
20 Der Beginn des Hammerwerfens verzögerte sich um 30 Minuten. 63

Merke	DIN-Regel	Beispiel
	Bei der Schreibweise von Ziffern und Zahlen gelten die gleichen Regeln wie bei Wörtern:	
	• vor und nach der Ziffer bzw. der Zahl ein Leerzeichen setzen,	in 4 Wochen
	• die Satzzeichen unmittelbar an die Zahl anschließen.	3, 4, 5.
	Währungsbezeichnungen stehen vor oder hinter dem Betrag, in einem fortlaufenden Text sollten sie hinter dem Betrag stehen.	€ 7 oder 7 €

Übungen zu 4, 9, 3 und 0

21 30449 Hannover, 44339 Dortmund, 90499 Nürnberg, 93090 Bach,
22 3-mal, 9-teilig, 30-seitig, 9-minütig, 43-jährig, 4-farbig,
23 90-PS-Motor, 4-Zimmer-Wohnung, 400-m-Lauf, 30-Minuten-Takt,
24 3. Oktober, 4. Platz, 9. Monat, 4. Rang, 30. Folge, 3. Zahl

25 Am Mittwoch schickte Angelika das Paket nach 03044 Cottbus. 64
26 Tanja erhält den 90-seitigen Bildband über Sportereignisse. 62
27 Am 9. November treffen bei ihr viele Glückwunschkarten ein. 62
28 Zur großen Geburtstagsfeier erscheinen am Abend 30 Freunde. 63
29 Sie wohnt in einer 3-Zimmer-Wohnung in der Beethovenstraße. 63

Merke	DIN-Regel	Beispiel
	Wortzusammensetzungen mit Zahlen und Aneinanderreihungen mit Zahlen werden durch den Mittestrich verbunden.	3-Zimmer-Wohnung 4-fach, aber auch 4fach
	Postleitzahlen sind 5-stellig zu schreiben.	90499 Nürnberg
	Nach Ordnungszahlen folgt ein Punkt.	3. Sieger

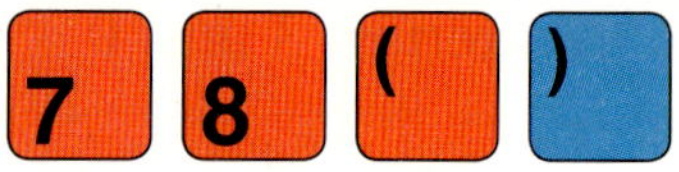

Linke Hand

Zeigefinger 5
Zeigefinger 6

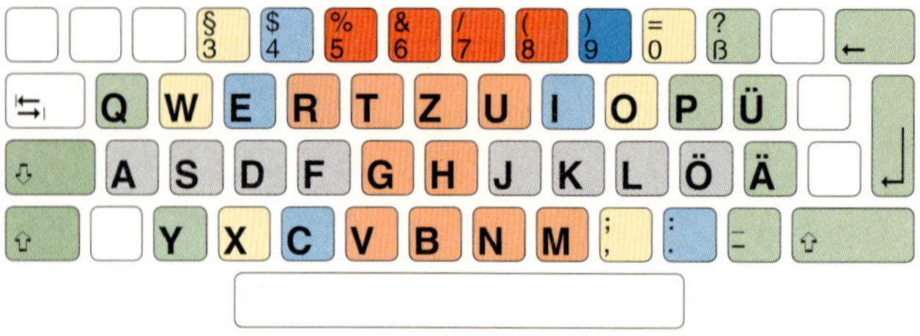

Rechte Hand

Zeigefinger 7
Zeigefinger 8
Zeigefinger (
Mittelfinger)

Übungen zu 5 und 8

```
fr5f ju8j fr5f ju8j f5f j8j f5f j8j f5f
5fa 8jö 5fa 8jö 5fa 8jö 5fa 8jö 5fa 8jö
```

```
5 Friseure, 8 Juristen, 5 Facharbeiter,
8 Jäger, 5 Fahrerinnen, 8 Zahnärztinnen
59 Kunden, 83 Shows, 50 Leute, 84 Damen
```

```
Dr. Winter sucht seit vielen Monaten eine 5-Zimmer-Wohnung.   64
In den vergangenen 8 Wochen gab er 35 Zeitungsanzeigen auf.   62
Nach der 50. Besichtigung hatte er das Gewünschte gefunden.   62
Er unterschrieb die Verträge nach dem 5-minütigen Gespräch.   62
Die neue Wohnung liegt 5 Kilometer von der Praxis entfernt.   63
```

Übungen zu 6 und 7, zur Vor- und Nachklammer

```
ft6f ju7j ft6f ju7j f6f j7j f6f j7j f6f
sdf6f lkj7j sdf6f lkj7j sdf6f lkj7j 6 7
```

```
6 Fotos, 6 Fotografinnen, 66 Fotoecken,
7 Jahre, 77 Jahrzehnte, 7 Jahrhunderte,
73 Seiten, 69 Karten, 75 Tage, 64 Dinge
```

```
In Kelheim fand die 70-Jahr-Feier des Fußballvereins statt.   64
Eine Reporterin war bei diesem großen Fest 6 Stunden tätig.   63
Sie interviewte 60 Minuten lang alle Spieler und Vorstände.   63
Die schönsten Fotos ließ sie sich gleich 6-fach vergrößern.   61
Ihr Text darf eine Länge von 70 Zeilen nicht überschreiten.   63
```

```
ölkju(j ölkju(j ölkju(j j(j j(j j(j j(j
ölki)kj ölki)kj ölki)kj k)k k)k k)k k)k
```

Sooft du eine Zeitung aufschlägst, entdeckst du Inserate über Inserate.

In der nebenstehenden Grafik siehst du eine Verkaufsanzeige, bei der Zahlen normgerecht geschrieben wurden.

1. Welche Bedeutung haben die verschiedenen Zahlen?

2. Sprich über die Schreibweise dieser Zahlen.

Verkaufe

5-Zimmer-Wohnung

Lea Leis
Postfach 56 78
85748 Garching

08634 76799-333

Übungen zu Zahlen und Klammern

```
1   Erfinder des Telefons:
2   a) Johann Philipp Reis (Deutschland)
3   b) Alexander Graham Bell (Schottland)

4   Erfinder des Handys:
5   Martin Cooper (USA)
```

```
6   Der CD-Shop Herbert Hörbauer hat nun die Rufnummer 7657899.      66
7   Zu Frau Lea Leis kann man mit 76799-333 sofort durchwählen.      63
8   Auswärtige Anrufer wählen immer die Nummer 08634 76799-333.      62

9   Kundschaft aus dem Ausland muss 0049 8634 76799-333 wählen.      61
10  Ihre Freundinnen erreichen Lea auf dem Handy: 0175 9999999.      64
11  Die Firma mietet erst seit einiger Zeit das Postfach 56 78.      63
12  Die Bankverbindung lautet: BLZ 777 777 77, Kontonr. 555555.      64
```

www **1.** Recherchiere im Internet bezüglich **Postfach**:
Begriffsklärung, Kosten, Vor- und Nachteile, Fotos, Auswirkung auf Adressen

2. Halte deine Informationen auf einem A4-Blatt fest und gestalte die Seite.

Merke

DIN-Regel	**Beispiel**
Klammer:	
• Vor- und Nachklammer ohne Leerzeichen an die dazugehörenden Textteile anschließen	(Deutschland)
• nach Aufzählungen mit lateinischen Kleinbuchstaben die Nachklammer folgen lassen	a) Einzelanschlussnummer b) Durchwahlnummer
Zahlengliederung:	
• Postfachnummern von rechts nach links in Zweiergruppen gliedern	5 55 oder 88 85
• Ortsnetzkennzahl und Einzelanschlussnummer (Ruf-) durch ein Leerzeichen trennen, die Durchwahlnummer mit Mittestrich anfügen.	09404 5432 5432-399
• bei Anrufen aus oder in das Ausland die Landesvorwahl vor der Ortsnetzkennzahl wählen (Die Null vor der Ortsnetzkennzahl weist auf eine Telefonnummer im Inland hin, sie fällt oft weg.)	0049 oder +49 (Deutschland) 0049 8634 76799-333
• Bankleitzahlen (8-stellig) von links nach rechts in zwei Dreiergruppen und eine Zweiergruppe gliedern	750 500 00
• Kontonummern nicht gliedern	987654

1 2

Linke Hand

Kleiner Finger **1**
Kleiner Finger **2**

Übungen mit 2

aq2a aq2a aq2a aq2a a2a a2a a2a a2a 2 a
2 Autos, 2 Autoradios, 22 Außenspiegel,
2 Autoreisezüge, 2 Anhalter, 22 Ampeln,
22 Aquaplaningunfälle, 22 Auspuffrohre,

Im 2-sitzigen Sportwagen bleibt für das Gepäck wenig Platz. 63
Die Polizei verwarnte gestern 2 Mofafahrer ohne Schutzhelm. 63
Ein Kraftfahrzeug mit Wohnanhänger benötigt 2 Außenspiegel. 63

Übungen mit 1

aq1a aq1a aq1a aq1a a1a a1a a1a a1a 1 a
1 Autobahn, 1 Autofähre, 11 Autofahrer,
1 Automobil, 21 Autobusse, 11 Anlasser,
21 Autobahnpolizisten, 11 Autotelefone,

Auf der Autobahn A1 gibt es montags immer zahlreiche Staus. 63
Die Notrufnummer für die Polizei lautet in Deutschland 110. 63
Der Automobilklub SICHER FAHREN mietete das Postfach 21 12. 64

Fließtext

1. Lies den nachfolgenden Text, ordne die Zahlenangaben den entsprechenden Größenbereichen zu und stelle Unterschiede und Gemeinsamkeiten in der Schreibweise der Zahlen fest.

2. Halte deine Informationen auf einem A4-Blatt fest und gestalte die Seite.

Renate wünscht sich seit Langem ein Mofa. Sie informiert sich 66
regelmäßig bei den bekannten Zweiradhändlern in Regensburg über 132
die verschiedenen Modelle und die entsprechenden Preise. Auf 196
ihrem Sparbuch liegen zurzeit 1.000 EUR. Damit sie sich ihren 261
großen Wunsch schneller erfüllen kann, trägt sie seit ....-12-01 329

Zeitschriften aus. Sie beginnt mit ihrer Arbeit jeweils am 391
Samstag um 08:30 Uhr und ist meistens gegen 11 Uhr fertig. Für 457
jedes Exemplar kassiert sie von den Kunden einen Betrag zwischen 525
1,00 und 2,50 EUR und erhält davon 0,30 EUR Zustellgebühr. Bald 597
wird sie die benötigte Summe von 1.528,60 EUR angespart haben. 664

Beträge, Zeiten, Daten ...

Dezimalzahlen

23 0,10 EUR, 1,00 EUR, 100 EUR, 1.000 EUR,
24 200,00 km, 100 000 kg, 0,2 m, 9,58 Sek.

Uhrzeiten

25 0 Uhr, 24 Uhr, 00:01 Uhr, 07:45:20 Uhr,
26 bis 11:20 Uhr, um 12:15 Uhr, um 13 Uhr,

Kalenderdaten

27 bis zum 01.02.20.., bis zum 20..-02-01,
28 bis zum 24.12.20.., bis zum 20..-12-24,
29 am 1. Sept. 20.., am 1. September 20..,

Satzübungen

30 Die Mofaprüfung wird am Donnerstag, ...-01-13 stattfinden. 62
31 Die Teilnehmer treffen sich schon um 09:50 Uhr vor dem TÜV. 65
32 Gegen 10:30 Uhr füllen sie die ausgeteilten Fragebögen aus. 63
33 Ab 15 Uhr feiern alle bei Tee und Walnusstorte die Prüfung. 64

34 Für einen neuen Schutzhelm hat Renate 95,00 EUR ausgegeben. 65
35 Die Summe bezahlte sie von ihrem 1.000,00-EUR-Sparguthaben. 65
36 Die Überweisungsgebühren von 0,30 EUR wurden bar beglichen. 64
37 Den Restbetrag von 905,00 EUR ließ sie auf ihrem Sparkonto. 65

Merke

DIN-Regel	Beispiel
Bei ***dezimalen Teilungen*** steht das Komma:	
• Fehlende Zahlen vor dem Komma werden durch eine Null ersetzt.	0,50 EUR
• Fehlende Zahlen nach dem Komma werden durch zwei Nullen ersetzt.	7,00 EUR
• Bei ungefähren Werten und runden Zahlen kann die Kennzeichnung fehlender Dezimalstellen unterbleiben.	100 EUR
• Zahlen mit mehr als drei Stellen vor oder nach dem Komma sollten durch je ein Leerzeichen in dreistellige Gruppen gegliedert werden. Aus Sicherheitsgründen sollte bei Beträgen anstelle des Leerzeichens ein Punkt gesetzt werden.	1 000 3,121 345 1.000 EUR
Uhrzeiten und Kalenderdaten:	
• Bei der Angabe der Uhrzeit müssen die Stunden, Minuten und Sekunden zweistellig geschrieben werden. Die Zeiteinheiten werden durch Doppelpunkte gegliedert.	07:04:27 Uhr aber 6 Uhr
• Die Schreibweise des Datums darf alphanumerisch oder numerisch erfolgen.	1. Oktober 2012 1. Okt. 20012
Das numerisch angegebene Datum wird in der Reihenfolge Jahr-Monat-Tag mit Mittestrich oder Tag.Monat.Jahr mit Punkt gegliedert. Tag und Monat werden hier immer zweistellig angegeben.	2012-10-01 oder 01.10.2012

Tastschreiben macht Spaß

Schreibe die Wortzusammensetzungen mit Zahlen bzw. die Zahlen entsprechend der DIN 5008. Bei richtiger Lösung sind alle Zeilen gleich lang.

1 Der Badmintonclub feiert im Juli sein vierzigjähriges Bestehen.

2 Ein bewährtes Team wird sich am dreißigsten Februar erneut treffen.

3 Vier Erwachsene und neun Jugendliche haben schon einiges geplant.

4 Es ist auch eine dreißigseitige Farbbroschüre entworfen worden.

5 Zusätzlich hat man fünfzig Einladungen an Ehrengäste verschickt.

6 Ihre Briefe holen sie aus dem Postfach mit der Nummer sieben/sieben/sieben.

Schreibe die Wortzusammensetzungen mit Zahlen bzw. die Zahlen entsprechend der DIN 5008. Bei richtiger Lösung sind alle Zeilen gleich lang.

7 Die Betriebsbesichtigung fand am Montag, vierten Mai zweitausendundelf, statt.

8 Alle Teilnehmer trafen sich um vierzehn Uhr dreißig beim Haupteingang.

9 Um sechzehn Uhr erhielten sie in der Kantine Getränke und Kuchen.

10 Der Stundenlohn der Auszubildenden beträgt jetzt zehn EUR fünfzehn.

11 Sie erhält heuer schon das Urlaubsgeld in Höhe von zweihundert EUR.

12 Auf dem Tagesgeldkonto hat sie bereits eintausenddreihundert EUR angespart.

13 In Simones Geldbörse befinden sich heute nur mehr null-Komma-neunzig EUR.

Tom arbeitet in der Schokoladenfabrik der Gebrüder Fein in Regensburg. Er hat die Durchwahlnummer 345. Die Rufnummer lautet: 98765432.

Welche Telefonnummern muss Toms Geschäftspartner aus München und welche Toms Geschäftspartner aus Salzburg wählen?

Informiere dich im Internet oder in entsprechenden Telefonbüchern und notiere die Nummern.

Großgeschriebene Wörter mit allen Buchstaben des Alphabets

1 **A**utofähre Atlas Abendveranstaltung Artistin Adria Augusttag
2 **B**lumenstrauß Berge Bewerbungen Berufsausbildung Berlin Bonn
3 **C**hormitglieder Charakter Chance Christiane China Campingbus
4 **D**iskothek Diskussionen Dialekt Dichter Designer Domizil Duo
5 **E**lternabend Eishockey Eleganz Erfahrung Erlebnisse Empfänge

6 **F**erien Flohmarkt Flugzeuge Fahrrad Festival Fasching Fächer
7 **G**ymnastik Gitarre Gerätturnen Gelegenheit Gruppe Gedächtnis
8 **H**umor Hallenturnier Heiterkeit Höflichkeit Hockey Humanität
9 **I**ntercity Insel Irland Idee Interesse Intelligenz Intendant
10 **J**ugendzentrum Jahrmarkt Japan Jugendherberge Jazz Jahrzehnt

11 **K**ino Konzerte Klavier Kleidung Kimono Künstler Klassenfahrt
12 **L**äufer Leistung Landung Lockerung Lappland Ledermoden Logik
13 **M**askottchen Motorrad Mofa Marathonlauf Meisterschaft Modell
14 **N**ovelle Natur Noten Nachrichten Nautik Nordpol Nacht Normen
15 **O**lympiade Ostern Ort Orchidee Ovationen Orchester Originale

16 **P**arty Programme Pantomime Panorama Palmen Popularität Pässe
17 **Q**ualifikation Quartal Quitten Quadrophonie Quiz Querschnitt
18 **R**omane Rennräder Ruderboote Riesenrad Rechtshänder Realität
19 **S**challplatte Sänger Schiffsreise Sensation Sehenswürdigkeit
20 **T**anzkurse Theater Taxi Trompete Töne Tamburin Tibet Tournee

21 **U**ferpromenade Unternehmungen Uhren Ukraine Unterhaus Urteil
22 **V**olleyball Veranstaltung Vorführung Viktoria Venezuela Vase
23 **W**intersport Weitsprung Wasserski Wissenschaft Weinlese Witz
24 **X**ylophon Xerographie Xerxes Xanten Xenia X-Strahlen X-Beine
25 **Y**ellowstone Yankee Yuan Yoga Yard Yorkshire Youngster Yacht

26 **Z**irkuszelt Zeitung Zeppelin Ziel Zentrum Zinsen Zeichnungen
27 **Ä**ußerung Ägypten Ära Ägäis Änderungsvorschlag Äußerlichkeit
28 **Ö**ffentlichkeit Ölgemälde Ölfarbe Ökologie Ökonomie Ölpreise
29 **Ü**bernachtung Übersicht Übersee Übereinkunft Überfahrt Übung

Warum trennt hier der Computer?

Achtung!
Die Besucherterrasse unseres
Flughafens ist heute ab 15:30
Uhr wegen Renovierungs- und
Vergrößerungsarbeiten für 14
Tage gesperrt. Am Sonntag, 17.
Juni, findet dann eine
Eröffnungsfeier statt.

1. Betrachte die Hinweistafel. Was fällt dir auf?

2. Schreibe den unten stehenden Satz als Fließtext ab. (Zeilenlänge: 65 Zeichen, linker Rand 2,5 cm, rechter Rand 1,91 cm, Schriftart Courier New, Schriftgröße 12)

3. Vergleiche den Zeilenumbruch deines Satzes mit dem des hier abgedruckten Textes.

```
Die Linienmaschine vom Typ Boeing 737 ist heute Morgen vom
New Yorker John-F.-Kennedy-Flughafen mit einer Verspätung von
30 Minuten gestartet.
```

Das normale Leerzeichen wird von einem Textverarbeitungsprogramm als Textende angesehen. Textteile, die nicht durch Zeilenschaltung getrennt werden sollen, müssen deshalb durch ein geschütztes Leerzeichen gesichert werden.

4. Suche für dein Programm die Taste(n) bzw. die Anweisung für das geschützte Leerzeichen.

5. Ersetze – wo nötig – das Leerzeichen durch ein geschütztes Leerzeichen.

6. Gib jeden der folgenden Sätze als Fließtext ein, achte auf das geschützte Leerzeichen. Führe nach jedem Satz eine Absatzschaltung durch.

```
Täglich landen auf dem Frankfurter Rhein-Main-Flughafen über
300 Flugzeuge aus Kanada, den USA und Südamerika.

Die Kosten für einen Hin- und Rückflug nach Florida in der
1. Klasse der Maschine einer britischen Gesellschaft betragen
1.532 EUR.

Die Sekretärin bestellte im Reisebüro ein Flugticket für
Dr. Kaufmann.

Die Concorde benötigte für ihren Flug von Paris nach New York
3 Stunden und erreichte dabei eine Geschwindigkeit von über
2 000 km/h.

Fluggäste können nur Gepäckstücke bis zu einem Gewicht von
20 Kilogramm gebührenfrei am Schalter der Gesellschaft aufgeben.
```

Merke

DIN-Regel	Beispiel
Hier darf nicht getrennt werden:	
• Zahl und Benennung	15. April; 20,00 EUR
• gegliederte Zahlen	5 000 000; 89 70
• akademischer Titel und Name	Dr. Bauer
• Firmenname	Meyer Verlag
• Abkürzungen	u. a.

Fluggerätemechaniker – ein anspruchsvoller Beruf

wie sie der ein die ist von den und des als zur mit vom wer
sind erst nach dass eine sehr auch wenn über kann darf soll

mechanische pneumatische hydraulische gründliche erhebliche
verantwortungsvolle selbstständige vielseitige interessante

Flug, Fluggeräte, Fluggerätemechanik, Fluggerätemechaniker,
S Si Sic Sich Siche Sicher Sicherheits Sicherheitsstandards
F Fun Funkt Funkti Funktion Funktionsprü Funktionsprüfungen

.netraw uz dnu nefürprebü zu gulF medej hcan dnis eguezgulF
.hcoh srednoseb dnis trhaftfuL red sdradnatsstiehrehciS eiD

Flugzeuge sind nach jedem Flug zu überprüfen und zu warten. 61
Die Sicherheitsstandards der Luftfahrt sind besonders hoch. 62

Fluggerätemechaniker
Fluggerätemechaniker ist
Fluggerätemechaniker ist ein
Fluggerätemechaniker ist ein besonders
Fluggerätemechaniker ist ein besonders interessanter
Fluggerätemechaniker ist ein besonders interessanter Beruf.
Fluggerätemechaniker ist ein besonders interessanter
Fluggerätemechaniker ist ein besonders
Fluggerätemechaniker ist ein
Fluggerätemechaniker ist
Fluggerätemechaniker

How important they are, passengers often don't realise until a strike comes up. This statement refers to aircraft mechanics. To satisfy the high safety standards in the aviation industry, aircrafts must go through a routine inspection after every single flight.

Wie wichtig sie sind, merkt der Fluggast erst, wenn einmal ein 65
Streik ansteht. Die Rede ist von den Fluggerätemechanikerinnen 132
und Fluggerätemechanikern. Um den hohen Sicherheitsstandards in 199
der Luftfahrt gerecht zu werden, müssen Flugzeuge nach jedem Flug 268
gewartet werden. Selbstverständlich scheint, dass hierzu eine 331

gründliche Ausbildung erforderlich ist. Die Ausbildungsdauer in 398
diesem vielseitigen Beruf beträgt dreieinhalb Jahre. Während 462
dieses Zeitraums lernen die Auszubildenden in der Fachrichtung 528
Instandhaltungstechnik u. a. mechanische, hydraulische und 588
pneumatische Bauteile, Baugruppen und Systeme des Fluggeräts 653

sowie Systeme zur Rettung und Sicherheit zu warten. Sie führen 720
Funktionsprüfungen durch und beseitigen Störungen. Diese sehr 785
verantwortungsvollen Aufgaben verlangen sowohl die Bereitschaft 851
zu selbstständigem Arbeiten als auch zur Zusammenarbeit im Team 918
sowie eine Kooperation mit anderen verwandten Fachbereichen. 980

Gestaltungsaufgabe: Fluggerätemechaniker – ein anspruchsvoller Beruf

Nr.	Arbeitsaufträge
1.	Öffne die Datei *083-Fluggerätemechaniker* und speichere unter *Fluggerätemechaniker*.
2.	Setze das Dokument in Hochformat.
3.	Wähle für die Seitenränder folgende Einstellungen: links: 2,3 cm, rechts, 1,8 cm.
4.	Ändere den Zeilenabstand auf einfach.
5.	Wähle die Schriftart Arial, Schriftgrößen 21 pt, 15 pt, 12 pt, 10 pt.
6.	Schreibe deinen Namen in eine Fußzeile und zentriere.
7.	Gliedere den Text wie in der Vorlage.
8.	Setze die Abstände zwischen den Absätzen des Fließtextes auf 13 pt.
9.	Suche und verbessere die beiden Fehler im letzten Absatz.
10.	Gestalte die Überschrift nach.
11.	Füge unter der Überschrift eine horizontale Linie ein und vergrößere sie auf Textbreite.
12.	Führe im zweiten Absatz einen linken Einzug von 2,5 cm durch.
13.	Verkleinere Bild 1 und positioniere es wie in der Vorlage.
14.	Setze im dritten Absatz bei der Abkürzung „u. a." ein geschütztes Leerzeichen und formatiere den Begriff *Instandhaltungstechnik* in Fettdruck.
15.	Ändere den Zeichenabstand im dritten Absatz, damit der Text in neun Zeilen passt.
16.	Schneide Bild 2 oben und unten um 1,3 cm zu, skaliere es auf 130 % und zentriere es.
17.	Setze um beide Bilder einen Rahmen in der Farbe Blau, 3/4 pt.
18.	Schreibe, formatiere und positioniere den Text in Bild 2 wie in der Vorlage.
19.	Wähle einen Seitenrahmen in der Farbe Blau, schattiert, Linienstärke 3/4 pt.
20.	Gestalte die Zeichenformatierungen des letzten Absatzes nach.
21.	Führe die Worttrennung durch.
22.	Setze alle Absätze in Blocksatz.
23.	Lösche nicht benötigte Textteile.

Surfen macht Spaß

1. Informiere dich über das derzeit größte Passagierflugzeug, z. B. Abbildung, Höchstgeschwindigkeit, Maße, Gewicht, Treibstoffmenge, Zeit in der Luft, Anzahl der Passagiere, Herstellungskosten ...

2. Gestalte mit den gefundenen Informationen eine A4-Seite.

Fluggerätemechaniker – ein anspruchvoller Beruf

Wie wichtig sie sind, merkt der Fluggast erst, wenn einmal ein Streik ansteht. Die Rede ist von den Fluggerätemechanikerinnen und Fluggerätemechanikern.

Um den hohen Sicherheitsstandards in der Luftfahrt gerecht zu werden, müssen Flugzeuge nach jedem Flug gewartet werden. Selbstverständlich scheint, dass hierzu eine gründliche Ausbildung erforderlich ist.

Die Ausbildungsdauer in diesem vielseitigen Beruf beträgt dreieinhalb Jahre. Während dieses Zeitraums lernen die Auszubildenden in der Fachrichtung **Instandhaltungstechnik** u. a. mechanische, hydraulische und pneumatische Bauteile, Baugruppen und Systeme des Fluggeräts sowie Systeme zur Rettung und Sicherheit zu warten. Sie führen Funktionsprüfungen durch und beseitigen Störungen.

Diese **sehr verantwortungsvollen Aufgaben** verlangen sowohl die *Bereitschaft zu selbstständigem Arbeiten* als auch zur *Zusammenarbeit im Team* sowie eine *Kooperation mit anderen verwandten Fachbereichen.*

Flugzeug im Steigen

Vorname Zuname

Satzzeichen

? ! " : ' ;

Übungen zum Fragezeichen

1 Wo? Was? Wie? Wer? Wann? Warum? Wieso? Wozu? Wohin? Worauf?
2 Weswegen? Wodurch? Womit? Worunter? Weshalb? Welche? Woher?

3 Was versteht man unter den Begriffen Hardware und Software? 64
4 Welche externen Speichermedien gibt es derzeit zu erwerben? 62

Übungen zum Ausrufezeichen

5 Ach! Oh! Schade! Halt! Nein! Gut! Ausgezeichnet! Wunderbar!

6 Hätte ich doch meinen Übungstext zwischendurch gespeichert! 62
7 Sichere alle während der Arbeitssitzung eingegebenen Daten! 63

Übungen zum Anführungszeichen

8 Den USB-Stick bezeichnet man als "externen Massenspeicher". 67
9 Den USB-Stick bezeichnet man als „externen Massenspeicher“. 67

10 "Bestelle bitte mehrere USB-Sticks", bat er seine Kollegin. 67
11 „Bestelle bitte mehrere USB-Sticks“, bat er seine Kollegin. 67

Übungen zum Doppelpunkt

12 Folgende Teile wurden geliefert: CDs, Monitore, Fotopapier. 65
13 Im Prospekt steht: „Flachbildschirme zu Sensationspreisen!“ 66

Übungen zum Auslassungszeichen

14 Franz' Virenschutzprogramm wurde leider nicht aktualisiert. 62
15 Er sagt: „Ich besorge mir sofort online den ‚Virenkiller‘.“ 67

Übungen zum Strichpunkt

16 Beim gestern neu gekauften Fotodrucker fehlte das Handbuch; 63
17 es wurde daher sofort telefonisch bei der Firma reklamiert. 60

Merke

DIN-Regel

Frage-, Ausrufe-, Anführungszeichen, Doppelpunkt, Auslassungszeichen und Strichpunkt stehen ohne Leerzeichen beim dazugehörenden Wort. Nach diesen Satzzeichen werden Leerzeichen geschrieben.

Abkürzungen

Täglich begegnen dir Abkürzungen. Im Folgenden sind einige durcheinander geraten.

MMS, u. a., SMS, d. J., kg, LAN, i. A., hl, z. B., usw., f. d. R., USD, m, SW, dergl., Jan., t, Dr., EUR, ff., UNESCO, g, DSL, desgl., DLRG, km, CD, l,

Informiere dich über die Bedeutungen der Abkürzungen in einem Rechtschreibwörterbuch oder im Internet.

Merke Achte bei Abkürzungen, die durch ein Leerzeichen getrennt sind, auf die Eingabe des geschützen Leerzeichens, s. Seite 80.

Das geschützte Leerzeichen ist auch bei Zeichenverbindungen, wie z. B. § 5, Firmenbezeichnungen, wie Baum & Ast, usw. anzuwenden, s. Seite 87 ff.

1. Suche mit deinem Partner die Bedeutung der nebenstehenden Abkürzungen und überlege, bei welchen Beispielen die Verwendung des geschützten Leerzeichens sinnvoll ist.

2. Ordne die Abkürzungen in vier Gruppen und schreibe sie in je eine Zeile in der Schriftart Courier New, 12 pt. Trenne die Beispiele durch Kommas.
Bei richtiger Eingabe sind alle vier Zeilen gleich lang.

M **3.** Formuliere für jede Gruppe eine Schreibregel.

Römische Zahlzeichen

Ein Römer stellte die Ziffern durch VII Großbuchstaben dar.
Folgende Buchstaben wurden für die Zahldarstellung benutzt:
I für 1, V für 5, X für 10, L für 50, C für 100, D für 500.
Der Großbuchstabe M wird für die Zahl Eintausend verwendet.

Um römische Zahlen lesen zu können, musst du besondere Regeln beachten:

Merke
1. Gleiche Zeichen nebeneinander werden addiert:
III = 3; XXX = 30; CCC = 300;
2. Kleinere Zeichen rechts von größeren werden addiert:
VI = 6; XII = 12; CL = 150;
3. Kleinere Zeichen links von größeren werden subtrahiert:
IV = 4; XIX = 19; XC = 90;

4. Lies die im Foto gezeigte Uhrzeit ab.

5. Römische Zahlzeichen werden auch heute noch benutzt.
Gib einige Verwendungsmöglichkeiten an.

6. Schreibe die ersten vier Textzeilen der linken Spalte (Ein Römer ...) in der Schriftart Courier New.

7. Ersetze in den links stehenden Zeilen die arabischen Zahlen durch römische. Alle drei Sätze werden gleich lang.

1714 konstruierte Mill seine Schreibmaschine für Blinde.
Konrad Zuse entwickelte 1941 den ersten Rechner der Welt.
Im Jahre 1973 wurden die ersten Disketten angefertigt.

Zeichen für den Schrägstrich

/

Übungen zum Einschreiben

zum auf mit den der ins los ein dem ihn vor von die nur ihr
sich eine fuhr kann auch gilt will alle sein lang nach wird

Führerschein Fahrverbot Blutalkoholuntersuchung Trunkenheit
Krankenhaus Rechtsstreit Kombination Alkohol Motorradfahren

.neglоF emmilhcs snetsiem tah rhekrevneßartS mi tiehneknurT 62

Beachte die gesetzlichen Regelungen für den Straßenverkehr; 63
dann gefährdest du weder dein Leben noch das Leben anderer. 61

Fließtext

1. Beschreibe die verschiedenen Verwendungsmöglichkeiten des Schrägstrichs.

2. Stelle die Schreibweise in Verbindung mit dem Schrägstrich fest. Beginne die Übung mit Zeile 20.

Trotz aller Warnungen setzte sich Tom Schluck auf seine 750er- 67
Maschine, obwohl er zuvor in der Diskothek eine 1/4-Liter-Flasche 138
Cognac geleert hatte. Völlig betrunken fuhr er mit etwa 60 km/h 205
auf den 850er-BMW seines Nachbarn Franz Schober auf. Mit schweren 278

Verletzungen wurde Tom Schluck ins Krankenhaus eingeliefert. Die 348
Untersuchung seiner Blutprobe ergab 2,2 o/oo Alkoholgehalt. Den 417
Führerschein ist er damit los. Außerdem läuft z. Z. auch ein 481
Strafverfahren mit dem Aktenzeichen 2 Ds 25 Js 3456/91 gegen ihn. 552

Zusätzlich verlangt der geschädigte Nachbar vor dem Zivilgericht 620
München im Rechtsstreit Schober ./. Schluck Schadenersatz in Höhe 693
von 5.500 EUR. Die Kombination Alkohol/Motorradfahren kann nicht 766
nur ziemlich teuer, sondern auch äußerst gefährlich werden. 825

Übungen zum Schrägstrich

In etlichen Wohngebieten gilt eine Tempogrenze von 30 km/h. 63
Im Verfahren Schober ./. Schluck kam es zu einem Vergleich. 65
Die Grenze für die absolute Fahruntüchtigkeit ist 1,1 o/oo. 63
Der Motorradfahrer darf 12 1/2 Monate kein Fahrzeug führen. 64
Die Rechtsanwältin will gegen das Urteil Berufung einlegen. 63

Merke

DIN-Regel	**Beispiel**
Der Schrägstrich	
• wird als Bruch- und Gliederungsstrich verwendet,	1/3, 30 km/h
• ist Teil des Promillezeichens,	0,5 ‰
• steht für das Wort „gegen“ bei Rechtsstreitigkeiten,	Huber ./. Meier
• ersetzt manchmal das Wort „und“.	Alkohol/Autofahren
Vor und nach dem Schrägstrich werden keine Leerzeichen geschrieben.	

Zeichen für Paragraf, „und“, „ist gleich“

§ & =

Träg & Renner
Fitness-Studio

Beller & Langer
Golfmoden

Computerladen
SINNER & PARTNER

1. Nenne die Beispiele, bei denen das Wort „und“ durch das &-Zeichen und das Wort „Paragraf“ durch das §-Zeichen ersetzt wird.

2. Bei welchen Wortverbindungen dürfen &-Zeichen und §-Zeichen nicht verwendet werden? Finde die Beispiele im Text.

Die Firma Schick & Stark verkauft Sportartikel aller Art. 65
Mehrmals im Jahr ordern die Einkäufer auf den Sportartikelmessen 134
die neuesten Modelle bekannter Hersteller. Um das passende Racket 203
zu finden, dürfen die Interessenten Testschläger kostenlos 264
ausprobieren. Seit Oktober steht der Betrieb in enger 321

Geschäftsverbindung mit der Schuhfabrik Laufschnell & Matt. Von 391
ihr sind bereits einige Lieferungen eingetroffen. Gute Kontakte 458
werden auch zum Reiseveranstalter Sonnenschein & Co. gepflegt. 525
Über dieses Unternehmen ist die Buchung von Urlaubsreisen mit 591
intensivem Tennis- und Fitnesstraining möglich. Benjamin Schick 659

und Valeria Stark unterliegen gemäß der §§ 1 – 7 und 238 HGB (= 739
Handelsgesetzbuch) sowie des § 140 AO (= Abgabeordnung) der 808
Buchführungspflicht. Ihre Verträge richten sich nach den 868
einschlägigen Paragrafen des BGB (= Bürgerliches Gesetzbuch) und 942
der AGB (= Allgemeine Geschäftsbedingungen) der Firma. 1006

Übungen zum &-Zeichen, =-Zeichen und §-Zeichen

Die Firma Schick & Stark steht seit Mai im Handelsregister. 66
Der Reiseveranstalter Sonnenschein & Co. schickte Kataloge. 65
Die Gruppe meldete sich zum Tennis- und Fitnesstraining an. 63

StVG = Straßenverkehrsgesetz, BGB = Bürgerliches Gesetzbuch
BVG = Bundesverfassungsgericht, JGG = Jugendgerichtsgesetz,
§ 9 des Jugendschutzgesetzes regelt den Umgang mit Alkohol.

Merke

DIN-Regel	Beispiel
Wird ein ausgeschriebener Begriff durch ein Zeichen ersetzt, steht ein Leerzeichen vor und nach dem entsprechenden Zeichen.	BGB § 117
Das §-Zeichen darf nur verwendet werden, wenn eine Zahl folgt.	§ 20
Bei mehreren Paragrafen wird das Zeichen zweimal geschrieben.	§§ 314 und 315
Das &-Zeichen steht nur in Firmennamen.	Wolff & Söhne

Zeichen für Prozent

%

1. Lies die Fließtexte durch und beschreibe die Verwendung der Zeichen % und #.

2. Finde Regeln für die entsprechenden Schreibweisen.

3. Beginne die Übung zum Prozentzeichen mit Zeile 9, die Übung zum Nummernzeichen mit Zeile 18.

1 Die Schülerinnen und Schüler der 6. Klassen bekamen heute ihre 67
2 10-Minuten-Abschriften zurück. Die Notenberechnung erfolgte nach 136
3 Fehlerprozenten. Dabei wird die Fehlerzahl mit 100 multipliziert 204
4 und durch die Zahl der Gesamtanschläge geteilt. Von 30 Schülern 272
5 erreichten bei dieser Probe 40 % die Note Eins, 40 % die Note 347
6 Zwei, 10 % die Note Drei und 10 % die Note Vier. Dieser sehr hohe 414
7 Prozentsatz an guten Leistungen konnte nur deshalb erreicht 476
8 werden, weil seit einigen Wochen besonders fleißig geübt wurde. 540

Übungen mit Prozent

9 eine 20%ige Verbesserung, 5-%-Hürde, 10 % aller Teilnehmer,

10 Bis zu einer Fehlerprozentzahl von 0,100 gibt es Note Eins. 63
11 40 % aller Schüler erreichten diesmal sehr gute Leistungen. 62
12 Der Notendurchschnitt war 20 % besser als beim letzten Mal. 63

Zeichen für Nummer

#

13 Für Katrin und Michael fängt heute die Prüfung an. Zu Beginn 67
14 werden die Platzziffern ausgelost. Die Schulsekretärin, Frau Romy 138
15 Merl, hat dazu Zettel mit Nummern vorbereitet. Katrin zieht die # 209
16 7 und Michael die # 13. Die Sekretärin trägt die genannten 270
17 Nummern in eine Liste ein und wünscht den beiden viel Glück. 334

Übungen mit dem Nummernzeichen

18 Katrin hat bei der Abschlussprüfung den Zettel # 7 gezogen. 62
19 Michael erwischte dieses Mal seine Lieblingszahl, die # 13. 62

Merke

DIN-Regel	**Beispiel**
Das %-Zeichen darf nur in Verbindung mit Ziffern und Zahlen stehen.	80 %, 10%ige Lösung 8-%-Regelung
Das #-Zeichen darf nur geschrieben werden, wenn Zahlen folgen.	# 9

Zeichen für Grad

In der Sahara liegen die Höchsttemperaturen bei über 50 °C. 64
Tiefsttemperaturen von -41 °C wurden in Wolgograd gemessen. 63
Braunschweig befindet sich 52° N (= 52° nördlicher Breite). 67
Sao Paulo (Brasilien) liegt 22° S (= 22° südlicher Breite). 70

Zeichen für Akzente

Hélène und Stéphane fahren heuer wieder an die Côte d'Azur.
Sie treffen in Antibes ihre Freunde François und Véronique.
Am ersten Abend essen sie gemeinsam im Restaurant Béatrice.
Hélène und Véronique bestellen Crêpes auf normannische Art.
Dazu gibt es mit Crème fraîche verfeinerte Soßen und Salat.

Sicher hast du das eine oder andere Wort mit Akzentzeichen schon einmal gelesen. Diese Betonungszeichen zeigen eine besondere Aussprache eines Buchstabens an. Da Akzentzeichen und Buchstabe an der gleichen Schreibstelle stehen, muss zuerst das Akzentzeichen und dann der Buchstabe geschrieben werden. Falls ein Akzentzeichen alleine stehen soll, drückst du anschließend die Leerzeichentaste.

Die Akzentzeichen heißen:
- accent aigu = ´
- accent circonflexe = ^
- accent grave = `
- Cedille = ç

Hochzahlen

Familie Weber besitzt am Stadtrand von München ein 600 m^2 großes Grundstück. Darauf will sie einen Bungalow mit einer Wohnfläche von 130 m^2 errichten lassen. Die Baufirma Fest & Co. hat bereits mit den Aushubarbeiten begonnen und ca. 100 m^3 Erde weggefahren. Die restlichen 140 m^3 werden zum Ausgleichen des Geländes benötigt.

Wie können die Maßeinheiten des oben stehenden Textes noch dargestellt werden?

Merke

DIN-Regel	Beispiel
Bei Temperaturgraden ist nach der Zahl ein Leerzeichen einzugeben.	
Das Gradzeichen steht dann unmittelbar vor der Temperatureinheit.	32 °C
Bei Minusgraden entfällt das Leerzeichen zwischen Vorzeichen und Zahl.	-32 °C
In allen anderen Fällen steht das Gradzeichen unmittelbar nach der Zahl.	32° N
Bei Hochzahlen wird innerhalb von Maßeinheiten kein Leerzeichen gesetzt.	23 m^2

Zeichen für „geboren" und „gestorben", Additionszeichen

Diaz, * 1450, + 1500, umsegelte 1487 die Südspitze Afrikas. 63
Christoph Kolumbus, * 1451, + 1506, entdeckte 1492 Amerika. 63
Vasco da Gama, * 1469, + 1524, fand den Seeweg nach Indien. 64
Fridtjof Nansen, * 1861, + 1930, durchquerte 1888 Grönland. 63
R. Amundsen, * 1872, + 1928, war 1911 als Erster am Südpol. 64

950 + 60 = 1.010; 350 + 920 = 1.270; 3.000 + 6.000 = 9.000;

Zeichen für Mikro

Mikro bedeutet ein Millionstel einer Einheit. Das µ-Zeichen wird 71
als Vorzeichen von Einheiten verwendet. 1 µm ist ein Millionstel 140
Meter. 1 µm = 0,001 mm. 20 µg sind zwanzig Millionstel Gramm. 207

Zeichen für Kleiner und Größer, auch spitze Klammer

5 < 7; 3 < 9; 8 > 6; 4 > 2; 7 > 3; 1 < 6; 28 < 46; 23 < 32;
4 > x > 2; 5 < x < 9; 7 > x > 4; 23 < x < 32; 999 > x > 88;
Die zwei Zeichen wurden mit der Taste <Entfernen> gelöscht. 62

Zeichen für „at"

tennisland@t-online.de, sportwelt@aol.de, lauftreff@gmx.de,
sabrina-winterhaus@yahoo.de, werner.wagenberger@freenet.de,
Die E-Mail-Adresse von Angelika Hauer lautet: hauer@gmx.de. 62

Zeichen für Euro

1-€-Münze, 2-€-Münze, 5-€-Schein, 10-€-Schein, 20-€-Schein,

Die Firma Zimmer & Preissner kaufte für 2.350.000 € ein neues 68
Firmengebäude. Der Wert des Grundstücks beträgt 800.000 €. Für 137
die Einrichtung sind 100.000 € und für den Fuhrpark 300.000 € 203
geplant. Die Kosten für die Außenanlagen liegen bei 250.000 €. 269

Zeichen für Schrägstrich links

Der Pfad lautet: E:\Gestaltungsaufgaben\Vorlage\Elefant.doc 73

Übung macht den Meister

1. Gib die nachfolgenden Zeilen als Fließtext ein und achte auf das geschützte Leerzeichen.
Führe nach jedem Satz eine Absatzschaltung durch.
Verwende die Schrift Courier New (12 pt) und stelle den Rand so ein: links 2,5 cm, rechts 1,91 cm

```
Rechtsanwalt Peter Schneider holte gestern seine Partnerin Dr.
Landmann vom Nürnberger Flughafen ab. Das Flugzeug aus Frankfurt
landete mit einer Verspätung von 45 Minuten. Die Kosten für den
Flug in der Business-Class betrugen 638,95 EUR. Frau Dr. Landmann
hatte am Arbeitsgericht in Frankfurt um 14:30 Uhr einen Termin.
```

2. Ersetze, wo es erlaubt ist, das Wort „und" durch das &-Zeichen und bilde zwei gleich lange Zeilen.

```
Spielwarengeschäft Spaß und Co.,
Würfel- und Kartenspiele,
Musikhaus Sänger und Lauscher,
Langspielplatten und Liedertexte,
```

3. Ersetze, wo es erlaubt ist, das Wort „Paragraf" durch das §-Zeichen.

4. Fasse die Beispiele in zwei gleich langen Zeilen zusammen (Zeile 1: mit §-Zeichen; Zeile 2: Paragraf ausgeschrieben).

```
Paragraf 234 JGG, 15 Paragrafen, Trunkenheitsparagraf, Paragraf 315
BGB, Paragrafen 8 und 9 StVO, zahlreiche Paragrafen, Paragrafen 189
bis 199 StGB,
```

5. Benenne im unten stehenden Text die einzelnen Schreibverbindungen mit Zahlen.

6. Formuliere die Schreib- und Anordnungsregeln und gib den Text so ein.

```
1   Unser neues Geschäft befindet sich in der Bahnhofstraße 30.
2   Im 1. Stock des 7-geschossigen Hauses liegen die Büroräume.
3   Seit 20. August 2011 haben wir das Postfach 33 55 gemietet.

4   Herr Breu fuhr am 2011-08-03 zu der Konferenz nach München.
5   Die Verhandlungen fangen montags pünktlich um 09:30 Uhr an.
6   Er ist jetzt unter der Nummer 0811 443388-233 zu erreichen.

7   Heute gingen bei uns 9 Bestellungen über Diktiergeräte ein.
8   Die Preise liegen ungefähr zwischen 100 EUR und 125,00 EUR.
9   Jeder Lieferung legen wir den bunten 90-Seiten-Katalog bei.
```

Auslandserfahrene Mitarbeiter haben häufig größere Chancen

Auslandserfahrene
Auslandserfahrene Mitarbeiter
Auslandserfahrene Mitarbeiter haben
Auslandserfahrene Mitarbeiter haben häufig
Auslandserfahrene Mitarbeiter haben häufig größere
Auslandserfahrene Mitarbeiter haben häufig größere Chancen.
Auslandserfahrene Mitarbeiter haben häufig größere
Auslandserfahrene Mitarbeiter haben häufig
Auslandserfahrene Mitarbeiter haben
Auslandserfahrene Mitarbeiter
Auslandserfahrene

entsprechen praktisch eingeschätzt zurechtfinden sorgfältig
Arbeitsbedingungen, Auslandsvertretungen, Sprachkenntnisse,
Informationen Enttäuschungen Überraschungen Export Qualität

Nowadays many firms offer their employees to occupy abroad. 60
To speak foreign languages becomes more and more important. 60
Exportfirmen bevorzugen oft Bewerber mit Auslandserfahrung. 62
Fremdsprachenkenntnisse sind in der Wirtschaft oft gefragt. 61

Immer mehr Personalchefs legen Wert auf ein Bewährungsjahr im 66
Ausland und suchen nach entsprechenden Unterlagen in den 125
Bewerbungsschreiben. Zum einen werden praktische Sprachkenntnisse 194
bei der enger werdenden Verflechtung der Wirtschaft immer höher 260
eingeschätzt. Zum anderen traut man Leuten, die es geschafft 323

haben, sich im Ausland gut zurechtzufinden, eher zu, den 381
Ansprüchen gehobener Positionen gerecht zu werden. Sehr gefragt 448
sind Auslandserfahrungen auch im Vertrieb oder Export. Firmen 514
bevorzugen hier Mitarbeiter, die schon im Ausland gelebt und 577
gearbeitet haben und sich deshalb mit der Mentalität und den 639

Sitten eines Landes genau auskennen. So lassen sich nämlich 702
leichter Handelsbeziehungen zu anderen Staaten aufnehmen. Der 767
Schritt ins Ausland ist jedoch sorgfältig zu planen, damit es 831
keine unangenehmen Überraschungen und Enttäuschungen gibt. 892
Ausführliche Informationen über das Zielland und die jeweiligen 959

Arbeitsbedingungen sind unbedingt nötig. Stets hilfreich ist auch 1027
ein Gespräch mit auslandserfahrenen Personen. Als günstigste Zeit 1097
für einen Auslandsaufenthalt gelten die ersten sechs Jahre nach 1163
Beendigung der Ausbildung. Länger als drei Jahre im Ausland sind 1233
nicht empfehlenswert, da sonst die Eingliederung im Heimatland zu 1301

schwierig wird. Inzwischen bieten zahlreiche Firmen ihren 1361
Beschäftigten an, in Auslandsvertretungen eine gewisse Zeit zu 1427
arbeiten. Von dieser Möglichkeit sollte man aber nur Gebrauch 1492
machen, wenn sie mit der Zusicherung verbunden ist, dass nach der 1559
Rückkehr ein Arbeitsplatz von gleicher Qualität bereitsteht. 1622

Tastschreiben ist international

Im internationalen Geschäftsleben wird Englisch gesprochen. Weitere Fremdsprachen sind für viele Berufe Grundbedingung.

Obwohl die deutsche Sprache im internationalen Geschäftsleben einen größeren Stellenwert als früher einnimmt, dominiert hier nach wie vor Englisch. Wer es in Branchen mit starkem Auslandskontakt zu etwas bringen will, sollte weitere Fremdsprachen beherrschen. Als zweitwichtigste Sprache gilt in Europa Französisch, da Frankreich zu Deutschland die intensivsten Wirtschaftsbeziehungen hat. Es folgen etwa gleichbedeutend Italienisch und Spanisch. Mehr und mehr gewinnen auch Chinesisch, Russisch, Portugiesisch, Japanisch und Arabisch an Bedeutung, weil die Zahl der Geschäfte mit diesen Ländern ständig ansteigt.

In international business English is spoken. Speaking further foreign languages is a basic condition for a lot of jobs.

Although nowadays the German language ranks higher in international business than it used to, English is dominant as before. If you want to succeed in branches with intensive foreign connections, you should speak further foreign languages. French is said to be the second important language in Europe since the economic relations between France and Germany are most intensive. French is followed by Italian on the same level with Spanish. Chinese, Russian, Portuguese, Japanese and Arabian are also getting more and more important because business with these countries is increasing constantly.

Nel mondo degli affari internazionali viene parlato inglese. Altre lingue straniere sono condizione essenziale per molte professioni.

Anche se il tedesco ha raggiunto nel mondo degli affari internazionali una maggiore importanza rispetto a ieri, l´inglese é ancora dominante. Chi vuole avere successo in campi con intensivi contatti con l´estero dovrebbe comunque essere padrone di altre lingue straniere. Per seconda lingua in ordine d´importanza in Europa é il francese, avendo la Francia con la Germania i più intensi contatti economichi. Seguono con identica importanza l´italiano e lo spagnolo. Riccevono sempre più importanza anche il cinese, il russo, il portoghese, il giapponese e l´arabo, dal momento che il volume d´affari con queste nazioni cresce continuamente.

Reisen erfordern Sprachkenntnisse

Claudio, Renate, Peter und Raffaela suchen für die nächste Ausgabe ihrer Schülerzeitung nach Ideen. Claudio bringt den Vorschlag ein, einige wichtige fremdsprachliche Wörter für den Urlaub zusammenzustellen. Da Raffaela die Arbeitsgemeinschaft Italienisch besucht, steht die zweite Fremdsprache neben Englisch fest.

Die Redaktionsmitglieder beginnen so:

Deutsch	Englisch	Italienisch
bitte	please	prego
danke	thank you	grazie
ja	yes	si
nein	no	no
Wie geht es dir?	How are you?	Come stai?
entschuldige	excuse me	scusa
guten Tag	hello	buon giorno
guten Abend	good evening	buona sera
auf Wiedersehen	good bye	arrivederci

1. Lies die Wörter. Warum haben sich die Schüler für die Darstellung in einer Tabelle entschieden?

2. Welche Überlegungen musst du vor der Eingabe einer Tabelle anstellen?

Tabellen lassen sich ganz einfach in vielen Textverarbeitungsprogrammen, z. B. mit der Anweisung *Tabelle einfügen*, erstellen.

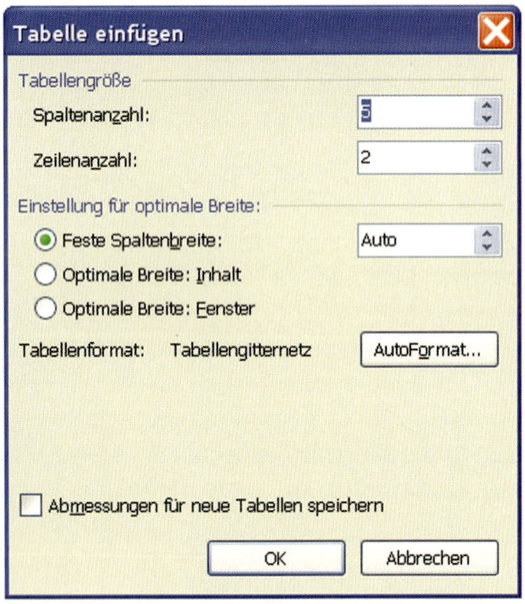

3. Betrachte die links stehende Bildschirmdarstellung und erkläre.

Zellen werden wie folgt benannt: Spalte/Zeile, z. B. A1 (In dieser Zelle steht der Text „Zelle".)

	A	B	C
1	Zelle	—	—
2	—	—	—
3	Zeile		

	A	B	C
1	Zelle	—	Spalte
2	—	—	
3	—	—	

In den folgenden Grafiken werden die wichtigsten **Tabellenoperationen** dargestellt.

Tabelle 1:

Tabelle 2:

Deutsch	Englisch	Italienisch
bitte	please	prego
ja	yes	si
Wie geht es dir?	How are you?	Come stai?
entschuldige	excuse me	scusa

Tabelle 3:

Deutsch	Englisch	Italienisch
bitte	please	prego
danke	thank you	grazie
ja	yes	si
Wie geht es dir?	How are you?	Come stai?
entschuldige	excuse me	scusa

Tabelle 4:

Deutsch	Englisch	Italienisch	Französisch
bitte	please	prego	s`il vous plaît
danke	thank you	grazie	merci
ja	yes	si	oui
Wie geht es dir?	How are you?	Come stai?	Comment vas-tu?
entschuldige	excuse me	scusa	excuse-moi

Tabelle 5:

Deutsch	Englisch	Französisch	Italienisch
bitte	please	s`il vous plaît	prego
danke	thank you	merci	grazie
ja	yes	oui	si
Wie geht es dir?	How are you?	Comment vas-tu?	Come stai?
entschuldige	excuse me	excuse-moi	scusa

Tabelle 6:

Deutsch	Englisch	Französisch	Italienisch
bitte	please	s`il vous plaît	prego
danke	thank you	merci	grazie
entschuldige	excuse me	excuse-moi	scusa
ja	yes	oui	si
Wie geht es dir?	How are you?	Comment vas-tu?	Come stai?

Tabelle 7:

Deutsch	Englisch	Französisch	Italienisch
bitte	please	s`il vous plaît	prego
danke	thank you	merci	grazie
entschuldige	excuse me	excuse-moi	scusa
ja	yes	oui	si
Wie geht es dir?	How are you?	Comment vas-tu?	Come stai?

In einer Tabelle rückst du mit der Tab-Taste in die rechte Spalte. Drückst du zusätzlich die Umschalttaste, erreichst du die linke Spalte.

4. Ordne folgende Operationen den dargestellten Tabellen 2 bis 10 zu:

- Spaltenüberschriften (Tabellenkopf) hervorheben
- Spalte einfügen
- Spalten-, Zeilenanzahl bestimmen
- Tabelle einfügen/einrichten
- Rahmenlinien variieren
- Zeile einfügen
- Zellen verbinden
- Spalte verschieben
- Text eingeben
- Spaltenbreite verändern (automatisch, manuell)
- Schriftgröße ändern
- Schattierung einstellen (Info über Hilfe)
- alphabetisch nach erster Spalte sortieren
- Zellenbegrenzungen (Abstand Linie – Text) ändern
- Tabelle zentrieren

Tabelle 8:

Deutsch	Englisch	Französisch	Italienisch
bitte	please	s`il vous plaît	prego
danke	thank you	merci	grazie
entschuldige	excuse me	excuse-moi	scusa
ja	yes	oui	si
Wie geht es dir?	How are you?	Comment vas-tu?	Come stai?

5. Notiere die zu den einzelnen Tabellen gehörenden Anweisungen deines Textverarbeitungsprogramms.
Erstelle die abgebildeten Tabellen.

Tabelle 9:

Vier Sprachen auf einen Blick			
Deutsch	Englisch	Französisch	Italienisch
bitte	please	s`il vous plaît	prego
danke	thank you	merci	grazie
entschuldige	excuse me	excuse-moi	scusa
ja	yes	oui	si
Wie geht es dir?	How are you?	Comment vas-tu?	Come stai?

6. Suche im Internet weitere Beispiele und ergänze die Tabelle.

Tabelle 10:

Vier Sprachen auf einen Blick			
Deutsch	Englisch	Französisch	Italienisch
bitte	please	s`il vous plaît	prego
danke	thank you	merci	grazie
entschuldige	excuse me	excuse-moi	scusa
ja	yes	oui	si
Wie geht es dir?	How are you?	Comment vas-tu?	Come stai?

7. Informiere dich mit dem entsprechenden Hilfsprogramm über das Umwandeln von Text in eine Tabelle bzw. das Umwandeln einer Tabelle in Text.

Formlos vorgegebener Text kann z. B. über das Menü TABELLE – UMWANDELN als Tabelle gestaltet werden. Ebenso lassen sich Tabellen wieder in normalen Text umwandeln.

Organisation; Gründung; Sitz
EU; 1993; Brüssel
NATO; 1949; Brüssel
WHO; 1948; Genf
UNO; 1945; New York
UNICEF; 1946; New York

→

Organisation	Gründung	Sitz
EU	1993	Brüssel
NATO	1949	Brüssel
WHO	1948	Genf
UNO	1945	New York
UNICEF	1946	New York

8. Öffne die Datei *096-Organisationen* und wandle die Beispiele in eine Tabelle um.
Wandle eine früher erstellte Tabelle in Text um.

Land	Einw./Mio.	Hauptstadt
Deutschland	81,8	Berlin
Frankreich	65,4	Paris
Italien	60,3	Rom
Polen	38,2	Warschau
Niederlande	16,6	Amsterdam

M **9.** Öffne die Datei *096-Land* und wandle die Tabelle in Text um.

Arbeitsaufgaben

1. Liste die folgenden Angaben in Tabellenform auf, füge eine geeignete Überschrift ein und gestalte eine A4-Seite.

Ort – Hotel – Halbpension – Vollpension
Venedig – Europa – 68,00 EUR – 84,00 EUR
Verona – Palace – 40,50 EUR – 49,00 EUR
Florenz – Astoria – 72,00 EUR – 83,50 EUR
Rom – Italia – 102,00 EUR – 55,50 EUR
Pisa – Minerva – 46,00 EUR – 192,00 EUR

2. Erstelle aus den folgenden Angaben eine Tabelle, füge eine geeignete Überschrift ein und gestalte eine A4-Seite.
Verwende die Begriffe „Land“, „Hauptstadt“ und „Kennzeichen“ für die Kopfzeile und sortiere die Angaben alphabetisch.

Ungarn – Budapest – H	Belgien – Brüssel – B
Österreich – Wien – A	Norwegen – Oslo – N
Schweiz – Bern – CH	Spanien – Madrid – E
Türkei – Ankara – TR	Frankreich – Paris – F
Italien – Rom – I	Rumänien – Bukarest – RO

Tab-Stopps innerhalb einer Tabelle sind mit der Tastenkombination **Strg** und **Tab** anzusteuern.

Text lässt sich auch mithilfe von sogenannten **Tabulatorstopps** an bestimmten Stellen positionieren. Oft sind die sogenannten Tabulatorstopps standardmäßig auf bestimmte Zentimeterzahlen voreingestellt. Tabulatorstopps lassen sich aber auch an beliebigen Positionen innerhalb des Schreibbereichs festlegen.

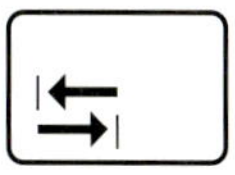

Je nach Anwendungsbereich kannst du verschiedene Arten von Tabulatoren einsetzen. Man unterscheidet linksbündige, zentrierte, rechtsbündige und dezimale Tabulatoren.

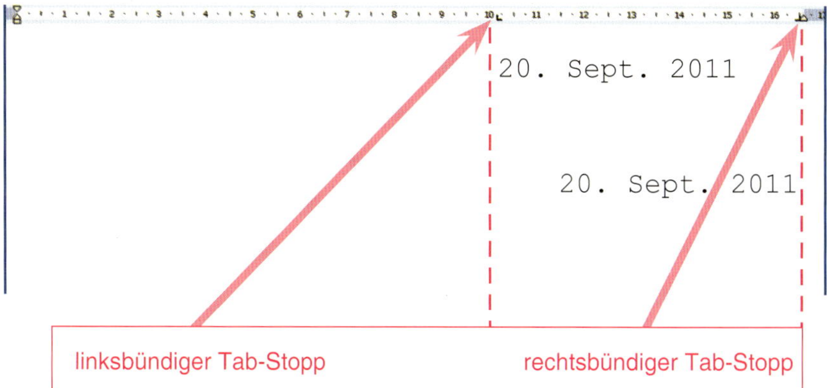

Tab-Stopps werden im Lineal angezeigt.

10. Betrachte die links stehende Bildschirmdarstellung und erkläre.

11. Notiere die Befehle deines Textverarbeitungsprogramms für das Festlegen und Löschen von Tab-Stopps.

Gestaltungsaufgabe: Vereinigtes Königreich Großbritannien und Nordirland

Nr.	Arbeitsaufträge
1.	Öffne ein Dokument und speichere unter einem sinnvollen Dateinamen.
2.	Schreibe deinen Vor- und Zunamen in eine Fußzeile, Schriftart Arial, Schriftgröße 10 pt, zentriere.
3.	Gib als Maße für die Seitenränder ein: oben 2,0 cm; unten 1,0 cm; links 2,5 cm; rechts 2,0 cm
4.	Erstelle aus den folgenden Angaben eine Tabelle, Schriftart Arial, Schriftgröße 12 pt. • England – 130 395 km^2 – Kew Gardens • Schottland – 78 782 km^2 – Giant's Causeway • Wales – 20 761 km^2 – Highlands • Nordirland – 13 843 km^2 – Snowdonia
5.	Kopiere die Tabelle und füge sie nach einigen Leerzeilen unter der ersten Tabelle ein.
6.	Formatiere den Text in Schriftgröße 14 pt.
7.	Füge eine Zeile für die Spaltenüberschriften ein, schreibe und formatiere in Schriftgröße 18 pt: Landesteil – Fläche – Sehenswürdigkeit
8.	Füge nach der Spalte „Landesteil" eine weitere Spalte mit folgendem Inhalt ein: Hauptstadt, London, Edinburgh, Cardiff, Belfast
9.	Sortiere alphabetisch aufsteigend nach Spalte 1.
10.	Füge nach den Spaltenüberschriften eine Zeile ein, verbinde die Zellen und verkleinere sie auf 4 pt.
11.	Zentriere die Spaltenüberschriften und schattiere, Farbe Grau 40 %. Formatiere in Schriftfarbe Weiß.
12.	Erstelle für die Zelle „Hauptstadt" eine Objektkarte.
13.	Schattiere die Zeilen 3 – 6 der Tabelle in der Farbe Grau 25 %.
14.	Ändere die Innen- und Außenlinien: Dreifachlinien (dicke Mittellinie), Linienstärke 1 1/2 pt, Farbe Hellblau
15.	Ändere in Zeile 1 die Zellenbegrenzung auf 0,1 cm.
16.	Führe in den Zeilen 3 – 6 einen linken Einzug von 0,2 cm durch.
17.	Passe die Spaltenbreiten an die Spalteninhalte an.
18.	Zentriere die gesamte Tabelle.
19.	Füge über der kopierten Tabelle folgende Überschrift ein: Vereinigtes Königreich Großbritannien und Nordirland
20.	Gestalte die Überschrift: • Zentrierung, Schriftfarbe Dunkelblaugrün, Zeichenschattierung • Vereinigtes Königreich: Schriftgröße 28 pt • Großbritannien und Nordirland: Schriftgröße 24 pt • Großbritannien, Nordirland: Großbuchstaben
20.	Füge unter der kopierten Tabelle eine geeignete Grafik ein, zentriere sie und passe die Größe an.

England	130 395 km^2	Kew Gardens
Schottland	78 782 km^2	Giant's Causeway
Wales	20 761 km^2	Highlands
Nordirland	13 843 km^2	Snowdonia

Vereinigtes Königreich
GROSSBRITANNIEN und NORDIRLAND

Landesteil	Hauptstadt	Fläche	Sehenswürdigkeit
England	London	130 395 km^2	Kew Gardens
Nordirland	Belfast	13 843 km^2	Giant's Causeway
Schottland	Edinburgh	78 782 km^2	Highlands
Wales	Cardiff	20 761 km^2	Snowdonia

Vorname Zuname

Vereinigtes Königreich Großbritannien und Nordirland

frfr juju ftft jzjz fvfv jmjm fvfv jnjn dede kiki dcdc k,k,
swsw lolo sxsx l.l. aqaq öpöp ayay ö-ö- äöäö öüöü ößöß frfr

der des ist aus den bis zum für das bei und wie sie nur vor
sich eine noch auch dies nach ihre jede wird viel sind alle

jährlich korrekt treffend umgangssprachlich parlamentarisch
unabhängig offiziell interessant sehenswert größte weiteren

Staatsnamen, Gründungsmitglieder, Europäische Union, Europa
Staatsoberhaupt Monarchie Königreich Einzelstaaten Residenz

inches, feet, yards, Queen, GBP, Pence, United Kingdom (UK)
Big Ben, Tower Bridge, Buckingham Palace, Westminster Abbey

Die Hauptstadt des Vereinigten Königreichs (UK) ist London. 66
London hat für seine Besucher viel Interessantes zu bieten. 62
Sehenswert sind Westminster Abbey und St. Paul's Cathedral. 65

There are many interesting buildings in the City of London. 62
People from all over the world visit Big Ben and the Tower. 63

England, Großbritannien, Vereinigtes Königreich? Bei der 62
korrekten Bezeichnung des größten Inselstaates in Europa sind 127
sich viele unsicher. Das Vereinigte Königreich - so der treffende 196
Name - ist eine Union aus den ehemals unabhängigen Einzelstaaten 264
England, Schottland, Wales sowie Nordirland. Zudem gehören bis 332

heute noch einige Überseegebiete zum United Kingdom, abgekürzt 398
UK. Umgangssprachlich wird für das UK in Deutschland auch der 466
Begriff Großbritannien verwendet, wobei dies eigentlich nur die 532
größte der Britischen Inseln bezeichnet. Das Vereinigte 592
Königreich Großbritannien und Nordirland - so lautet die Langform 662

des Staatsnamens in Deutschland und Österreich - gehört zu den 728
Gründungsmitgliedern der UNO wie auch der Europäischen Union. 795
Allerdings legen die Briten nach wie vor Wert auf eigene 855
Maßeinheiten wie inches, feet, yards usw. und ihre eigene 914
Währung, das Englische Pfund (GBP). 1 GBP wird in 100 Pence 982

unterteilt. Die Hauptstadt des Vereinigten Königreichs ist 1045
London. In Groß-London leben ca. 12 Millionen Menschen, im 1110
gesamten Königreich ca. 60 Millionen. Allen bekannt ist Queen 1176
Elisabeth II. Sie ist das Staatsoberhaupt dieser 1230
parlamentarischen Monarchie. Den Buckingham Palace, die 1290

offizielle Residenz der königlichen Familie in London, hat sicher 1359
jeder schon einmal im Fernsehen bewundert. Big Ben, Tower, Tower 1429
Bridge, St. Paul's Cathedral und Westminster Abbey sind weitere 1500
Sehenswürdigkeiten, die jährlich von vielen Millionen Touristen 1567
aus der ganzen Welt besucht werden. 1603

Die italienische Küche ist für ihre Bekömmlichkeit bekannt

also muss ersten seinem kommen schnell leicht werden ideale
zuzubereiten, vorherrschend, energiespendend, italienische,

Spaghetti Olivenöl Butter Salz Hackfleisch Tomatensoße Käse
Preis Kocherfahrungen Beliebtheit Kohlenhydrate Delikatesse

Spaghetti,
Spaghetti, Italiens
Spaghetti, Italiens Nationalgericht,
Spaghetti, Italiens Nationalgericht, sind
Spaghetti, Italiens Nationalgericht, sind eine
Spaghetti, Italiens Nationalgericht, sind eine Delikatesse.
Spaghetti, Italiens Nationalgericht, sind eine
Spaghetti, Italiens Nationalgericht, sind
Spaghetti, Italiens Nationalgericht,
Spaghetti, Italiens
Spaghetti,

Die ersten eigenen Kocherfahrungen machen wir meistens mit 61
Spaghetti oder Nudeln, die als sog. Pasta zusammen mit einer 125
passenden Soße aufgetischt werden. Die große Verbreitung und 189
weltweite Beliebtheit verdankt das italienische Nationalgericht 255
nicht nur seinem vorzüglichen Geschmack. Es ist schnell und 317

leicht zuzubereiten und damit besonders als Mahlzeit für Eilige 383
geeignet. Entgegen einer noch immer vorherrschenden Fehlmeinung 467
machen Nudeln nicht dick. Sie sind vielmehr äußerst fettarm und 515
leicht verdaulich. Sie enthalten viel Eiweiß und energiespendende 583
Kohlenhydrate, sind also eine ideale Nahrung für Sportler oder 649

sonst körperlich beanspruchte Menschen. Und dies alles zu einem 715
sehr günstigen Preis, denn für die Zutaten zu einer ordentlichen 782
Portion Nudeln mit Hackfleisch, Tomatensoße und Käse sind 845
allenfalls 2 Euro aufzuwenden. Um eine gute Pasta zu bekommen, 911
muss man Nudeln in viel Salzwasser so kochen, dass sie noch Biss 979

haben, also nicht zu weich sind. Das Salz sollte erst zugegeben 1045
werden, wenn das Wasser sprudelt. Damit die Nudeln nicht 1105
verkleben, wird Olivenöl dazugegossen. Nach dem Kochen kommen sie 1174
in eine vorgewärmte Schüssel und werden in Butter und etwas 1236
Pfeffer gewendet. Heiß serviert sind sie eine echte Delikatesse. 1303

Arbeitsaufgaben

Gestalte für die Taverne Buono Gusto eine Speisekarte mit dreispaltiger Tabelle ohne sichtbare Linien nach folgenden Angaben:

1.	Spaghetti Napoli (Tomatensoße)	4,90 €	5.	Spaghetti al gorgonzola (in Gorgonzolasoße)	7,10 €
2.	Spaghetti Bolognese (mit Hackfleisch)	5,90 €	6.	Spaghetti alla crema di zucchini (mit Zucchinicreme)	7,90 €
3.	Spaghetti Carbonara (mit Schinken, Sahne, Eiersoße)	6,90 €	7.	Spaghetti Gamberetti (mit Krabben, Tomaten, Knoblauch)	8,90 €
4.	Spaghetti aglio e olio (mit Knoblauch und Olivenöl)	7,20 €	8.	Spaghetti Meeresfrüchte (in Weißwein und Sahne)	9,90 €

Gestaltungsaufgabe: Reiseland Italien

Nr.	Arbeitsaufträge
1.	Öffne ein Dokument und speichere unter einem sinnvollen Dateinamen.
2.	Ändere das Papierformat: Querformat.
3.	Setze den Seitenrand unten auf 1,0 cm, die weiteren Seitenränder auf 2,0 cm.
4.	Schreibe deinen Vor- und Zunamen in Schriftgröße 8 pt in eine Fußzeile und zentriere.
5.	Erstelle aus den folgenden Angaben eine Tabelle, Schriftart Arial, Schriftgröße 12 pt. Ligurien – Liguria – Genua – Genova Toskana – Toscana – Florenz – Firenze Lombardei – Lombardia – Mailand – Milano Venezien – Veneto – Venedig – Venezia Latium – Lazio – Rom – Roma
6.	Kopiere die Tabelle und füge sie nach einigen Leerzeilen unter der ersten Tabelle ein.
7.	Sortiere alphabetisch aufsteigend nach Spalte 1.
8.	Formatiere den Text in Schriftgröße 16 pt.
9.	Füge eine Zeile für die Spaltenüberschriften (Kopfzeile) ein, schreibe und formatiere: Region Region Hauptstadt Hauptstadt Schriftgröße 18 pt, fett (deutsch) (italienisch) (deutsch) (italienisch) Schriftgröße 14 pt
10.	Lösche die Zeile Ligurien (2. Zeile).
11.	Füge einen Seitenrahmen in der Farbe Grün ein.
12.	Füge nach Hauptstadt (italienisch) eine weitere Spalte mit folgendem Inhalt ein: Sehenswürdigkeit – Petersdom – Mailänder Dom – Uffizien – Dogenpalast
13.	Zentriere die Spaltenüberschriften und schattiere die Zeile, Farbe Grün, Schriftfarbe Weiß.
14.	Ändere die Rahmenlinien: Farbe Grün, Außenlinien 1 ½ pt, Innenlinien ¾ pt
15.	Führe in den Zeilen 2 – 5 einen linken Einzug von 0,2 cm durch.
16.	Ändere die Zellenbegrenzungen der Tabelle oben und unten auf 0,05 cm.
17.	Passe die Spaltenbreiten an die Spalteninhalte an.
18.	Zentriere die gesamte Tabelle.
19.	Füge über der kopierten Tabelle folgende Überschrift ein: Reiseland Italien
20.	Gestalte die Überschrift: • Zentrierung • Schriftgröße: 36 pt • Schriftfarbe: Rot • Zeichenschattierung • Italien: Großbuchstaben
21.	Füge unter der kopierten Tabelle ein geeignetes Bild ein, passe es in der Größe an und zentriere es.

Ligurien	Liguria	Genua	Genova
Toskana	Toscana	Florenz	Firenze
Lombardei	Lombardia	Mailand	Milano
Venezien	Veneto	Venedig	Venezia
Latium	Lazio	Rom	Roma

Reiseland ITALIEN

Region (deutsch)	Region (italienisch)	Hauptstadt (deutsch)	Hauptstadt (italienisch)	Sehenswürdigkeit
Latium	Lazio	Rom	Roma	Petersdom
Lombardei	Lombardia	Mailand	Milano	Mailänder Dom
Toskana	Toscana	Florenz	Firenze	Uffizien
Venezien	Veneto	Venedig	Venezia	Dogenpalast

Vorname Zuname

Erst planen, dann gestalten

Tabellen haben die Aufgabe, Informationen übersichtlich darzustellen. Damit dir dies gelingt, sind sowohl eine sorgfältige Planung als auch Überlegungen zur Gestaltung erforderlich.

Tabelle planen

Folgende Fragen musst du u. a. vor der Eingabe der Daten klären:

- Welches Papierformat wird für die Tabelle benötigt?
- Wie viele Spalten und Zeilen sind erforderlich?
- Welche Schriftart und welche Schriftgröße passen zum Tabellentext?
- Sind für Zahlenangaben Tab-Stopps erforderlich?
- Soll die Tabelle eine Überschrift erhalten? Wenn ja, soll diese in die Tabelle integriert oder über die Tabelle gesetzt werden?
- Welche Überschriften sollen die Spalten erhalten?
- ...

Tabelle nach der Dateneingabe gestalten

Um die Daten übersichtlich zur Geltung kommen zu lassen, spielt die Gestaltung einer Tabelle eine wichtige Rolle. Hier einige Anregungen:

- Passe die Spaltenbreiten an den Spalteninhalt an.
- Vergrößere den Abstand zum Text vor und nach den Tabellenzeilen je nach Tabellenumfang (z. B. um 2 bis 4 pt).
- Überprüfe, ob die Linienart für die waagrechten und senkrechten Trennungslinien sowie für den Außenrahmen geändert bzw. variiert werden soll.
- Gestalte die Tabellenüberschrift und die Spaltenüberschriften.
- Überlege, ob und an welchem Ort eine Grafik eingebunden werden könnte.
- ...

Arbeitsaufgaben

1. Stelle die unten stehenden Angaben über die höchsten Berge der Alpenländer, deren Höhe und Lage sowie Länderzugehörigkeit übersichtlich in einer Tabelle dar. Finde passende Spaltenüberschriften, setze eine Überschrift über die Tabelle und sortiere nach den Höhenangaben absteigend.

> Zugspitze – 2 962 m – Wettersteingebirge – Deutschland; Mont Blanc – 4 807 m – Savoyen – Frankreich; Triglav – 2 863 m – Julische Alpen – Slowenien; Dufourspitze – 4 634 m – Walliser Alpen – Schweiz; Großglockner – 3 798 m – Hohe Tauern – Österreich; Gran Paradiso – 4 061 m – Grajische Alpen – Italien

2. Informiere dich im Internet über das Europäische Parlament und fasse dein jeweiliges Suchergebnis in einer Tabelle zusammen:

- Welche Staaten gehören der Europäischen Union an? (Land, Hauptstadt, Anzahl der Einwohner, Beitrittsjahr)
- Deutsche Parteien und Abgeordnete:

Benenne je einen Abgeordneten der im Europäischen Parlament vertretenen deutschen Parteien, das Bundesland, in dem sein Wahlkreis liegt, seine Funktion.

Das Europäische Parlament

fgjh fvjm frju fbjn ftjz deki swlo aqöp ayö- sxl. dck, öüöä
jhfg jmfv jufr jnfb jzft kide losw öpaq ö-ay l.sx k,dc öäöü

zu hat der nur alle drei fünf mehr nach sind seit erst frei
einem einer hatte ihren wurde diese viele immer statt zwölf

allgemein unmittelbar frei geheim lang mühselig wesentliche
gegründet erklärt abgehalten gewählt entschieden veranlasst

Europäischen Gemeinschaft für Kohle und Stahl (EGKS), 1952,
Europäische Wirtschaftsgemeinschaft (EWG), Mitgliedsstaaten
Europäische Atomgemeinschaft (Euratom), 1957, Abgeordneter,
Parlamentarische Versammlung, Römische Verträge, Parlament,

In Straßburg finden jedes Jahr zwölf Plenarsitzungen statt. 63
Die Ausschüsse und die Fraktionen tagen dagegen in Brüssel. 63

Der Weg zu einem europäischen Parlament war lang und mühselig. 65
Bereits 1952 trafen sich im Rahmen der Europäischen Gemeinschaft 134
für Kohle und Stahl (EGKS) 78 Abgeordnete, die von ihren 196
Regierungen bestimmt wurden, zu einer parlamentarischen 253
Versammlung. Im Wesentlichen hatten diese Abgeordneten eine nur 321

beratende Aufgabe. 1957 wurden mit den Römischen Verträgen die 387
Europäische Wirtschaftsgemeinschaft (EWG) und die Europäische 454
Atomgemeinschaft (Euratom) gegründet und die bisherige 513
Parlamentarische Versammlung der EGKS für alle drei 569
Gemeinschaften für zuständig erklärt. Erst seit 1979 können die 635

Bürger Europas alle fünf Jahre in allgemeinen, unmittelbaren, 700
freien und geheimen Europawahlen ihre Volksvertretung - das 762
Europäische Parlament - direkt wählen. Zur Zeit sitzen 736 825
Abgeordnete aus den Mitgliedsstaaten der Europäischen Union im 888
Parlament. Dieses Parlament hat drei wesentliche Aufgaben: 952

Gesetzgebung, Haushaltskontrolle und Kontrolle der Europäischen 1020
Kommission. Die Befugnisse der Abgeordneten sind zwar in den 1085
letzten Jahren immer mehr erweitert worden, dennoch können die 1149
Parlamentarier nur in bestimmten Bereichen Entscheidungen treffen 1218
bzw. veranlassen. Nach vielen Auseinandersetzungen zwischen den 1284

einzelnen Mitgliedsstaaten finden nun in Straßburg als 1341
offiziellem Sitz des Parlaments zwölf Plenarsitzungen pro Jahr 1408
statt, während die Ausschuss- und Fraktionssitzungen in Brüssel 1475
abgehalten werden. 1493

Die Briefmarke ist nicht nur ein Gebrauchsgegenstand

die das zur mit des sie war für den als ein vom auf von wie
weil noch eine fand neun wird aber bald über lang groß weit
erste waren stand immer diese genau heute nötig jener viele

Briefmarken, Postwertzeichen, Briefhülle, Gebührenfreiheit,
Parlament Mitglieder Privileg Ärgernis Fälscher Lösung Bild
Beförderung Frankiermaschine Rationalisierung Briefgebühren

Mitglieder des Parlaments, die erste aufklebbare Briefmarke
die erste bayerische Briefmarke, die Reform des Postwesens,
die britische Postverwaltung, zeitsparende Frankiermaschine

Die erste aufklebbare Briefmarke wurde in England erfunden. 62
Die One Penny Black zeigt ein Bildnis von Königin Victoria. 66
Sie beauftragte Rowland Hill, das Postwesen zu reformieren. 63

Die erste aufklebbare Briefmarke erblickte am 6. Mai 1840 das 65
Licht der Welt. Queen Victoria beauftragte damals Rowland Hill 134
mit der Reform des Postwesens. Sie war nötig, weil zu jener Zeit 203
die Briefgebühren überhöht und umständlich zu berechnen waren. 267
Daneben stand noch die Gebührenfreiheit für die Mitglieder des 333
Parlaments in heftiger Kritik. Bei den Abgeordneten reichte 397
nämlich allein die Unterschrift auf den Briefen zur kostenlosen 463
Beförderung. Dieses Privileg empfanden viele Privatleute als ein 532
großes Ärgernis. Außerdem entdeckten bald geschickte Fälscher 597
diese billige Lösung. Mit dem kleinen Bildchen auf der Briefhülle 667
gelang der britischen Postverwaltung eine Erfindung, die weltweit 735
Nachahmung fand. Motiv der ersten Briefmarke der Welt, der sog. 803
One Penny Black, war ein Jugendbildnis von Königin Victoria. Neun 876
Jahre später kam in Bayern mit dem Schwarzen Einser die erste 942
deutsche Briefmarke heraus. Inzwischen ist eine unvorstellbare 1005
Zahl von Postwertzeichen - wie die Briefmarken genau genommen 1072
heißen - erschienen. Aus Gründen der Rationalisierung wird heute 1140
aber immer häufiger die zeitsparende Frankiermaschine eingesetzt. 1206

Arbeitsaufgaben

1. Suche im Internet nach folgenden Briefmarken und erstelle mit den Bildern ein Infoblatt:
One Penny Black, Schwarzer Einser, Blaue Mauritius

2. Füge eine Tabelle ein und schreibe folgende Begriffe in Schriftart Arial, Schriftgröße 16 pt als Spaltenüberschriften:
Abbildung, Name, Erscheinungsdatum

3. Füge die Bilder in die Tabelle ein und schreibe die benötigten Informationen in Schriftart Arial, Schriftgröße 14 pt.

4. Zentriere alle Inhalte der Tabelle.

5. Füge nach den Zeilen 1 – 3 jeweils eine Zeile ein, verbinde die Zellen und verringere die Zeilenhöhe.

6. Schattiere die Kopfzeile beliebig.

7. Ändere alle Linien in doppelte Linien.

8. Formuliere eine Überschrift und gestalte sie.

9. Führe weitere sinnvolle Formatierungen durch.

Ein lukrativer Handelszweig – Adressen

für vor oft wie ist pro aus bei gar her mit dem wer ich ca.
nicht enorm alten diese holen sogar dabei denen allem ihrer

advertising mail advertisement prospectus customer commerce
commercial house, warehouse, stores, business, competition,

Adresse, Kundschaft, Kundenadressen, Branchenverzeichnisse,
Daten, Datenschutz, Kundendateien, Bundesdatenschutzgesetz,

einige Lotteriegesellschaften, unterschiedliche Unternehmen
verschiedene Waren- und Versandhäuser, zahlreiche Branchen,

.thcuseg nessinhciezrevnehcnarB ni .a .u nedrew netadnednuK
.eis neteimrev redo sua nesserdanednuK nehcsuat nemhenretnU
.nebierhcssuasierP hcrud netaD erhi netlahre nemriF ehciltE

Kundendaten werden u. a. in Branchenverzeichnissen gesucht. 62
Unternehmen tauschen Kundenadressen aus oder vermieten sie. 65
Etliche Firmen erhalten ihre Daten durch Preisausschreiben. 63

Für private Post ist bei der Menge an Werbung in Briefkästen oft 70
kaum noch Platz. Sie werden durch Handzettel, Prospekte und 134
Werbebriefe verstopft. Selbst Aufkleber wie „Stopp - Werbung 200
einwerfen verboten" schrecken Firmen nicht ab. 248
Lotteriegesellschaften, Computerfirmen, Waren- und Versandhäuser 317

suchen nach künftigen Kunden. Die Flut der Werbebriefe ist enorm. 387
Ein Rätsel bleibt für viele, woher die werbenden Firmen die 450
Anschriften bekommen. Die Adressensammler holen sich ihre Daten 518
zum Beispiel aus Handelsregistern, Messekatalogen und 575
Branchenverzeichnissen und machen damit gute Geschäfte. 633

Versandhäuser komplettieren laufend ihre Kundendateien, manche 698
Unternehmen veranstalten sogar eigene Preisausschreiben, um an 763
Kundenadressen heranzukommen. Immer mehr Unternehmen tauschen 828
ihre Datenbestände aus oder vermieten sie. Dabei können Gruppen, 896
bei denen geworben werden soll, sogar gezielt bestellt werden. 959

Gründe für den boomenden Datenhandel sind vor allem die enorm 1023
gestiegenen Preise für Werbung in Zeitung und Fernsehen. Der 1089
Handel mit Adressen ist legal. Einmal erhobene Daten dürfen nach 1158
dem Bundesdatenschutzgesetz unbeschränkt weitergegeben werden. 1222
Eine Zustimmung brauchen die Kunden dafür nicht zu erteilen. Sie 1291

können jedoch mit Vermerken wie „Ich widerspreche der Nutzung 1356
meiner Daten für Werbezwecke" die Weitergabe ihrer Daten 1417
verbieten. 1427

Welche Bauteile enthält ein A4-Brief?

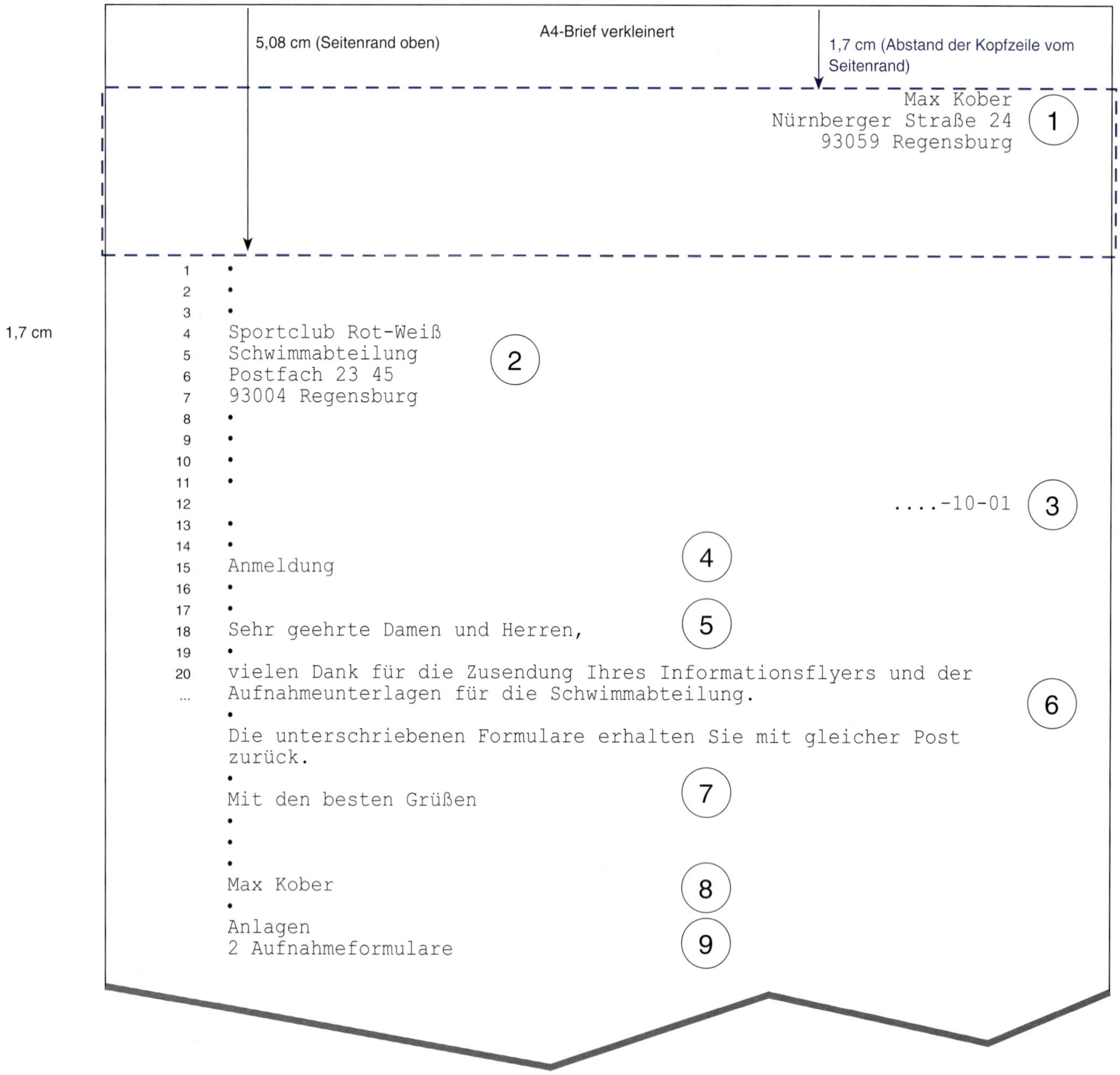
A4-Brief verkleinert
5,08 cm (Seitenrand oben)
1,7 cm (Abstand der Kopfzeile vom Seitenrand)
1,7 cm
Max Kober
Nürnberger Straße 24
93059 Regensburg
1
Sportclub Rot-Weiß
Schwimmabteilung
Postfach 23 45
93004 Regensburg
2
....-10-01
3
Anmeldung
4
Sehr geehrte Damen und Herren,
5
vielen Dank für die Zusendung Ihres Informationsflyers und der Aufnahmeunterlagen für die Schwimmabteilung.
Die unterschriebenen Formulare erhalten Sie mit gleicher Post zurück.
6
Mit den besten Grüßen
7
Max Kober
8
Anlagen
2 Aufnahmeformulare
9

Oben ist der A4-Brief von Max dargestellt. Er hat alle Regeln, die beim Schreiben eines Briefes erforderlich sind, richtig angewendet.

1. Lies den Brief und formuliere mit eigenen Worten deinem Partner den Inhalt des Schreibens.

2. Wichtige Stellen des Briefes sind mit Ziffern gekennzeichnet. Beschreibe diese Textstellen.

Die **Absenderangaben** sind linksbündig oder zentriert oder rechtsbündig in eine **Kopfzeile** einzugeben. Bei der oben angegebenen Randeinstellung beginnt das **Anschriftfeld** in Zeile 1 mit der Zusatz- und Vermerkzone, die Anschriftzone beginnt in Zeile 4.

So sind Briefe aufgebaut

Einen Brief zu schreiben, bedarf einiger Vorbereitung. So sind z. B. die einzelnen Seitenränder für einen A4-Brief in der DIN 5008 festgelegt.

Grundsätzlich unterscheidet man einen **Geschäftsbrief** von einem **Privatbrief.** Beide Briefarten weisen Gemeinsamkeiten und Unterschiede auf.

Max benutzt einen Privatbrief. Unten und rechts sind die einzelnen Bausteine bzw. Ränder grafisch dargestellt:

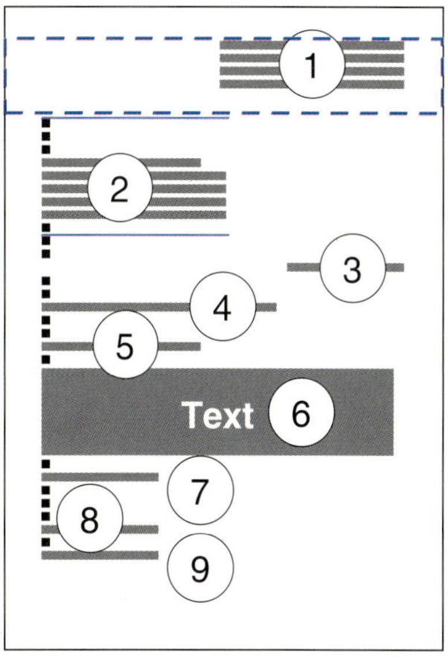

1. Entnimm der folgenden Grafik wichtige Maßeinstellungen für einen Privatrief.

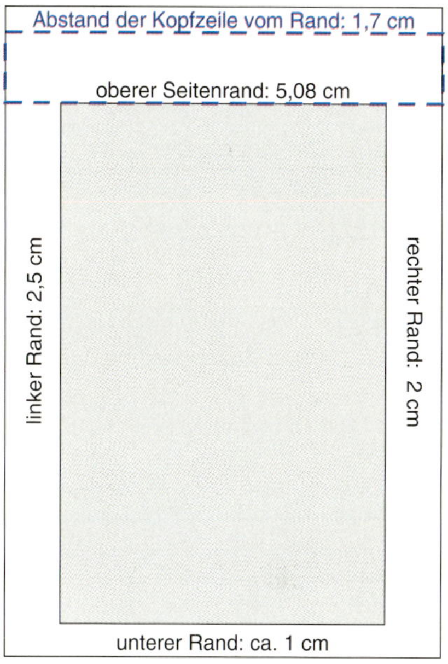

2. Vergleiche die nebenstehende Grafik mit dem Brief von Max, siehe S. 108.

3. Benenne die einzelnen Bausteine der Briefe. Die angegebenen Nummern und die unten stehenden Angaben helfen dir dabei.

In der unten stehenden Übersicht erhältst du Informationen bezüglich des genauen Ortes der einzelnen Bausteine bei einem Privatbrief.

Merke Für einen privaten Brief gelten nach DIN 5008 unter anderem folgende Schreib- und Gestaltungsregeln:

Seitenränder	oben 5,08 cm, unten ca. 1,00 cm, links 2,5 cm, rechts 2,00 cm
Absenderangabe	innerhalb der Kopfzeile, Abstand der Kopfzeile vom Seitenrand oben 1,7 cm
Ausstellungsdatum	Zeile 12, rechtsbündig
Anschriftfeld	Zeilen 1 – 9
Betreffvermerk	Zeile 15
Anrede	2 Leerzeilen nach dem Betreffvermerk
Brieftext	1 Leerzeile nach der Anrede
Gruß	1 Leerzeile nach Textende
Unterzeichner	3 Leerzeilen nach dem Gruß
Anlagenvermerk	1 Leerzeile nach dem Unterzeichner

Eine normgerechte Anschrift vermeidet Missverständnisse

Zur Mindestanschrift gehören Anrede, Vor- und Zuname, Postfach bzw. Straße mit Hausnummer, Postleitzahl und Ort des Empfängers. Neben diesen Angaben lassen sich noch viele Erweiterungen einfügen.
Das Anschriftfeld beginnt in Zeile 1 unterhalb der Kopfzeile und umfasst 9 Zeilen.

(1)
```
3 ¶
2 ¶
1 ¶
1 Frau
2 Margit Stein
3 Nürnberger Straße 2
4 93059 Regensburg
5 ¶
6 ¶
```

(2)
```
3 ¶
2 ¶
1 ¶
1 Frau und Herrn
2 Christa und Werner Schneider
3 Rathausplatz 27
4 78465 Konstanz
5 ¶
6 ¶
```

(3)
```
3 ¶
2 ¶
1 ¶
1 Familie
2 Anja Auburger
3 Rainer Resch
4 Postfach 2 22
5 88111 Lindau
6 ¶
```

(4)
```
3 ¶
2 ¶
1 ¶
1 Frau
2 Dr. Sonja Birkenfelder
3 Am Alten Schloss 3 - 5
4 96450 Coburg
5 ¶
6 ¶
```

(5)
```
3 ¶
2 ¶
1 ¶
1 Herrn Architekt
2 Peter Klug
3 Goldberg 34 a
4 84028 Landshut
5 ¶
6 ¶
```

(6)
```
3 ¶
2 ¶
1 Express
1 Herrn
2 Peter Klug
3 Architekt und Bauunternehmer
4 Goldberg 34 a
5 84028 Landshut
6 ¶
```

(7)
```
3 ¶
2 ¶
1 Einschreiben Einwurf
1 Firma
2 Peter Klug & Partner
3 Schreibbüro
4 Postfach 45 67
5 84012 Landshut
6 ¶
```

(8)
```
3 ¶
2 ¶
1 ¶
1 Bauunternehmen
2 Peter Klug & Partner
3 Frau Dipl.-Ing. Bauer
4 Goldberg 34 a
5 84028 Landshut
6 ¶
```

Arbeitsaufgaben

1. Ordne die folgenden Angaben den Beispielen zu und finde Gründe für ihre Notwendigkeit:
- akademische Bezeichnung
- Gebäudeteil (erstreckt sich über mehrere Hausnummern)
- bestimmte Person innerhalb der Firma
- postalischer Vermerk: Versendungsform
- Firmenbezeichnung, Berufs- und Amtsbezeichnung
- bestimmte Abteilung

2. Informiere dich anhand eines Wörterbuches über die Schreibung des Straßennamens deiner Anschrift.

3. Ersetze die Anschrift von Frau Stein durch deine eigene und schreibe die anderen ab.

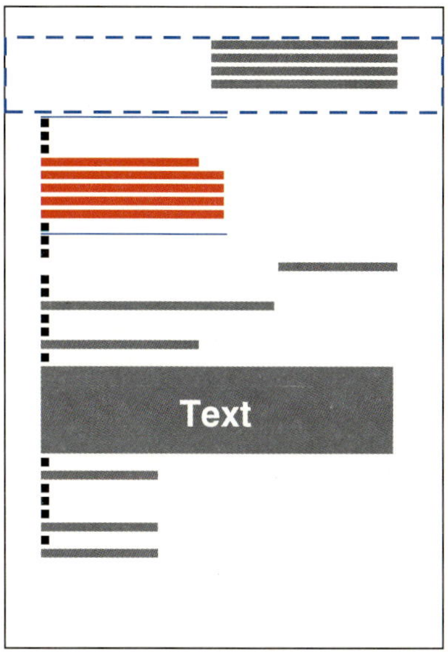

Merke

Der **Anschriftbereich** (Zeilen 1 – 9) besteht aus der **Zusatz- und Vermerkzone** (elektronischer Freimachungsvermerk, Vorausverfügung wie z. B. „Nicht nachsenden!“, Produkt wie z. B. „Einschreiben“) und der **Anschriftzone**.

Zeile	Text	
3	elektronischer Freimachungsvermerk	**Zusatz- und Vermerkzone**
2	Vorausverfügung: Nicht nachsenden	
1	Produkt: Warensendung, Einschreiben Einwurf, Express	
1	Empfängerbezeichnung – Der Begriff Firma darf entfallen, wenn aus der Empfängerbezeichnung ersichtlich ist, dass es sich um eine Firma handelt. – Berufs- und Amtsbezeichnungen gehören neben die Anrede, längere unter den Namen.	**Anschriftzone**
2	– Akademische Grade und Namen	
3	Postfach oder Straße und Hausnummer	
4	Postleitzahl und Bestimmungsort	
5	Länderbezeichnung	
6	•	

Arbeitsaufgaben

Schreibe formrichtige Anschriften mit den folgenden Angaben.
Vorsicht, nur die ersten vier Anschriften sind in richtiger Reihenfolge angegeben.

a) Familie Gabi und Horst Weber, Postfach 5 88, 95420 Bayreuth

b) Blindensendung, Frau Sabine Sauerer, Herrn Herbert Hermann, Uferweg 14, 83684 Tegernsee

c) Nachnahme, Frau Rechtsanwältin Angelika Wallner, Höhenweg 2 a, 67547 Worms

d) Warensendung, Herrn Notar, Dr. Lothar Neu, Blumenweg 12, 83471 Berchtesgaden

e) 53173 Bonn, Marktplatz 2 b, Herrn Dipl.-Ing. Manfred Regner

f) Postfach 99 23, Firma Wagner & Prinz, Herrn Günther Neumeier, 28020 Bremen

g) Werbeabteilung, Postfach 7 66, Fotohaus Blitz & Söhne, 94306 Straubing, Express

h) 44369 Dortmund, Bezirkskaminkehrermeister, Lärchenweg 15,
Herrn Sebastian Leitner,

Weitere Bauteile eines Briefes

Betreffvermerk

Der Betreffvermerk ist eine kurz gefasste Inhaltsangabe. Er bezieht sich auf den gesamten Brief. Anhand des Betreffs kann der Empfänger sofort erkennen, um welche Angelegenheit es sich im Schreiben handelt.

Das Leitwort *Betreff* und der Schlusspunkt entfallen. Der Betreff kann durch Fettdruck und/oder Farbe hervorgehoben werden.

Nach dem Wortlaut des Betreffs folgen zwei Leerzeilen.

```
¶
¶
Anmeldung
¶
¶
```

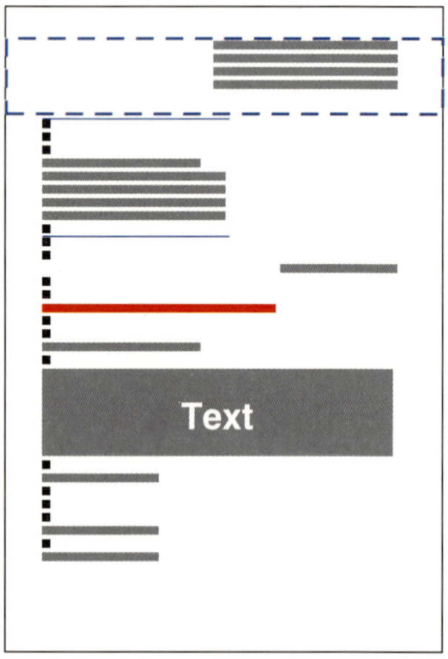

Stelle die Position des Betreffvermerks fest. Nimm den Brief von Seite 108 zu Hilfe.

Anrede

Jeder private Brief beginnt mit einer Anrede. Dabei wird zwischen einer allgemeinen und einer persönlichen Anrede unterschieden. Geht aus der Anschrift kein Personenname hervor, ist die allgemeine Anrede zu wählen, sonst die persönliche. Die Anrede wird linksbündig geschrieben und vom folgenden Text durch eine Leerzeile abgesetzt.

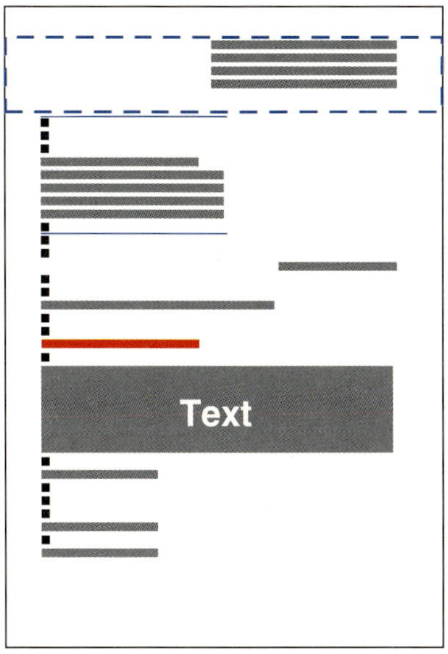

1. Stelle in der nebenstehenden Grafik die Position der Anrede fest. Nimm den Brief von Seite 108 zu Hilfe.

2. Lies die folgenden Anredeformen.
Formuliere Unterschiede und schlage Anlässe vor, in denen die einzelne Anrede verwendet werden könnte.

Sehr geehrte Damen und Herren,

Sehr geehrte Frau Wilke, sehr geehrter Herr Wilke,

Guten Tag Herr Sandner,

Liebe Frau Klinger,

3. Formuliere Anreden für die Adressen von Seite 110.

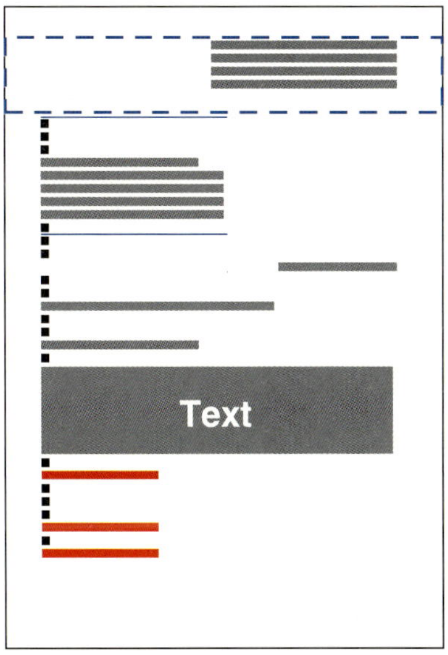

Briefabschluss

- **Gruß**
  Der Gruß beginnt linksbündig und wird vom Text durch eine Leerzeile getrennt.
  Je nach Schreibanlass und Empfänger sind unterschiedliche Grußarten angebracht.

- **Maschinenschriftliche Angabe des Unterzeichners**
  Da Unterschriften oftmals unleserlich sind, kann die Namenswiedergabe maschinenschriftlich hinzugefügt werden. Die Zahl der Leerzeilen vor dieser Wiederholung richtet sich nach der Notwendigkeit. Sie ist nach DIN 5008 nicht vorgeschrieben, üblich sind aber drei Leerzeilen.

- **Anlagenvermerk**
  Der Anlagenvermerk gibt Hinweise über beigefügte Unterlagen. Er wird mit einem Mindestabstand von drei Leerzeilen unter den Gruß gesetzt. Bei der maschinenschriftlichen Angabe des Unterzeichners folgt der Anlagenvermerk nach einer Leerzeile.

4. Suche mit deinem Partner zu den folgenden Abschlussgrüßen passende Anlässe und Empfänger und begründe.

Mit freundlichen Grüßen

Herzliche Grüße

Mit den besten Grüßen

Mit besten Grüßen aus München

Freundliche Grüße nach Berlin

So kannst du ein Anschreiben zur Zugangserkundung gestalten

5,08 cm (Seitenrand) A4-Brief verkleinert 1,7 cm (Kopfzeile)

Anne Schreiner
Isarstraße 24
93057 Regensburg
0941 1234567

•
•
•
Autohaus
Teichmann & Partner
Weichser Weg 8
93059 Regensburg
•
•
•
•

....-10-01

•
•
Zugangserkundung
•
•
Sehr geehrte Damen und Herren,
•
um etwas über die Arbeitsaufgaben, typischen Tätigkeiten und Arbeitsbedingungen eines Arbeitsplatzes zu erfahren, führen wir in unserer 7. Klasse sogenannte Zugangserkundungen in Betrieben durch.
•
Innerhalb der kommenden 14 Tage möchte ich gerne an einem Nachmittag in Ihrem Betrieb den Arbeitsplatz einer Bürokauffrau genauer kennenlernen.
•
In der Schule haben wir einen Fragenkatalog vorbereitet, den ich in ca. 2 bis 2 ½ Stunden mit einem Ansprechpartner/einer Ansprechpartnerin Ihrer Firma durcharbeiten würde.
•
Ich bitte Sie, mir eine solche Erkundung zu ermöglichen und mir eine Kontaktperson mitzuteilen, um einen Termin zu vereinbaren.
•
Mit den besten Grüßen
•
•
•
Anne Schreiner

Ein Fragebogen zur Erkundung ist schnell erstellt

Anne hat im Fach AWT für ihre Zugangserkundung viele Fragen vorbereitet. Nun überlegt sie, wie sie diese übersichtlich gestalten kann.

Plötzlich fällt ihr ein, dass es mithilfe der Tabellenfunktion doch ganz einfach ist, Fragebögen zu erstellen.

1. Betrachte die unten stehenden Darstellungsformen und äußere dich dazu.

2. Finde weitere Möglichkeiten und probiere aus.

3. Erstelle und gestalte einen Erkundungsbogen mithilfe der im AWT-Unterricht formulierten Fragen. Bleibe dabei bei einer Darstellungsform.

FRAGEBOGEN ZUR ERKUNDUNG

Name:	Klasse:	Datum:

1. Wie ist die genaue Bezeichnung des Betriebes?

oder

Wie viele Mitarbeiter/-innen sind in diesem Betrieb beschäftigt?

oder

3.	**Welche Tätigkeiten erledigt eine Kauffrau für Bürokommunikation?**

oder

Mit welchen Programmen der Standardsoftware wird im Büro gearbeitet?	

Telefonieren ist gar nicht so einfach!

Gabi kommt mit ihrer Mathematikhausaufgabe nicht zurecht. Sie sitzt schon 20 Minuten bei ein und derselben Aufgabe - nichts geht voran. Vielleicht kann Karin helfen! Schnell greift Gabi zum Telefonhörer. „Tüt, tüt, tüt, tüt, kein Anschluss unter dieser Nummer! Tüt, ...“ Da fällt ihr ein, dass Karins Vater seit einigen Tagen eine neue Rufnummer hat. Die Auskunft oder Karins Vater im Büro anrufen?

Da Herr Branner immer so freundlich und hilfsbereit ist, wählt Gabi die Rufnummer der Obstwarengroßhandlung „Frutti“.

„Frutti, Obstwaren und Südfrüchte, Wunsch!“
„Ist Herr Branner da?“
„Wer spricht denn dort?“
„Äh - die Gabi!“
„Welche Gabi?“

Gabi stammelt nur noch „Entschuldigen Sie bitte.“ und legt verlegen den Hörer auf.

Sicher hat dieses Gespräch kaum Folgen. Stelle dir aber vor, Gabi wäre in einem Betrieb beschäftigt und müsste für ihre Kollegen telefonisch eine Auskunft einholen!

1. Folgende Signaltöne hörst du am Telefon.
- t ü ü ü ü ü ü ... t
- tüüt tüüt tüüt ...
- tüt tüt tüt ...

Ordne den Signalen die Bedeutungen (Besetztton, Wählton, Rufton) zu.

Merke Eine Stimme, die nicht stimmt, verstimmt!

2. Führt das Gespräch in der Gruppe. Die anderen Gruppenmitglieder hören genau zu und bringen anschließend sinnvollere Formulierungen ein.

Telefonieren will gelernt sein!

Ein Telefonat unterscheidet sich erheblich von einem direkt geführten Gespräch. Auf der einen Seite bleiben alle sichtbar negativen Signale wie z. B. Verlegenheit, Erröten usw. am Telefon verborgen. Andererseits besteht aber ständiger Redezwang, da Schweigen irritiert und die Körpersprache (Mimik und Gestik, Körperhaltung, Blickkontakt usw.) als Kommunikator ausfällt, wodurch sich die Gefahr für Missverständnisse erhöht.

Deshalb gilt als oberste Regel für ein wirkungsvolles Telefongespräch, mindestens einen Ton höflicher zu sein als im direkten Gespräch. Dein Partner ist darauf angewiesen, deine nicht sichtbaren Empfindungen aus deiner Stimme herauszuhören:

3. Nenne Unterschiede zwischen einem persönlichen Gespräch und einem Telefonat.

Vor wichtigen und entscheidenden Telefongesprächen ist es erforderlich, entsprechende **Vorbereitungen** zu treffen. Selbstverständlich sind Ortsnetzkennzahl und Rufnummer bzw. die Handynummer des gewünschten Teilnehmers festgestellt und notiert – die Leitung könnte ja belegt sein und man müsste die Teilnehmernummer nochmals heraussuchen.

Vor dem Gespräch sollte man wissen, um welche Tageszeit der Angerufene am besten zu erreichen ist, ob insgesamt der **Zeitpunkt** des Anrufs günstig ist und wann man selbst – bei erforderlichem Rückruf – erreichbar ist. Alle notwendigen **Unterlagen**, wie z. B. der letzte Schriftwechsel, Preistabellen oder Ähnliches, liegen bereit, ebenso Schreibmaterial für evtl. Notizen.

Der unvorbereitete **Einstieg** in ein Gespräch ist nicht immer leicht, man druckst herum. Erfahrungsgemäß ist aber ein **Gespräch spätestens nach den ersten 10 Sekunden gelaufen** – für oder gegen den Anrufer.

Notiere dir dein **Ziel in Stichpunkten**, sodass du den roten Gesprächsfaden immer vor Augen hast und im Bedarfsfall schnell darauf zurückgreifen kannst.

Bevor dein Gesprächspartner den Hörer abnimmt, beende die Unterhaltung mit deinen Mitarbeitern. Denke auch daran, dass dich ein Kaugummi beim Gespräch behindern kann, störende **Hintergrundgeräusche** wie Radio, CD-Player abgestellt sind und du dich nach einem tiefen Durchatmen voll auf das Gespräch konzentrierst.

Wenn die Verbindung mit dem Gesprächspartner zustande gekommen ist, **melde dich** klar verständlich mit deinem Namen (gegebenenfalls auch mit dem Firmennamen) und **grüße freundlich**.

Häufig kommt es am Gesprächsanfang zu **Verständigungsschwierigkeiten**, man versteht z. B. den Namen des Angerufenen nicht. Hier helfen Fragen weiter wie:

- „Verzeihung, ich habe Ihren Namen nicht verstanden."
- „Könnten Sie den Namen bitte wiederholen?"
- „Würden Sie Ihren Namen bitte buchstabieren?"

Voraussetzung für das Buchstabieren ist allerdings die Kenntnis der deutschen **Buchstabiertafel**, siehe Seite 119. Im Bedarfsfalle liegt diese Tafel bei Leuten, die oft geschäftlich telefonieren, in unmittelbarer Reichweite. So können dann schnell Namen und Begriffe fachgerecht buchstabiert werden.

Im weiteren Gesprächsverlauf ist **Sachlichkeit das oberste Gebot**, wobei die Sprache volle Beachtung verdient. Folgende Fragen sollte man immer im Hinterkopf haben:

- Spreche ich eine gepflegte, möglichst dialektarme Umgangssprache?
- Sind meine Aussagen für den Gesprächspartner auf Anhieb verständlich?
- Stimmen Lautstärke, Geschwindigkeit und Betonung?

Bleibst du während des Gesprächs immer höflich und geduldig und hältst wichtige Punkte schriftlich fest, so hast du alles Notwendige für ein wirkungsvolles Telefonat beachtet.

Oft haben Telefonate eine über das jeweilige Gespräch hinausreichende Bedeutung. Damit nichts in Vergessenheit gerät, erleichtert die Verwendung eines Vordruckes für **Gesprächs- bzw. Telefonnotizen** die Arbeit. Bevor man mit einer anderen Tätigkeit beginnt, ist es sinnvoll, die Notizen noch einmal durchzulesen. So können Vergessenes ergänzt und der Text auf Verständlichkeit überprüft werden.

4. Buchstabiere deinen und die Namen deiner Klassenkameraden mithilfe der Buchstabiertafel, siehe Seite 119.

5. Lies den Text „Telefonieren will gelernt sein!" und finde zu jedem Abschnitt eine Überschrift.

6. Arbeite aus dem Informationstext das Wichtigste in Stichpunkten heraus, gliedere in Vorbereitung, Gesprächsführung und Nachbereitung.

7. Führe anhand der gefundenen Stichpunkte das Telefonat von Gabi mit verteilten Rollen. Arbeite das Gespräch zunächst genau aus. Der Vordruck **Gesprächs-/ Telefonnotiz** auf S. 119 hilft dir.

Merke

Das Führen eines Telefongesprächs erfordert grundlegende Kenntnisse über die den Ablauf beeinflussenden Faktoren. Je nach Wichtigkeit ist eine mehr oder weniger gründliche **Vorbereitung** angezeigt.

Während der **Durchführung** des Gesprächs gehören gepflegte Umgangssprache, volles Eingehen auf den Gesprächspartner und selbstverständlich Sachlichkeit zu den unabdingbaren Grundlagen.

Damit Telefonate wirkungsvoll bleiben, sind **Notizen** – evtl. auf einem Vordruck – empfehlenswert.

Wichtige Telefongespräche verlangen eine sorgfältige **Nachbereitung**.

Arbeitsaufgaben

1. Nachdem du deine Hausaufgaben erledigt hast, rufst du eine Freundin an, weil du mit ihr zum Schwimmen gehen willst.

- Bereite das Gespräch mit deinem Partner vor.
- Führe das Gespräch durch.
- Sprich einmal mit lauter, dann mit leiser, einmal mit hoher, dann mit tiefer Stimme.
- Verwende einmal starken Dialekt, das andere Mal gut verständliche Umgangssprache.
- Höre dir die Meinungen deiner Gruppenmitglieder an und ziehe daraus für dich persönlich Schlüsse.

2. Welchen Eindruck macht auf dich eine laute, leise, schnelle, langsame, hohe, tiefe Stimme? Ordne jeweils zu:
Unsicherheit, Temperament, Intelligenz, Besonnenheit, Sachlichkeit, Wut/Ärger, Schüchternheit, Sympathie, Eile/Hektik, Unfreundlichkeit, Gleichgültigkeit.

3. Führe oder simuliere ein Gespräch mit der Telefonauskunft. Erfrage die Rufnummer eines Teilnehmers, buchstabiere den Namen des gewünschten Gesprächspartners.

4. Bereite folgendes Gespräch in der Gruppe vor, führe es durch und beurteile es:
Bestelle telefonisch zwei Karten für ein Pop-Konzert deiner Lieblingsgruppe.

5. Übe eine telefonische Notfallmeldung bei der Feuerwehr, bei der Polizei oder dem Rettungsdienst und notiere die notwendigen W-Fragen.

6. Während des Unterrichts erfolgt eine Durchsage. Der Inhalt war nur unvollständig zu verstehen. Frage telefonisch im Sekretariat nach.

7. Für eine Zugangserkundung musst du einen Vorstellungstermin vereinbaren.
Ordne die folgenden Fragen den Gliederungspunkten Vorbereitung, Durchführung und Nachbereitung zu:

- Mit welchen Worten stelle ich mich vor?
- Welches Anliegen, welches Ziel habe ich?
- Wie erreiche ich meinen Gesprächspartner?
- Wie heißt mein Gesprächspartner am Telefon?
- Zu welcher Tageszeit, an welchem Tag rufe ich an?
- Wer betreut mich?
- Wann kann die Zugangserkundung stattfinden?
- Wie lange wird die Zugangserkundung ungefähr dauern?
- Wie kann mich die Firma erreichen, wenn etwas dazwischenkommt?
- Wie bedanke ich mich für das Gespräch?
- Wen kann ich fragen, wenn inzwischen neue Fragen auftauchen?
- Welche Stichpunkte notiere ich mir nach dem Gespräch?

Formuliere die Fragen wörtlich. Finde – soweit möglich – weitere wörtliche Reden.

Übe das Telefongespräch mehrmals in der Gruppe. Beachte die Verbesserungsvorschläge der anderen Gruppenmitglieder.

GESPRÄCHS-/TELEFONNOTIZ

☐ telefonisch
☐ persönlich

Datum: ______ Uhrzeit: ______

Gesprächspartner: ______

Telefonnummer: ______

Telefaxnummer: ______

Thema: ______

Besprechungspunkte:
(vor dem Gespräch notieren!)

Ergebnisse:

Aufgenommen durch: ______
Unterschrift

So buchstabierst du richtig!

Buchstabiertafel

Inland

A	=	Anton	O	=	Otto
Ä	=	Ärger	Ö	=	Ökonom
B	=	Berta	P	=	Paula
C	=	Cäsar	Q	=	Quelle
Ch	=	Charlotte	R	=	Richard
D	=	Dora	S	=	Samuel
E	=	Emil	Sch	=	Schule
F	=	Friedrich	T	=	Theodor
G	=	Gustav	U	=	Ulrich
H	=	Heinrich	Ü	=	Übermut
I	=	Ida	V	=	Viktor
J	=	Julius	W	=	Wilhelm
K	=	Kaufmann	X	=	Xanthippe
L	=	Ludwig	Y	=	Ypsilon
M	=	Martha	Z	=	Zacharias
N	=	Nordpol	ß	=	Eszett

Ausland

A	=	Amsterdam	Q	=	Quebec
B	=	Baltimore	R	=	Roma
C	=	Casablanca	S	=	Santiago
D	=	Dänemark	T	=	Tripoli
E	=	Edison	U	=	Upsala
F	=	Florida	V	=	Valencia
G	=	Gallipoli	W	=	Washington
H	=	Havanna	X	=	Xanthippe
I	=	Italia	Y	=	Yokohama
J	=	Jerusalem	Z	=	Zürich
K	=	Kilogramme			
L	=	Liverpool			
M	=	Madagaskar			
N	=	New York			
O	=	Oslo			
P	=	Paris			

Da bleibt nur eines: Reklamieren

Wortübungen

aBcDe FgHiJ kLmNo PqRsT uVwXy ZöÄüß aBcDe FgHiJ kLmNo PqRsT
AbCdE fGhIj KlMnO pQrSt UvWxY zÖäÜß AbCdE fGhIj KlMnO pQrSt

groß lang wenn umso dann nach doch muss auch beim dazu darf
eines immer jetzt seine meist darum bitte einem diese freie

das Fernsehgerät, ein Flachbildfernseher, diese Lieferungen
der Kunde, der Händler, der Verkäufer, der Fernsehtechniker
eine Nacherfüllung, eine Nachbesserung, eine Nachlieferung,

Der Händler muss ein funktionierendes Fernsehgerät liefern. 62
Bei einem Mangel hat der Kunde das Recht auf Nacherfüllung. 64

Fließtext

Groß ist die Freude, wenn der lang ersehnte Flachbildfernseher 66
endlich geliefert und angeschlossen worden ist. Umso heftiger 129
dann die Enttäuschung: Statt eines gestochen scharfen Bildes ist 197
nach einigen Tagen nur Gries zu sehen. Dies kann natürlich immer 265
einmal vorkommen. Doch welche Rechte und Pflichten haben jetzt 331

Kunde und Verkäufer? Natürlich muss der Händler ein einwandfrei 400
funktionierendes Fernsehgerät liefern. Er hat für seine Ware ja 467
auch den vereinbarten Kaufpreis bekommen. Meist genügt es, im 531
Geschäft anzurufen, das Problem zu schildern und darum zu bitten, 599
den Fehler schnell zu beheben. Der Händler wird nach der 658

Reklamation die Ursache der Störung durch einen Fernsehtechniker 727
feststellen und beseitigen lassen oder das Gerät beim Hersteller 794
einschicken. Dazu ist er nach dem Bürgerlichen Gesetzbuch 855
verpflichtet, wenn die verkaufte Ware mangelhaft war. Bei einem 921
Mangel räumt der Gesetzgeber dem Kunden das Recht auf 997

Nacherfüllung ein. Diese kann zum einen in Form einer 1036
Nachbesserung geschehen, wenn der Kunde durch eine Reparatur die 1104
Beseitigung des Mangels verlangt. Zum anderen kann er auch auf 1170
einen Ersatz der mangelhaften Ware durch eine mangelfreie 1230
bestehen. Dann spricht das Gesetz von Nachlieferung. In 1290

bestimmten Fällen darf ein Kunde auch vom Kaufvertrag 1347
zurücktreten. Dann bekommt er sein Geld ausbezahlt und der 1408
Händler muss die schadhafte Lieferung zurücknehmen. Wenn sich der 1477
Verkäufer weigert, seinen Pflichten nachzukommen, oder ein Streit 1546
darüber entsteht, ob er die Mängel beheben beziehungsweise Ersatz 1614

leisten muss, bleibt manchmal nur der Weg, bei Gericht zu klagen. 1681

Übung macht den Meister

1

Absender:	eigene Angaben	Betreffvermerk:	Reklamation
Datum:	Tagesdatum	Anrede:	Sehr geehrte Damen und Herren,
Empfänger:	Küchenwelt, Strandstraße 15, 18439 Stralsund	Gruß:	Mit freundlichen Grüßen
		Unterzeichner:	eigener Name

die heute erhaltenen Bestecke entsprechen nicht meiner Bestellung. Ich möchte dunkelrote Griffe - die gelieferte Garnitur hat jedoch grüne.⌈Die falsche Ware sende ich Ihnen mit gleicher Post zurück. Über die korrekte Ausführung meiner Bestellung würde ich mich freuen.

2

Absender:	eigene Angaben	Betreffvermerk:	Mängelrüge
Datum:	20..-07-10	Anrede:	Sehr geehrte Damen und Herren,
Empfänger:	Elektro Flimmer & Partner, Elbchaussee 45, 22765 Hamburg	Gruß:	Mit freundlichen Grüßen
		Unterzeichner:	eigener Name

am 9. Juli 20.. habe ich in Ihrem Geschäft in der Elbchaussee 45 ein Fernsehgerät der Marke „Glotzi" zum Preis von 1.500 EUR erworben.⌈Wie sich bei der erstmaligen Benutzung am 10. Juli 20.. herausgestellt hat, lassen sich die Kanäle nicht flimmerfrei einstellen.⌈Ich mache deshalb von meinem Recht auf Nachlieferung eines funktionstüchtigen Gerätes Gebrauch.

3

Absender:	eigene Angaben	Betreffvermerk:	Mofaführerschein
Datum:	Tagesdatum	Anrede:	Sehr geehrte Damen und Herren,
Empfänger:	Fahrschule, Olivia Behrens, Am Münster 5, 83435 Bad Reichenhall	Gruß:	Herzliche Grüße
		Unterzeichner:	eigener Name

ich möchte in einem der nächsten Monate die Mofa-Prüfung ablegen. Bitte teilen Sie mir mit, wann in Ihrer Fahrschule der Unterricht stattfindet und mit welchen Kosten ich zu rechnen habe.

4

Absender:	eigene Angaben	Betreffvermerk:	Tischkarten
Datum:	Tagesdatum	Anrede:	Sehr geehrte Damen und Herren,
Empfänger:	Papeterie, Angelika Angerer, Obere Brücke 4, 96047 Bamberg	Gruß:	Mit besten Grüßen
		Unterzeichner:	eigener Name

herzlichen Dank für die Tischkarten. Am schönsten fand ich die Karte „Smily", Bestellnummer 456 456.⌈Bitte senden Sie mir 50 Stück auf Rechnung.

5

Absender:	Robert Marker, Adenauerallee 4, 50670 Köln	Betreffvermerk:	Kündigung
Datum:	Tagesdatum	Anrede:	Sehr geehrte Damen und Herren,
Empfänger:	Verlagshaus, Reger & Schöner, Leserservice, 95326 Kulmbach	Gruß:	Mit freundlichen Grüßen
		Unterzeichner:	Robert Marker

ich kündige das Abonnement der Zeitschrift „Jugendgeschichten" zum nächstmöglichen Termin.⌈Bitte bestätigen Sie mir den Zugang dieses Schreibens.

Gestaltungsaufgabe: Gesundheits- und Kinderkrankenpfleger/-in

Nr.	Arbeitsaufträge
1.	Öffne die Datei *123-Pfleger* und speichere unter *Pfleger*.
2.	Wähle folgende Seitenränder: links 2,5 cm, rechts, oben und unten 2 cm
3.	Setze den Zeilenabstand auf einfach.
4.	Gliedere den Text in Absätze wie in der Vorlage.
5.	Verwende für das gesamte Dokument die Schriftart Arial und folgende Schriftgrößen: 24 pt, 13 pt, 10 pt
6.	Schreibe deinen Namen in eine Fußzeile und zentriere.
7.	Füge eine Rahmenlinie über der Fußzeile ein: Farbe Dunkelrot, Linienstärke 1 pt
8.	Stelle für die Fußzeile einen Abstand vom Seitenrand in Höhe von 1,2 cm ein.
9.	Suche und verbessere den Fehler im ersten Absatz.
10.	Setze jeweils den ersten Buchstaben von Absatz 1 und Absatz 2 in Initial, im Text, Größe 2.
11.	Schneide Bild 1 zu, passe die Größe an und positioniere es wie in der Vorlage.
12.	Gestalte die Überschrift nach.
13.	Skaliere Bild 2 auf 85 % und positioniere es wie in der Vorlage.
14.	Ändere im zweiten Absatz, 3. Zeile, den Zeichenabstand, damit das Wort *Ärzte* noch in die Zeile passt.
15.	Skaliere Bild 3 proportional auf eine Höhe von 5 cm und positioniere es wie in der Vorlage.
16.	Gestalte den Fließtext mit Fettdruck, Änderung der Schriftfarbe, Worttrennung und Blocksatz nach.
17.	Lösche nicht benötigte Textteile.
18.	Speichere das Dokument und drucke aus.

Arbeitsaufgaben

www **1.** Suche im Internet mindestens drei Ausbildungsstellen in Bayern für Gesundheits- und Kinderkrankenpfleger/-innen.

Notiere u. a. Ausbildungsinhalte, Vergütung und berufliche Aufstiegsmöglichkeiten.

Stelle die gefundenen Informationen übersichtlich dar.

2. Informiere dich, für welche Krankheiten Kinderimpfungen empfohlen werden.

Gesundheits- und Kinderkrankenpfleger/-in

Für viele ist es ein Traumberuf: **Gesundheits- und Kinderkrankenpfleger/-in**. Säuglinge, Kinder und Jugendliche zu pflegen, zu betreuen und zu beobachten ist zunächst mit vielen positiven Gefühlen behaftet. Übersehen wird aber oft, dass dieser Beruf eine innere Stärke und Festigkeit erfordert, da die „Kleinen" ja nicht gesund sind. Im schlimmsten Fall ist die Erkrankung so schwer, dass der kleine Patient stirbt. Hinzu kommt noch, dass insbesondere schwer leidende Kranke sehr viel Trost und Zuspruch benötigen, um selbst gestärkt mit besseren Aussichten ihr Leiden zu bewältigen.

Voraussetzung für diese dreijährige Ausbildung ist also psychologische Stabilität, um mit den Ereignissen des Krankenhausalltags umgehen und diese verarbeiten zu können. Zu den weiteren Aufgaben gehören nach Maßgabe der Ärzte Medikamente zu verabreichen, bei ärztlichen Untersuchungen und operativen Eingriffen zu assistieren, Pflegemaßnahmen zu koordinieren und diese sorgfältig zu dokumentieren.

Gesundheits- und Kinderkrankenpfleger/-innen arbeiten vorwiegend in Krankenhäusern auf Stationen für Säuglinge, Kinder oder Jugendliche. Sie werden aber u. a. auch in Facharztpraxen für Kinder und Jugendliche, in Wohnheimen für Kinder und Jugendliche mit Behinderungen, in der ambulanten Pflege oder in Kinderheimen eingesetzt.

Vorname Zuname

Gesundheits- und Kinderkrankenpfleger/-in

Übungen

cba fed ihg lkj onm rqp uts xwv äzy ßüö cba fed ihg lkj orm
dcba hgfe lkji ponm tsrq xwvu öäzy baßü fedc jihg nmlk rqpo

für ist ein und mit oft die der den des auf hin ihr sie von
sind dass also aber auch nach groß dies weit viel sehr drei

beobachten bewältigen verarbeiten dokumentieren assistieren
positiv psychologisch ärztlich sorgfältig ambulant leidende
Säuglinge Kinder Jugendliche Patienten Erkrankung Eingriffe

nereitsissa nereitnemukod netiebrarev negitläweb nethcaboeb
ednediel tnalubma gitläfgros hciltzrä hcsigolohcysp vitisop
effirgniE gnuknarkrE netneitaP ehcildneguJ redniK egnilguäS

Oft ein Traumberuf - Gesundheits- und Kinderkrankenpfleger. 63
Sie arbeiten u. a. in Krankenhäusern und in Facharztpraxen. 62
Zu ihren Aufgaben gehört das Verabreichen von Medikamenten. 63

Fließtext

Für viele ist es ein Traumberuf: Gesundheits- und 54
Kinderkrankenpfleger/-in. Säuglinge, Kinder und Jugendliche zu 118
pflegen, zu betreuen und zu beobachten, ist zunächst mit vielen 175
positiven Gefühlen behaftet. Übersehen wird aber oft, dass dieser 243
Beruf eine innere Stärke und Festigkeit erfordert, da die 310

„Kleinen" ja nicht gesund sind. Im schlimmsten Fall ist die 375
Erkrankung so schwer, dass der kleine Patient stirbt. Hinzu kommt 438
noch, dass insbesondere schwer leidende Kranke sehr viel Trost 504
und Zuspruch benötigen, um selbst gestärkt mit besseren 561
Aussichten ihr Leiden zu bewältigen. Voraussetzung für diese 625

dreijährige Ausbildung ist also psychologische Stabilität, um mit 693
den Ereignissen des Krankenhausalltags umgehen und diese 752
verarbeiten zu können. Zu den weiteren Aufgaben gehören nach 815
Maßgabe der Ärzte Medikamente zu verabreichen, bei ärztlichen 880
Untersuchungen und operativen Eingriffen zu assistieren, 939

Pflegemaßnahmen zu koordinieren und diese sorgfältig zu 996
dokumentieren. Gesundheits- und Kinderkrankenpfleger/-innen 1058
arbeiten vorwiegend in Krankenhäusern auf Stationen für 1116
Säuglinge, Kinder oder Jugendliche. Sie werden aber u. a. auch in 1186
Facharztpraxen für Kinder und Jugendliche, in Wohnheimen für 1251

Kinder und Jugendliche mit Behinderungen, in der ambulanten 1314
Pflege oder in Kinderheimen eingesetzt. 1355

KUNO – jeder kann helfen

Durch eine Internetrecherche über Kinderkrankheiten ist die Schülersprecherin Linda auf **KUNO** gestoßen. Diese groß angelegte Sammelaktion für die **K**inder-**UN**iklinik **O**stbayern ist eine deutschlandweit einmalige Erfolgsgeschichte. 2 700 Kinder pro Jahr mussten weit ab von ihren Familien in München, Nürnberg oder Erlangen behandelt werden, weil ihre heimatnahe Versorgung nicht gewährleistet war. Ziel von KUNO war und ist, Kindern im ostbayerischen Raum an der Uniklinik Regensburg eine medizinische Höchstversorgung zukommen zu lassen. Als Spendenziel setzten sich die Initiatoren 2004 ca. 27 Millionen Euro.

Im Schulforum wurde einstimmig beschlossen, die eingenommenen Gelder des kommenden Schulfestes KUNO zukommen zu lassen. Firmen erklärten sich bereit, die Sachkosten zu sponsern. Das Schulfest wurde ein voller Erfolg.

Um einen **Überblick über die Einnahmen** zu erhalten und das **Ergebnis präsentieren** zu können, bedient sich Linda einer **Tabellenkalkulation.** So sieht ein **Rechenblatt** aus:

www **1.** Informiere dich im Internet über KUNO.
Sprich mit deinem Partner darüber.

2. Betrachte die unten stehende Bildschirmkopie und suche Gemeinsamkeiten zum Arbeitsblatt deines Textverarbeitungsprogramms.

3. Du erkennst vielleicht auch Unterschiede. Benenne und erläutere sie.

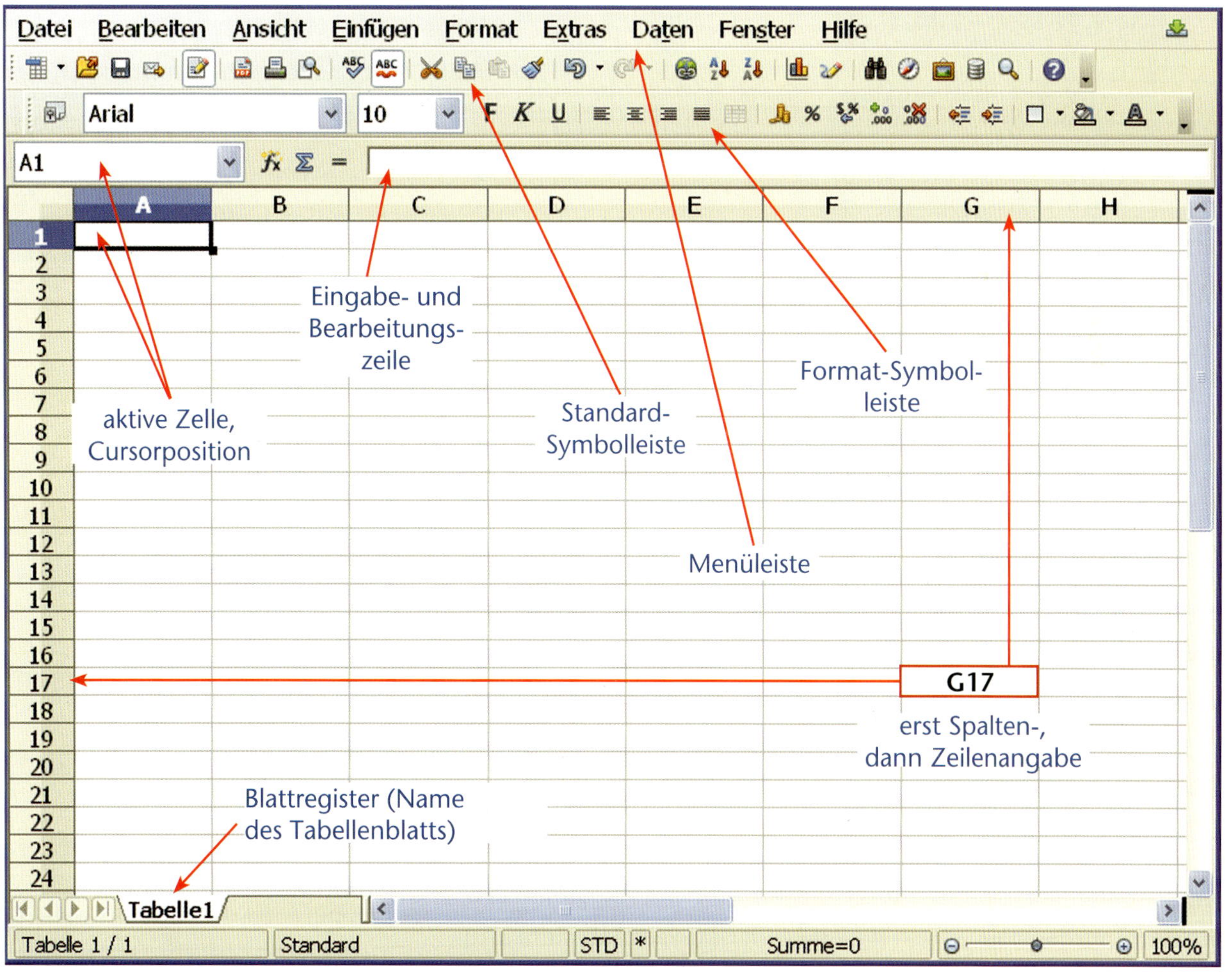

4. Erläutere die Bedeutung einiger Symbole der Standard-Symbolleiste und der Format-Symbolleiste.

Sicher kennst du im Rechenblatt nicht jede Einzelheit. Nutze die verschiedenen Hilfsoptionen, die dir dein Programm bietet. Einige Möglichkeiten sind hier angegeben:

4. Probiere die verschiedenen Hilfsangebote aus.

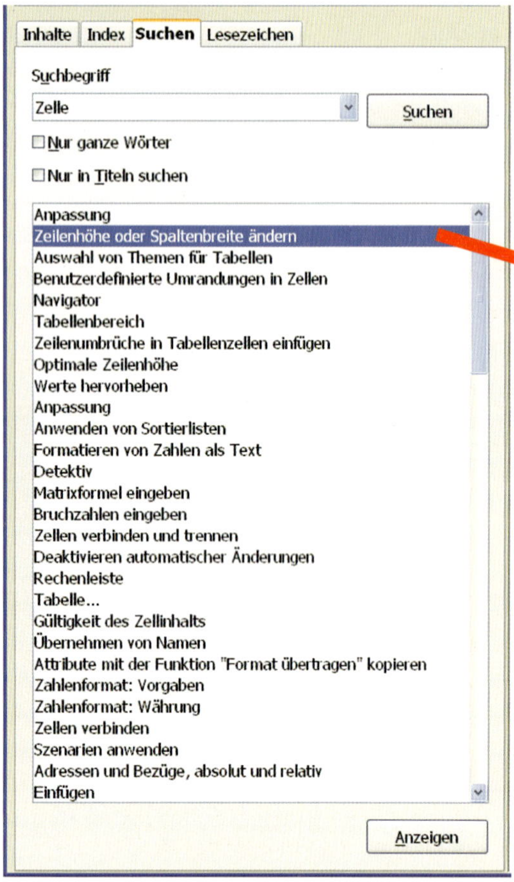

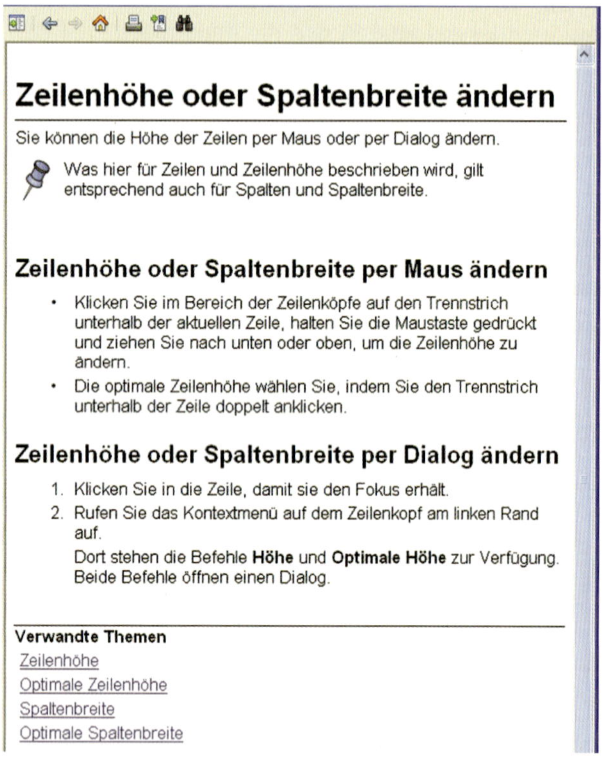

In einem Rechenblatt haben jede Zelle und jeder Zellbereich eine andere Bezeichnung:

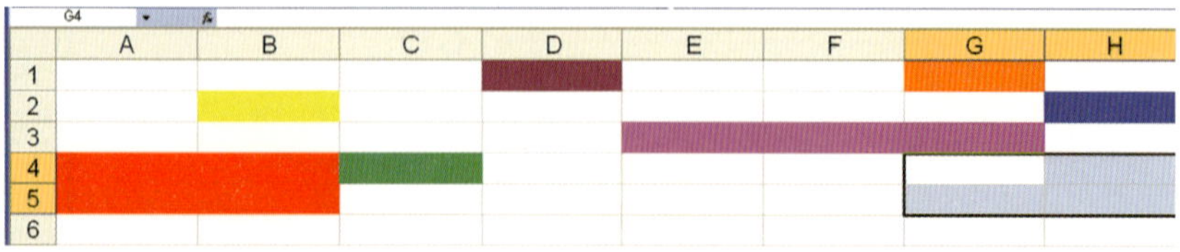

In einem Textverarbeitungsprogramm werden vor allem Texte bearbeitet und gestaltet. Für die Darstellung, Bearbeitung und Gestaltung von Zahlen und Tabellen erweist sich die Anwendersoftware **Tabellenkalkulation** als effektiver.

5. Im links unten stehenden Arbeitsblatt sind einzelne Zellen farbig markiert. Benenne sie.

6. Auch mehrere Zellen – sog. Zellbereiche – können benannt werden.
Suche das Beispiel und gib die anderen Zellbereiche an.

7. Schaue dir den Zellbereich G4:H5 an.
Wie lautet die Regel für diese Benennung?

Merke

Ein Tabellenkalkulationsprogramm, wie z. B. Excel oder Calc, gehört wie ein Textverarbeitungsprogramm zur Standardsoftware. Es dient zur schnellen Berechnung und Darstellung von Zahlen.

Die Datei eines Tabellenkalkulationsprogramms nennt man oft Arbeitsmappe, die einzelnen Arbeitsblätter heißen Rechenblätter oder Tabellen.

Das Rechenblatt zeigt Zeilen und Spalten. Spalten werden in der Regel mit Buchstaben, Zeilen mit Nummern benannt.

Die Stelle, an der sich Zeilen und Spalten treffen, bezeichnet man als Zelle, die z. B. so benannt wird: G17 (Buchstabe mit angefügter Nummer).

Zellen können mit Text, Zahlen oder Formeln beschrieben werden.

Auch ein Tabellenkalkulationsprogramm bietet eine ausführliche Hilfe an.

Bei verschiedenen Standardprogrammen lassen sich ähnliche Operationen, wie z. B. Ausschneiden und Kopieren, über denselben Menüpunkt finden.

Anhand einer einfachen Addition werden in den folgenden Grafiken Grundoperationen der Tabellenkalkulation erläutert:

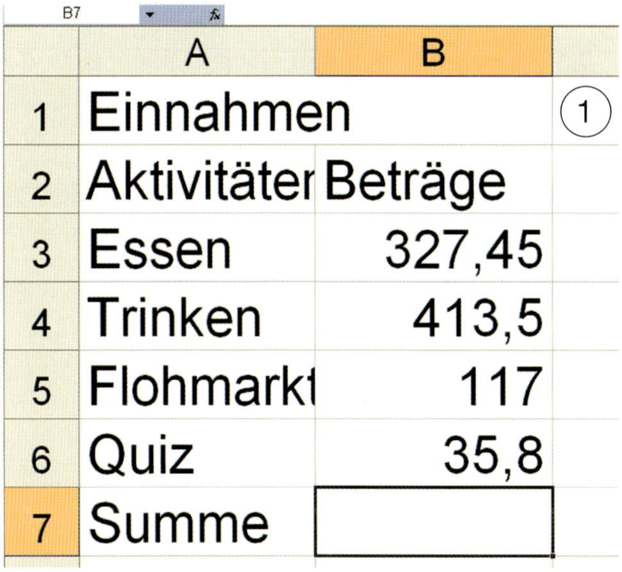

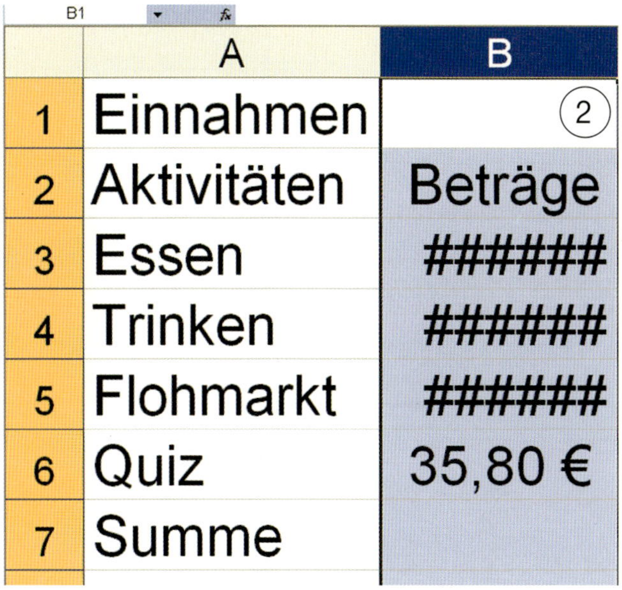

Tabelle 1:

- Erfasse die Angaben der Tabelle 1 wie folgt. Verwende Schriftgröße 14 pt.

Einnahmen	
Aktivitäten	Beträge
Essen	327,45
Trinken	413,50
Flohmarkt	117,00
Quiz	35,80
Summe	

- Betrachte Spalte A.

  Ändere die Spaltenbreite. Informiere dich mittels der Hilfefunktion.

- Beschreibe bei Spalte A die Position des Textes, bei Spalte B die Position und Darstellung der Zahlen.

Tabelle 2:

- Markiere die Zahlen in Tabelle 1 und klicke auf das Euro-Zeichen bzw. formatiere die Zahlen. Du erhältst die nebenstehende Bildschirmausgabe; erkläre.
- Was bedeuten diese Zeichen (###)?

€ = Euro-Zeichen

SUMME =B3+B4+B5+B6

	A	B
1	Einnahmen	③
2	Aktivitäten	Beträge
3	Essen	327,45 €
4	Trinken	413,50 €
5	Flohmarkt	117,00 €
6	Quiz	35,80 €
7	Summe	=B3+B4+B5+B6

7	Summe	893,75 €

Tabelle 3:

- In Tabelle 3 wird das Ergebnis bereits richtig ausgegeben. Um die Addition durchzuführen, benötigt das Programm eine Rechenanweisung (Fachbegriff: Formel), die in der Regel mit einem =-Zeichen eingeleitet wird, hier:

  =B3+B4+B5+B6

- Anstatt die Zellnamen einzugeben, klickt man in die entsprechenden Zellen und verbindet mit dem Rechenzeichen.
- Solange die Ergebniszelle aktiviert ist, erkennst du die Formel in der Eingabe- und Bearbeitungszeile.
- Drückst du die Return-Taste, wird der Wert der Summe ausgegeben. Siehe Beispiel im roten Rahmen.

Formeln bestehen aus einem Gleichheitszeichen und einem Term, z. B.

=B3+B4+B5+B6

Funktionen sind in der Tabellenkalkulation vorgefertigte Formeln, die jederzeit aufgerufen werden können, z. B.

=Summe(B3:B6)

aber auch mithilfe der Schaltfläche $\sum$.

SUMME =SUMME(B3:B6) — AutoSumme

	A	B	C
1	Einnahmen		④
2	Aktivitäten	Beträge	
3	Essen	327,45 €	
4	Trinken	413,50 €	
5	Flohmarkt	117,00 €	
6	Quiz	35,80 €	
7	Summe	=SUMME(B3:B6)	

SUMME(Zahl1; [Zahl2]; ...)

7	Summe	893,75 €

Tabelle 4:

- Probiere, wie links dargestellt.
- Summiere folgende Zahlen und formatiere in Euro: 297,24; 395; 72,05; 497,5
- Finde selbst weitere Beispiele.

B7 | f_x =SUMME(B3:B6)

	A	B
1	Einnahmen	(5)
2	Aktivitäten	Beträge
3	Essen	327,45 €
4	Trinken	413,50 €
5	Flohmarkt	117,00 €
6	Quiz	35,80 €
7	Summe	893,75 €

B5 | f_x 119,25

	A	B
1	Einnahmen	(6)
2	Aktivitäten	Beträge
3	Essen	327,45 €
4	Trinken	413,50 €
5	Flohmarkt	119,25 €
6	Quiz	35,80 €
7	Summe	896,00 €

Tabellen 5 und 6:

- Vergleiche die Spalten B der Tabellen 5 und 6.
- Ändere die Werte in den Zellen B3 bis B6 und berichte.

Merke

Summen lassen sich auf verschiedene Art und Weise berechnen:

siehe oben	oder	oder
– Formel mit dem =-Zeichen einleiten – Zelle B3 anklicken – Pluszeichen eingeben – Zelle B4 anklicken – RETURN-Taste drücken	– Zellen B3 bis B6 markieren – Schaltfläche Σ in Symbolleiste anklicken – Ergebnis wird ausgegeben	– Schaltfläche Σ in Symbolleiste anklicken – Zellen B3 bis B6 werden umrahmt – Ergebnis wird ausgegeben

So kannst du Tabellen einrichten und gestalten

Wie in einem Textverarbeitungsprogramm das Arbeitsblatt, so ist auch in einem Tabellenkalkulationsprogramm das Rechenblatt einzurichten:

Nach dem Einrichten einer Seite kann der beschreibbare Raum einer Seite je nach Programm durch gestrichelte Linien gekennzeichnet werden.

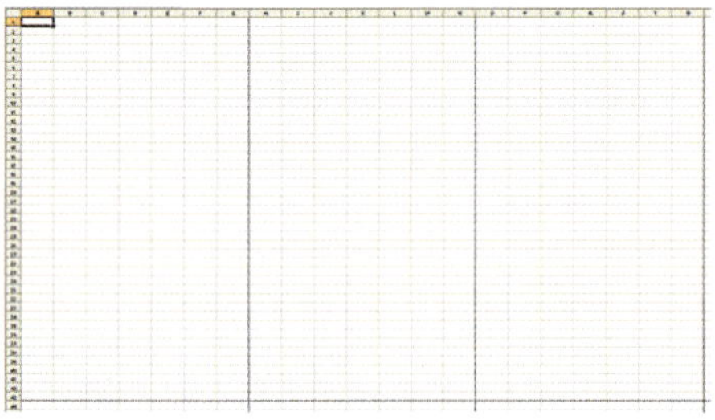

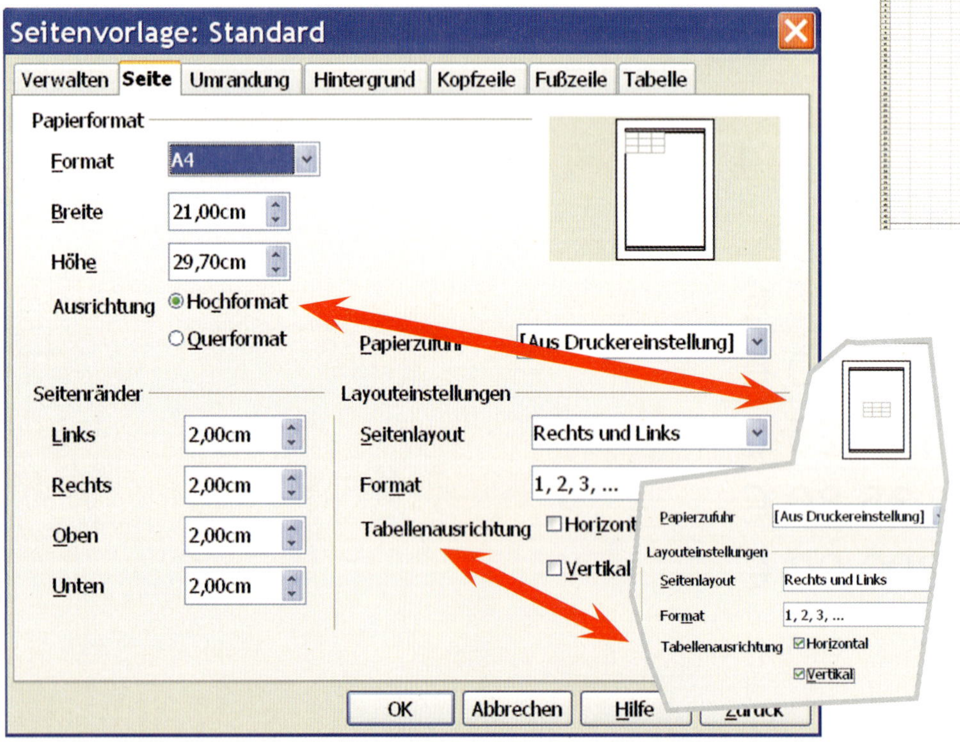

Die Einstellungen **Horizontal** und **Vertikal** zentrieren die Tabelle.

Die Anweisung **Seitenansicht** zeigt dir den zur Verfügung stehenden Raum einer Seite beim Drucken auf und gibt einen Überblick über eine bereits gestaltete Seite.

Kläre unbekannte Operationen mit der „Hilfe"-Datei oder frage deine Lehrkraft.

Merke

Ähnlich wie in einem Textverarbeitungsprogramm lassen sich Formatierungen auch in einem Tabellenkalkulationsprogramm durchführen.

Vor der Erstellung einer Tabelle ist eine genaue Planung erforderlich.

	A	B
1	555	Standard
2	555,00	Zahl
3	555,00 €	Währung
4	55500,00%	Prozent
5	555	Text

Auch in einem Tabellenkalkulationsprogramm kannst du wie in einem Textverarbeitungsprogramm **Zahlen formatieren**. Sowohl einzelnen Zellen als auch Zellbereichen lassen sich im Menü FORMAT – ZELLEN ... gewünschte Formate zuweisen:

Im Register ZAHLEN werden verschiedenste Zahlenformate angeboten.

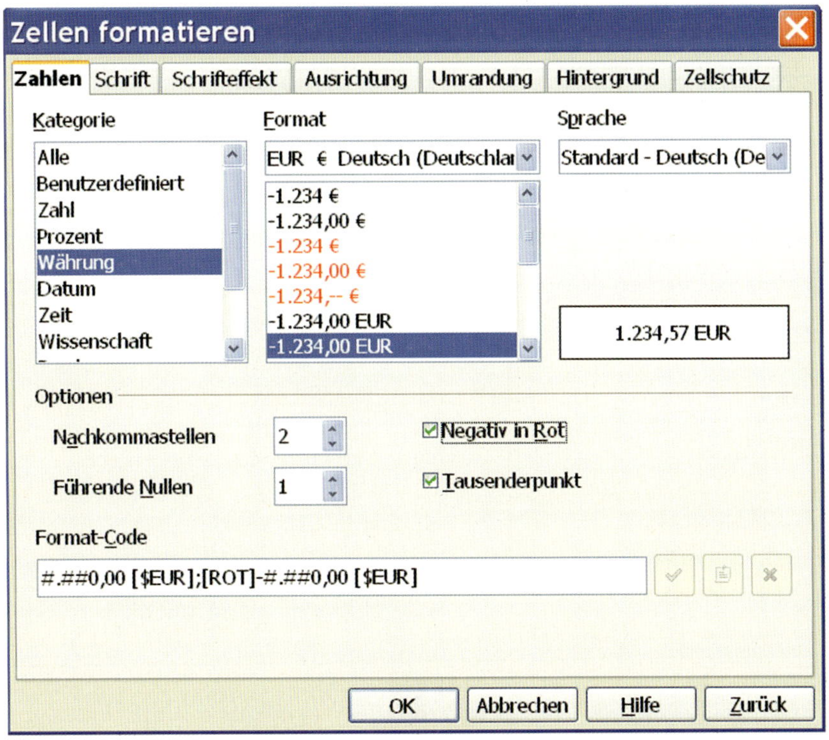

Merke Wird der Inhalt einer Zelle gelöscht, bleibt die Formatierung bestehen.

Die Formatierung kann über das Menü BEARBEITEN – LÖSCHEN – *Formate* auf den Standardwert zurückgesetzt werden.

1. Schreibe wie im nebenstehenden Beispiel die Zahl 555 mehrmals untereinander und formatiere.
Vergleiche und erläutere die einzelnen Ausgaben.

2. Gib in ein leeres Rechenblatt einige Zahlen ein und probiere die verschiedenen Formate aus.

3. Markiere vor dem Formatieren die in der unten stehenden Grafik angegebenen Zellen bzw. Zellbereiche und schattiere diese in einem Arbeitsgang mit der Farbe Rot.

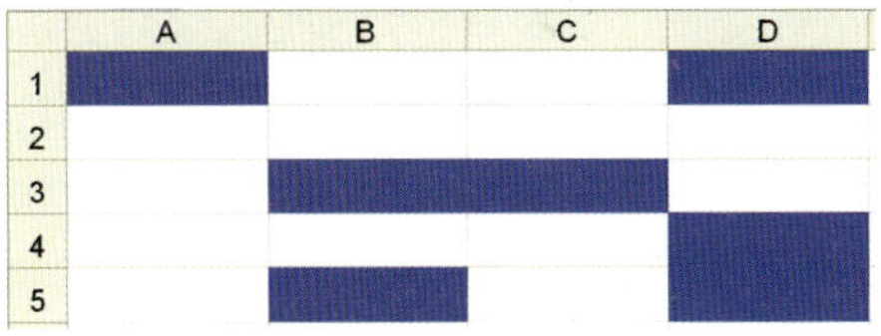

Mehrere nicht zusammenhängende Zellen lassen sich mit der Strg-Taste gleichzeitig aktivieren.

Das jeweils aktuelle Datum und die Uhrzeit kannst du mit den folgenden Funktionen anzeigen lassen:

=heute()
=jetzt()

In einer Tabellenkalkulation lässt sich auch **Text formatieren.** Viele Formatierungen sind von der Textverarbeitung her bereits bekannt, wie z. B. Schriftarten, Rahmen anlegen ...

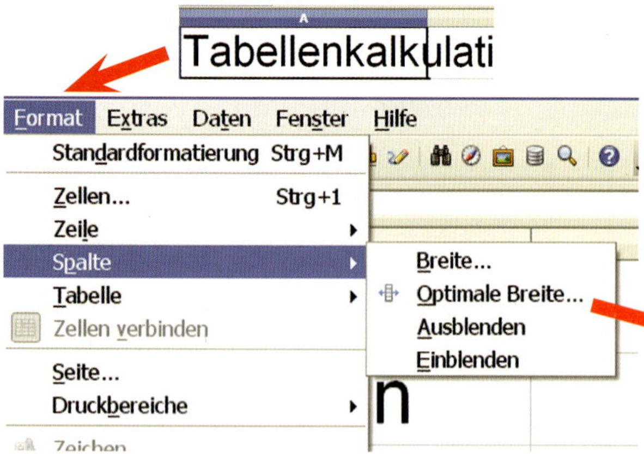

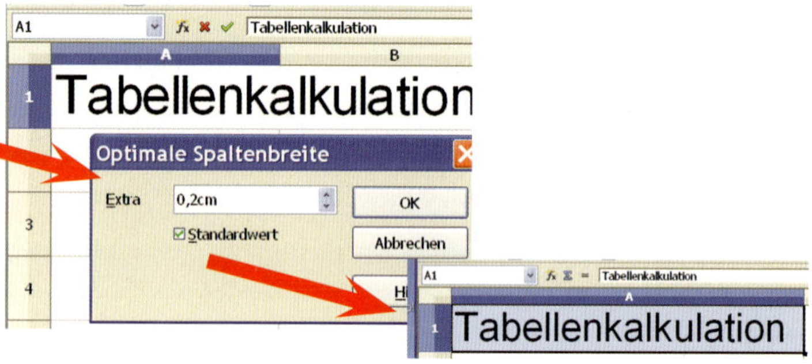

4. Schreibe „Tabellenkalkulation“ in eine Zelle. Wähle dann z. B. die dargestellten Anweisungen und optimiere die Darstellung.

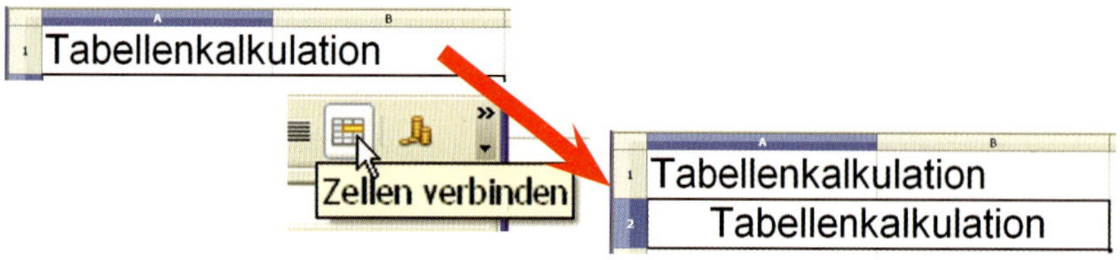

5. Betrachte die nebenstehenden Bildschirmkopien und erläutere.

Text kannst du als Fließtext in einer Tabellenkalkulation eingeben und ihn wie gewünscht ausrichten.

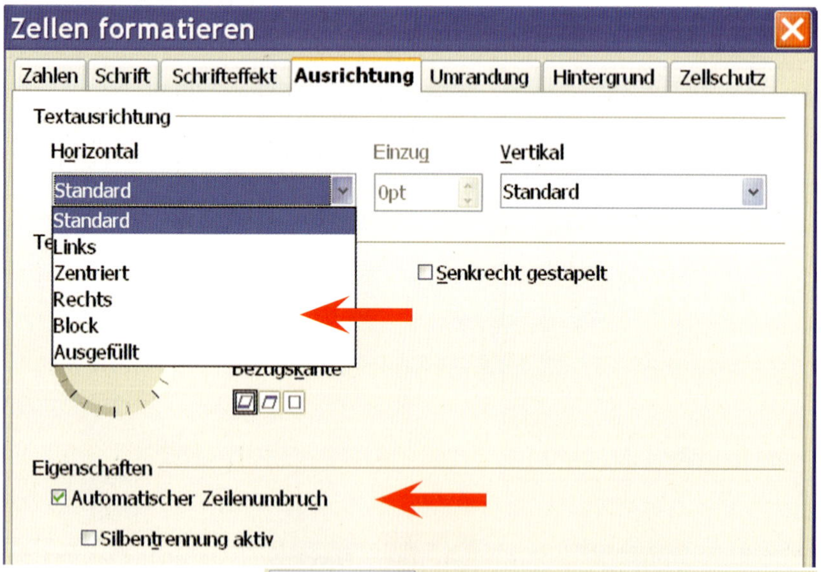

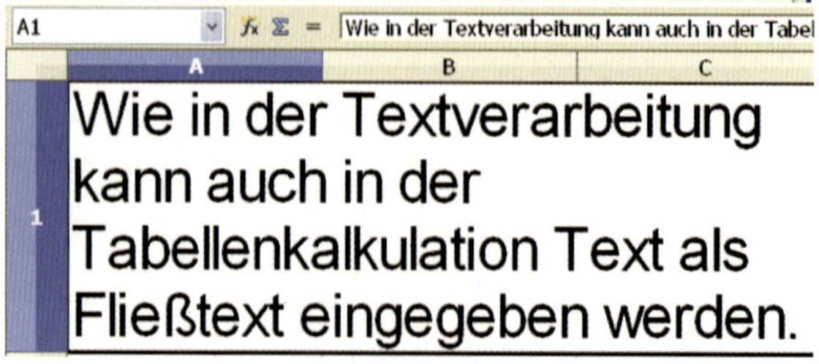

6. Die folgenden Handlungsschritte sind durcheinandergeraten. Ordne sie (Achtung: programmabhängig).

- Gib den Text ein.
- Gehe im Menü FORMAT zu ZELLEN FORMATIEREN – *Ausrichtung*.
- Markiere die Zelle, in die der Fließtext eingegeben werden soll.
- Aktiviere „Zeilenumbruch“ und „Zellen verbinden“.

Bei manchen Programmen muss die Zeilenhöhe manuell angepasst werden.

7. Überprüfe die Richtigkeit der Handlungsschritte im Rechenblatt, indem du den nebenstehenden Text eingibst.

Jetzt geht es richtig los, aber ...

Die Erstellung einer Datei bedarf einer genauen Planung.

Bevor du mit der Arbeit am Computer beginnst, musst du deshalb immer wissen und planen,

- welches Ziel mit der Tabellenkalkulation verfolgt wird,
- was das Programm leisten soll,
- welche Daten zur Bearbeitung dieses Problems zur Verfügung gestellt werden müssen und
- wie die Ausgabe gestaltet sein soll.

In unserem Beispiel können u. a. folgende Fragen eine Rolle spielen:

- Wer soll das Ergebnis der Aktion erfahren?
- Welche Daten sind für den Leser wissenswert?
- Inwieweit sollen die einzelnen Beträge aufgeführt werden, oder genügen Oberbegriffe?
- Welcher Betrag kann an KUNO gespendet werden?

...

Eine mögliche Aufstellung zeigt die folgende Grafik.

	A	B	C
1	Spendenaktion für KUNO		
2			
3			
4	Einnahmen		
5			
6	**Aktivitäten**	**Beträge**	
7	Essen	327,45 €	
8	Trinken	413,50 €	
9	Flohmarkt	119,25 €	
10	Quiz	35,80 €	
11			
12	**Summe**	**896,00 €**	
13			
14			
15	Super, toll, Spitze! Dank an alle, die mitgeholfen haben.		
16		euere SMV	

1. Finde weitere Fragen, die für eine Planung wichtig sind, und schreibe sie auf.

2. Gib die Daten ein.

3. Führe die Berechnungen durch.

4. Formatiere die Tabelle.

5. Drucke das Ergebnis nach der Betrachtung mit Seitenansicht aus.

Das Einfügen einer Grafik funktioniert wie in deinem Textverarbeitungsprogramm.

Manchmal müssen Spalten oder Zeilen nachträglich in ein Rechenblatt eingefügt werden, s. Grafik rechts.

Merke Achte auch hier bei der Gestaltung auf den Grundsatz:

Weniger ist oft mehr!

Tipps und Tricks

Eine Tabellenkalkulation erleichtert dir die Arbeit mit vielen halbautomatischen Abläufen:

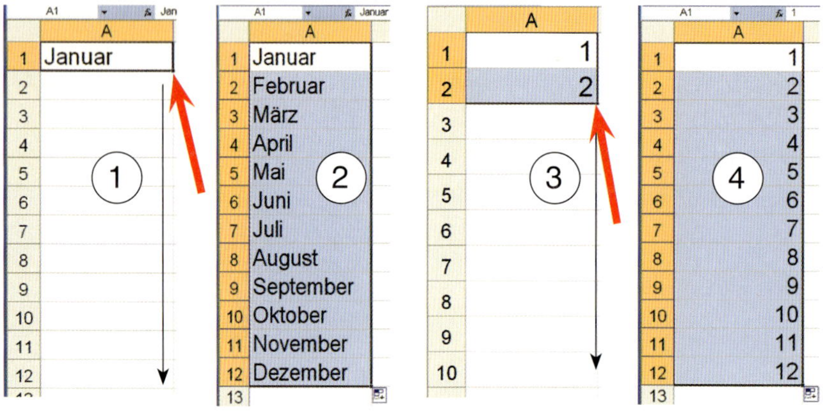

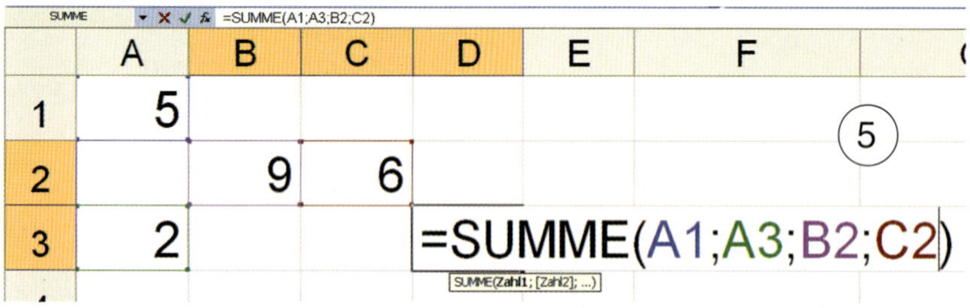

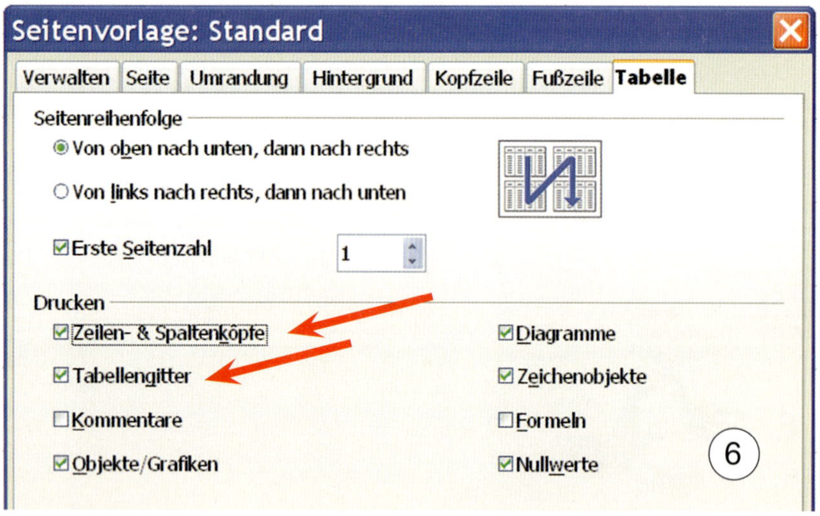

1. Vergleiche die links stehenden Grafiken und beschreibe.

Probiere das Dargestellte aus.

M 2. In der nebenstehenden Grafik wurden nicht zusammenhängende Zellen summiert. Probiere es.

3. Mit einer Einstellung, wie sie dir in Grafik 6 gezeigt wird, erhältst du den unten stehenden Ausdruck, Grafik 7.
Erkläre deinem Partner.
Drucke ein Beispiel aus.

	A	B	C
1	25	30	35
2	40	45	50
3	55	60	65

7

4. In der nebenstehenden Übersicht sind Fachbegriffe und Tabellenoperationen zusammengefasst.

Suche dir im Wechsel mit deinem Partner solche aus und erläutere sie.

Fachbegriffe	Tabellenoperationen
• Spalte	- Daten eingeben
• Zeile	- Zellinhalte ändern, löschen
• Zelle	- Zeilen einfügen, löschen
• aktive Zelle	- Spalten einfügen, löschen
• Namenfeld	- Spaltenbreite festlegen
• Bearbeitungsleiste	- Zeilenhöhe ändern
• Rechenblatt	- Zeilenumbruch zulassen
• Blattregister	- Formeln eingeben
• Formel	- Funktionen auswählen
• Funktion ...	- Formate ändern/löschen ...

Arbeitsaufgaben

1. Herr Sparsam möchte sich eine Übersichtsliste über sein Guthaben erstellen. Zurzeit hat er 5.340,55 € auf dem Sparbuch, 2.367,30 € auf seinem Girokonto, 15.000 € als Festgeld angelegt und 870,35 € in seiner Geschäftskasse.

Erstelle eine Tabelle und gestalte sie übersichtlich.

2. Öffne die Datei *135-Jahresausgaben* oder gib die Daten ein.
Gestalte die Tabelle und drucke sie aus:

- Schriftart: Arial; Schriftgrößen: Überschrift 22 pt, Text 16 pt
- Zeile 5: Zellen über Blattbreite verbinden und zentrieren
- Zahlen als Dezimalzahlen mit Währungssymbol € formatieren
- Spaltenbreite anpassen
- Zellen A6 mit B6 und A20 mit B20 verbinden
- Inhalte zentrieren
- Zellen A7 und B7, A21 und B21 schattieren
- Spalte A: Text um 1 pt einziehen
- Rahmenlinien: außen Doppellinie, innen Einfachlinie
- passende Grafik rechts neben den Beträgen einfügen

4		
5	Jahresausgaben 20..	
6		
7	Monat	Betrag
8	Januar	1723
9	Februar	1145
10	März	1265
11	April	1035
12	Mai	1560
13	Juni	1219
14	Juli	1830
15	August	1588
16	September	1412
17	Oktober	1184
18	November	1072
19	Dezember	1376
20		
21	Summe	

M **3.** Öffne die Datei *135-Monatsausgaben* oder gib die Daten ein.
Bilde die Summe für jede Woche und berechne die Gesamtausgaben pro Posten und die Gesamtausgaben des Monats.

Gestalte die Tabelle wie angegeben und drucke sie aus:

- Schriftart Arial; Schriftgrößen: Überschrift 18 pt, Text 12 pt
- Zeile 5: Zellen verbinden und zentrieren
- Zeile 7 und Zellen A7 bis A13 schattieren,
- Zellen F8 bis F13 verbinden
- Zahlen als Dezimalzahlen mit Währungssymbol € formatieren und Spaltenbreite anpassen
- Rahmen: einfache Linie, Summe der Gesamtausgaben mit Doppellinie unterstreichen
- passende Grafik unter die Tabelle einfügen und zentrieren

	A	B	C	D	E	F	G
1							
2							
3							
4							
5	Ausgaben für März						
6							
7	Posten	1. Woche	2. Woche	3. Woche	4. Woche	Gesamtausgaben	
8							
9	Kultur	95	95	15	20		
10	Essen	120	230	180	95		
11	Sport	20	30	15	15		
12	Kleidung	150	15	80	90		
13	Summe						

Münzen und Scheine – wichtige Zahlungsmittel

Übungen

reich einer erste nötig viele große indem durch wurde damit
prägte zahlte formte verwendete begründete stammte handelte
verschiedene bequemer unterwertig gewichtsgleich europäisch

Lyderkönig Krösus, Kleinasien, Altertum, Tribut, Goldmenge,
Venezianer Marco Polo, Chinareise, Ming-Dynastie, Chinesen,
Goldscheiben Kurantmünzen Scheidemünzen Papiergeld Münzgeld

99 Kurantmünzen, 8 Jahre, 7 Jahrhunderte, 33 Scheidemünzen,
1 Altertum, 10 Lyder, 2 Auszahlungen, 4 Chinesen, 3 Siegel,
55 Venezianer, 66 Goldmünzen, 4 Erfindungen, 9 Königreiche,

king ruler antiquity gold seal trade money specie bank-note
commerce tribute kingdom emperor world century ming-dynasty
The invention of species by the Lyder was a great progress.

.glofrE neßorg nenie etetuedeb sedlegznüM sed gnudnifrE eiD
.sginöK serhi legeiS sad nebiehcsdloG fua netgärp redyL eiD
.slairetaM netztuneb sed med hcarpstne eznüM renie treW reD

Die Erfindung des Münzgeldes bedeutete einen großen Erfolg. 63
Die Lyder prägten auf Goldscheiben das Siegel ihres Königs. 64
Der Wert einer Münze entsprach dem des benutzten Materials. 63

Fließtext

Einer der reichsten Männer des Altertums, der Lyderkönig Krösus, 70
ließ als erster Herrscher der Welt Münzen als Zahlungsmittel 135
prägen. Vor über 2 500 Jahren begründete er eine Großmacht, indem 204
er verschiedene kleinasiatische Königreiche unterwarf. Durch den 271
Tribut, den die Unterlegenen zahlen mussten, erhielt er riesige 337

Mengen Gold, das im Handel als Zahlungsmittel diente. Damit bei 406
den einzelnen Geschäftsvorgängen die jeweils zu zahlende 464
Goldmenge nicht mehr abgewogen werden musste, formten die Lyder 530
einheitliche, gewichtsgleiche Scheiben und prägten darauf das 593
Siegel ihres Königs. Der Wert dieser Art von Münzen 651

(Kurantmünzen) entspricht dem des verwendeten Materials. Seit dem 722
16. Jahrhundert sind unterwertige Münzen (Scheidemünzen) in 787
Umlauf, heute z. B. der Euro. Die Erfindung des Münzgeldes ist 856
zweifellos ein großer Fortschritt. Doch machte eine Ausweitung 922
des Handels und damit des Geldverkehrs eine bequemere Zahlungsart 988

nötig. Bereits im 13. Jahrhundert berichtete der Venezianer Marco 1058
Polo nach der Rückkehr von seiner Chinareise von kaiserlichen 1123
Banknoten aus Papier, die dort gültiges Zahlungsmittel waren. Wie 1193
so vieles stammt also auch die Erfindung des Papiergeldes von den 1261
Chinesen. Der älteste noch erhaltene Geldschein der Welt wurde im 1330

14. Jahrhundert von der Ming-Dynastie in China in Umlauf 1392
gebracht. Die erste offizielle europäische Banknote ist 1450
wesentlich jünger. Der Schwede Johan Palmstruch, Gründer einer 1518
Privatbank, gab sie 1661 heraus. 1551

Fehlersuche

Im folgenden Text befinden sich 8 Fehler. Vergleiche mit dem Fließtext auf Seite 136. Öffne die Datei *137-Zahlungsmittel-Fehlersuche*, ermittle die Fehler und verbessere sie.

```
Einer der reichsten Männer des Altertums, der Lyderkönig Krösus ließ als erster Herrscher der Welt Münzen als Zahlungsmittel prägen. Vor über 2 600 Jahren begründete er eine Großmacht, in dem er verschiedene kleinasiatische Königreiche unterwarf. Durch den Tribut, den der Unterlegenen zahlen mussten, erhielt er riesige Mengen Gold, das im Handel als Zahlungsmittel diente. Damit bei den einzelnen Geschäftsvorgängen die jeweils zu zahlende Geldmenge nicht mehr abgewogen werden musste, formen die Lyder einheitliche, gewichtsgleiche Scheiben und prägten darauf das Sigel ihres Königs. Der Wert dieser Art vom Münzen (Kurantmünzen) entspricht dem des verwendeten Materials.
```

Gestaltungsaufgabe: Münzen und Scheine – wichtige Zahlungsmittel

Nr.	Arbeitsaufträge
1.	Öffne die Datei *138-Zahlungsmittel* und speichere unter *Zahlungsmittel*.
2.	Setze die Seite in Hochformat und wähle folgende Seitenränder: links 2,5 cm, rechts 2 cm, oben 1,8 cm, unten 1 cm.
3.	Setze Vornamen und Zunamen linksbündig, die Seitenzahl rechtsbündig in eine Fußzeile, Schriftgröße 10 pt.
4.	Verwende für das gesamte Dokument die Schriftart Verdana.
5.	Gestalte die Überschrift nach: Schriftgrößen 36 pt und 24 pt.
6.	Gliedere den Text in Absätze wie in der Vorlage.
7.	Suche und verbessere den Fehler im zweiten Absatz.
8.	Schneide Bild 1 zu: links 0,8 cm, rechts 0,4 cm, oben 1,9 cm, unten 1,5 cm. Passe es in der Größe an und positioniere es wie in der Vorlage.
9.	Gestalte den vierten Absatz mithilfe einer dreispaltigen Tabelle nach: Schriftgröße 11 pt, Höhe der Bilder 2 und 3: 7 cm, Ausrichtung zentriert.
10.	Verwende bei Bedarf ein geschütztes Leerzeichen.
11.	Gestalte die weiteren Zeichenformatierungen des Fließtextes nach.
12.	Füge einen Seitenrahmen wie in der Vorlage ein, Linienstärke 1 1/2 pt.
13.	Gestalte die Seite 2 nach. Gruppiere Bild 5 und das Textfeld.
14.	Führe die Worttrennung durch und setze den Fließtext in Blocksatz.
15.	Speichere das Dokument und drucke es aus.

MÜNZEN und SCHEINE,
wichtige Zahlungsmittel

Einer der reichsten Männer des Altertums, der **Lyderkönig Krösus**, ließ als erster Herrscher der Welt Münzen als Zahlungsmittel prägen. Vor über 2 500 Jahren begründete er eine Großmacht, indem er verschiedene kleinasiatische Königreiche unterwarf. Durch den Tribut, den die Unterlegenen zahlen mussten, erhielt er riesige Mengen Gold, das im Handel als Zahlungsmittel diente.

Damit bei den einzelnen Geschäftsvorgängen die jeweils zu zahlende Goldmenge nicht mehr abgewogen werden musste, formten die Lyder einheitliche, gewichtsgleiche Scheiben und prägten darauf das Siegel ihres Königs. Der Wert dieser Art von Münzen (Kurantmünzen) entspricht dem des verwendeten Materials. Seit dem 16. Jahrhundert sind unterwertige Münzen (Scheidemünzen) in Umlauf, heute z. B. der Euro.

Die Erfindung des Münzgeldes ist zweifellos ein großer Fortschritt. Doch machte eine Ausweitung des Handels und damit des Geldverkehrs eine bequemere Zahlungsart nötig.

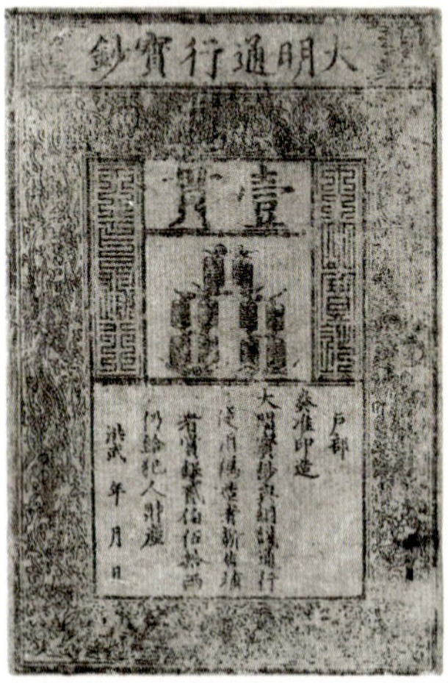

Bereits im 13. Jahrhundert berichtete der Venezianer **Marco Polo** nach der Rückkehr von seiner Chinareise von kaiserlichen Banknoten aus Papier, die dort gültiges Zahlungsmittel waren. Wie so vieles stammt also auch die Erfindung des Papiergeldes von den **Chinesen**. Der älteste noch erhaltene Geldschein der Welt wurde im 14. Jahrhundert von der **Ming-Dynastie** in China in Umlauf gebracht.

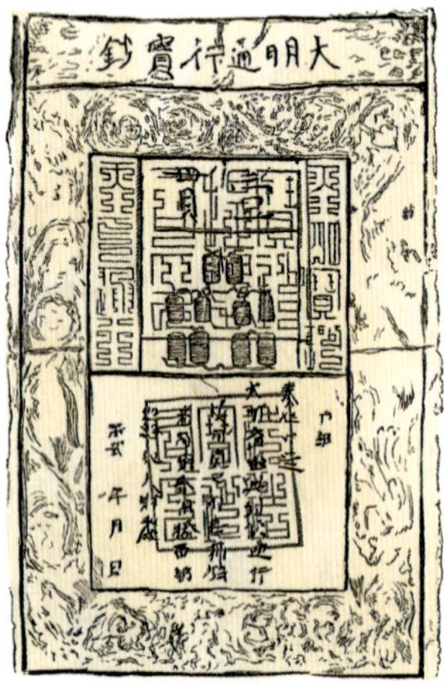

Die erste offizielle europäische Banknote ist wesentlich jünger. Der Schwede Johan Palmstruch, Gründer einer Privatbank, gab sie 1661 heraus.

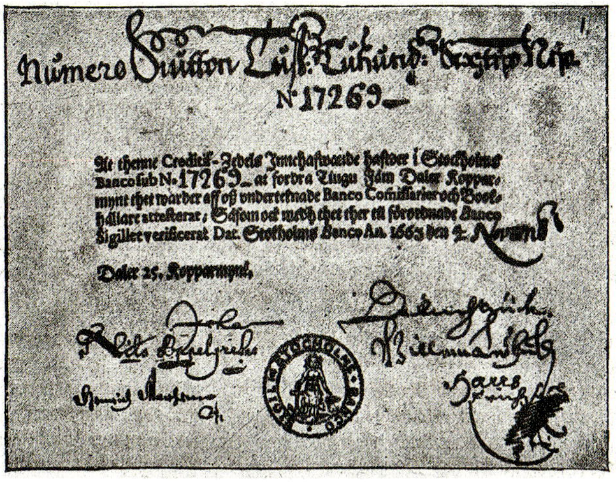

MARCO POLO in China

Ich habe nicht die Hälfte von dem erzählt, was ich gesehen habe, weil keiner mir geglaubt hätte.

Marco Polo 1324

Vorname Zuname 2

Einfach und schnell – übersichtliche Berechnungen mit der Taballenkalkulation

Mit der Tabellenkalkulation lassen sich natürlich alle Aufgaben der Grundrechenarten lösen. Hier einige Beispiele:

Beim Pausenverkauf fielen in der letzten Woche die unten stehenden Ausgaben und Einnahmen an, siehe Grafik 1:
Berechne die Gesamtausgaben, die Gesamteinnahmen, den Gewinn pro Tag sowie den Gesamtgewinn.

	A	B	C	D
1	Ausgaben und Einnahmen beim Pausenverkauf			
2				
3	Tag	Ausgaben	Einnahmen	Gewinn
4	Montag	195,35 €	235,65 €	
5	Dienstag	362,50 €	491,35 €	
6	Mittwoch	422,15 €	535,20 €	
7	Donnerstag	295,85 €	405,65 €	
8	Freitag	465,00 €	585,30 €	
9	Gesamtausgaben			
10	Gesamteinnahmen			
11	Gesamtgewinn			

(1)

Die Papierhandlung hat eine neue Lieferung von Kalendern erhalten. Berechne den Gesamtpreis je Artikel und die Summe.

	A	B	C	D	E
1	Wandkalender				
2					
3	Kalendertitel	Bestellnummer	Menge	Einzelpreis	Gesamtpreis
4	Blumen	10223	520	15,90 €	
5	Bäume	10345	450	19,50 €	
6	Katzen	20456	190	9,95 €	
7	Pferde	21678	380	12,80 €	
8	Fußball	30987	245	12,50 €	
9					

(2)

Für eine Geburtstagsfeier wurden verschiedene Träger/Kisten Erfrischungsgetränke gekauft. Berechne die Gesamtausgaben, die Gesamtstückzahl sowie den jeweiligen Einzelpreis.

	A	B	C	D
1	Getränke			
2	Artikel	Preis pro Träger/Kiste	Inhalt in Stück	Einzelpreis
3	Orangenlimonade	8,40 €	20	
4	Aprikosensaft	14,40 €	12	
5	Apfelschorle	12,00 €	20	
6	Mineralwasser	12,80 €	16	
7	Erdbeermilch	7,20 €	12	
8	Vanillemilch	7,20 €	12	
9	Eistee	3,00 €	6	
10				
11	Summe			

(3)

Zu den Grundrechenarten gehören Addition, Subtraktion, Multiplikation und Division.

Die Rechenzeichen in der Tabellenkalkulation unterscheiden sich teilweise:

+ - * /

Bei der Tabellenkalkulation gelten – wie sonst auch – die folgenden Regeln:
- Punkt vor Strich
- Klammer zuerst berechnen

1. Öffne nach Bedarf die Dateien *140-Pausenverkauf*, *140-Wandkalender* oder *140-Getränke* oder gib die Daten ein.
Führe die Berechnungen durch.

In den sogenannten Kommentar lassen sich Hinweise einfügen, die auch nachträglich noch bearbeitet werden können, s. unten.

Menü EINFÜGEN – KOMMENTAR

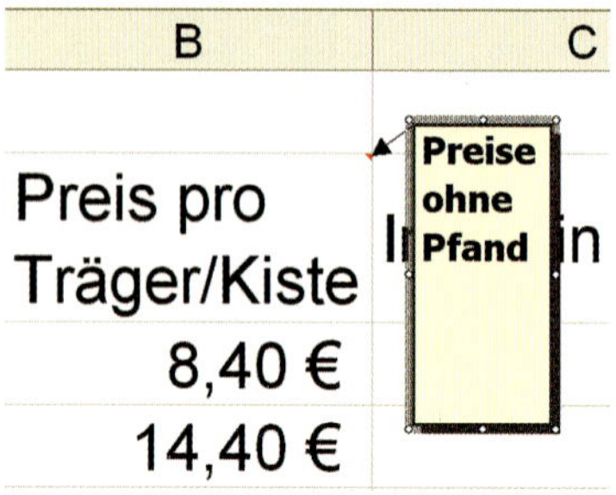

2. Gestalte die Aufgabe „Geburtstagsfeier" sinnvoll und drucke sie aus.

Arbeitsaufgaben

1. Familie Kröninger hat von einem Onkel 15.000,00 € geerbt. Der Familienrat beschloss, für jedes Familienmitglied Carving-Ski zu kaufen. Folgende Beträge hat die Familie ausgegeben:

Frau Kröninger 795,00 €, Herr Kröninger 756,00 €,
Daniel 490,00 €, Leonie 520,00 €, Ramona 345,00 €.

- Erstelle ein Rechenblatt und suche eine treffende Überschrift.
- Berechne, wie viel Geld Familie Kröninger bezahlte und wie viel noch übrig ist.
- Formatiere die Zahlen als Dezimalzahlen mit Währungsbezeichnung.
- Wende sinnvolle Gestaltungsmöglichkeiten an.

2. Lisa erhält von ihrer Chefin den Auftrag, 360 Briefmarken für Standardbriefe, 110 für Kompaktbriefe, 180 für Großbriefe und 260 für Maxibriefe zu besorgen.

Informiere dich im Internet, welche Briefmarkenwerte benötigt werden.

- Trage eine treffende Überschrift und geeignete Spaltenüberschriften ein.
- Berechne, welche Beträge für die einzelnen Briefarten zu zahlen sind und wie viel insgesamt ausgegeben werden muss.
- Formatiere die Zahlen als Dezimalzahlen mit Währungsbezeichnung.
- Gestalte das Rechenblatt übersichtlich.

M **3.** Die SMV hat von jeder Klasse ein Klassenfoto erstellt und bietet nun die Bilder zum Verkauf an. Sie können in der Größe 10 x 15 (Bild 1 - 0,80 €) oder 20 x 30 (Bild 2 - 1,30 €) erworben werden. Für die Abrechnung soll jede Klasse eine Rechnung erhalten.

a) Erstelle und gestalte dazu ein Rechnungsblatt. In der Rechnung sollen u. a. enthalten sein:
   - Schulname und SMV
   - aktuelles Datum
   - Anschriftbezeichnung *Klasse* (daneben soll später der Name der Klasse eingetragen werden).
   - Das Wort *Rechnung*
   - Spaltenüberschriften:
     Anzahl, Artikel, Einzelpreis, Gesamtpreis

b) In der fertigen Tabelle muss automatisch der Rechnungsbetrag in einer größeren Schrift als der übrige Text erscheinen, wenn die Anzahl der bestellten Fotos eingetragen wird.

c) Ergänze einen Satz, in dem ihr euch für die Bestellung bedankt.

d) Speichere unter dem Dateinamen *Rechnungsvordruck 1*.

e) Die Klasse 8 a hat 15-mal Bild 1 und 13-mal Bild 2 bestellt.
   Erstelle die Rechnung, speichere unter *Klassenfoto 8 a* und drucke aus.

Von Euromünzen und -scheinen lässt sich einiges ablesen

Übungen

aßb cüd eöf gäh izj kyl mxn owp qvr sut aßb cüd eöf gäh izj
zur bei ein des der als man bar auf das und ihr wer den die

30 Länder, 2 Staaten, 5 Regierungen, 91 Anwälte, 7 Juristen
0,60 EUR, 5 EUR, 50,00 EUR, 1.000,00 EUR, 4.440.888,95 EUR,

Im Januar 1999 trat die europäische Währungsunion in Kraft. 63
Die nationalen Währungen wurden durch eine Währung ersetzt. 62

Alle Euroscheine sind mit Sicherheitsmerkmalen ausgerüstet. 62
Dadurch wird Geldfälschern die Arbeit wesentlich erschwert. 62

Die offizielle Abkürzung für die Währung Euro lautet „EUR". 68
Diese ist in erster Linie im geschäftlichen Bereich üblich. 62

Fließtext

Auch im Computerzeitalter werden noch Geldscheine und Münzen 65
benötigt. Trotz der Verbreitung der Kreditkarten zahlen viele in 133
bar. Zahlungsmittel in allen Ländern der europäischen 189
Währungsunion ist seit Januar zwotausendzwo der Euro. Zur 251
Eurowährung zählen sieben unterschiedliche Geldscheine. Ihre 315

Werte betragen 500, 200, 100, 50, 20, 10 und 5 Euro. Jeder der 381
Scheine bildet eine andere Epoche der europäischen 434
Kulturgeschichte ab. Auf der Vorderseite sind Fenster und Portale 505
als Zeichen der Offenheit und Zusammenarbeit in der EU zu sehen, 575
auf der Rückseite jeweils eine Brücke als Symbol der Verbindung 643

zwischen den Völkern Europas und zwischen Europa und der übrigen 711
Welt. Die Euromünzen zeigen auf der europäischen Seite in allen 778
Ländern den Wert der Münze an. Die Gestaltung der anderen, der 846
nationalen Seite bleibt jedem einzelnen Land überlassen. In 909
Deutschland entschied man sich für bereits bekannte Motive: den 976

Bundesadler als deutsches Hoheitssymbol, das Brandenburger Tor 1043
als Sinnbild für die deutsche und die europäische Einheit und den 1111
Eichenzweig, der auch auf den Pfennigmünzen war. Andere Länder 1178
zeigen zum Beispiel ein Bildnis des römischen Kaisers Marc Aurel 1248
oder des berühmtesten Dichters Spaniens, Miguel de Cervantes. 1314

Abgebildet sind auch die Kathedrale von Santiago de Compostela 1381
sowie das Barockschloss Belvedere. Der Begriff „Euro" erhält in 1452
der Pluralform ein s, wenn keine Zahl folgt (viele Euros); bei 1521
der Angabe eines bestimmten Betrages (fünf Euro) entfällt das s. 1590

Gestaltungsaufgabe: Von Euromünzen und -scheinen lässt sich einiges ablesen

Nr.	Arbeitsaufträge
1.	Öffne die Datei *144-Euro* und speichere unter *Euro*.
2.	Wähle Hochformat und folgende Seitenränder: links 2,5 cm, rechts 2 cm, oben 1,7 cm, unten 1 cm
3.	Arbeite im gesamten Dokument mit der Schriftart Verdana und den Schriftfarben Schwarz und Dunkelblau.
4.	Verwende folgende Schriftgrößen: 40 pt, 13 pt, 12 pt, 10 pt
5.	Schreibe deinen Namen in eine Fußzeile und zentriere.
6.	Füge die Seitenzahlen ein.
7.	Gestalte die Überschrift nach.
8.	Gliedere den Text wie in der Vorlage.
9.	Suche und verbessere den Fehler im ersten Absatz.
10.	Gestalte die Initialen nach.
11.	Suche im Internet, z. B. auf der Seite der deutschen Bundesbank, nach Banknoten und gestalte die Elemente mithilfe von Textfeldern nach. Die beiden oberen und die beiden unteren Textfelder müssen die gleiche Größe haben, die Position der Geldscheine muss ebenfalls mit der Vorlage übereinstimmen. Notiere kurz, wie du bei dieser Arbeit vorgehst.
12.	Gruppiere sowohl die fünf Teile des oberen, als auch die fünf Teile des unteren Elements.
13.	Füge nach der ersten Seite einen manuellen Seitenwechsel durch.
14.	Skaliere Bild 1 proportional: Breite 9 cm Füge die Begriffe wie in der Vorlage ein und formatiere sie. Setze einen Grafikrahmen in der Farbe Dunkelblau, Linienstärke 1 pt.
15.	Erstelle das Euro-Währungssymbol z. B. in WordArt, Fontwork ... Wähle als Füllfarbe und als Linienfarbe Dunkelblau sowie einen halbtransparenten Schatten.
16.	Setze den Begriff Euro-Währungssymbol neben das Zeichen und formatiere ihn in der Schriftfarbe Dunkelblau. Aktiviere die Zeichenschattierung.
17.	Führe die Worttrennung durch und setze alle Absätze in Blocksatz.
18.	Lösche nicht benötigte Textteile.
19.	Speichere das Dokument und drucke aus.

Löse die folgenden Aufgaben mithilfe des Internets und gestalte ein Infoblatt.

1. Welche Bedeutung haben die 12 Sterne, die auf der gemeinsamen Vorderseite jeder Euromünze zu sehen sind?

2. Wer hat die Vorderseiten der Münzen, wer die Euroscheine gestaltet?

3. In welcher Stadt ist der Sitz der Europäischen Zentralbank?

4. Welche Länder gehören derzeit zur Europäischen Währungsunion?

Der EURO

Auch im Computerzeitalter werden noch Geldscheine und Münzen benötigt. Trotz der Verbreitung der Kreditkarten zahlen viele in bar. Zahlungsmittel in allen Ländern der europäischen Währungsunion ist seit Januar zwotausendzwo der Euro.

Zur Eurowährung zählen sieben unterschiedliche Geldscheine. Ihre Werte betragen 500, 200, 100, 50, 20, 10 und 5 Euro.

Vorderseiten der Euroscheine

Jeder der Scheine bildet eine andere Epoche der europäischen Kulturgeschichte ab. Auf der Vorderseite sind Fenster und Portale als Zeichen der Offenheit und Zusammenarbeit in der EU zu sehen, auf der Rückseite jeweils eine Brücke als Symbol der Verbindung zwischen den Völkern Europas und zwischen Europa und der übrigen Welt.

Rückseiten der Euroscheine

Vorname Zuname 1

Die Euromünzen zeigen auf der europäischen Seite in allen Ländern den Wert der Münze an. Die Gestaltung der anderen, der nationalen Seite bleibt jedem einzelnen Land überlassen.

Vorder- und Rückseiten der deutschen Cent- und Euromünzen

Cent- und Euromünzen

In Deutschland entschied man sich für bereits bekannte Motive: den Bundesadler als deutsches Hoheitssymbol, das Brandenburger Tor als Sinnbild für die deutsche und die europäische Einheit und den Eichenzweig, der auch auf den Pfennigmünzen war.

Andere Länder zeigen zum Beispiel ein Bildnis des römischen Kaisers Marc Aurel oder des berühmtesten Dichters Spaniens, Miguel de Cervantes. Abgebildet sind auch die Kathedrale von Santiago de Compostela sowie das Barockschloss Belvedere.

Der Begriff „Euro" erhält in der Pluralform ein s, wenn keine Zahl folgt (viele Euros); bei der Angabe eines bestimmten Betrages (fünf Euro) entfällt das s.

Euro-Währungssymbol

Vorname Zuname 2

Wie können Zahlenwerte grafisch dargestellt werden?

Der Aufruf an der Schule zugunsten der Spendenaktion für **KUNO** war ein Riesenerfolg.
Neben der Darstellung des Spendenergebnisses in Form einer Tabelle (s. Seite 133) lässt sich dies auch grafisch in sogenannten **Diagrammen** präsentieren.

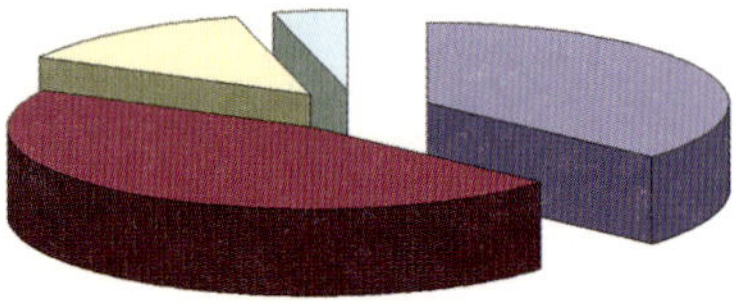

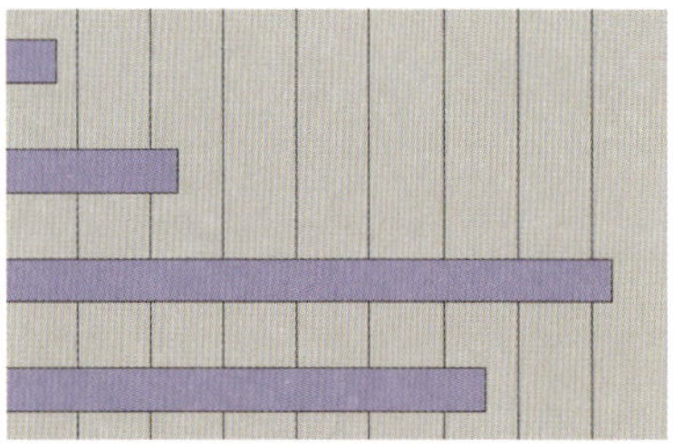

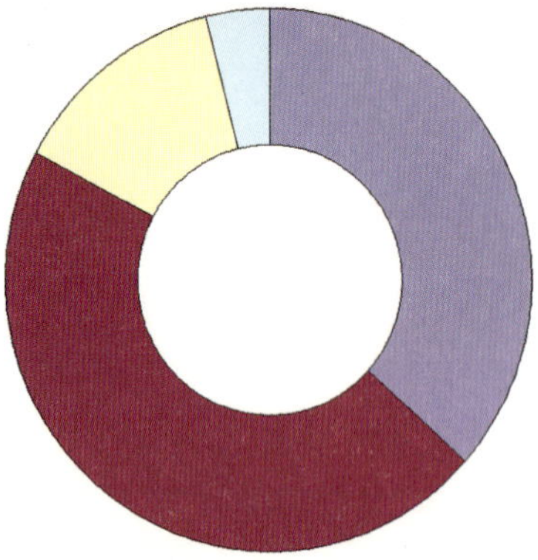

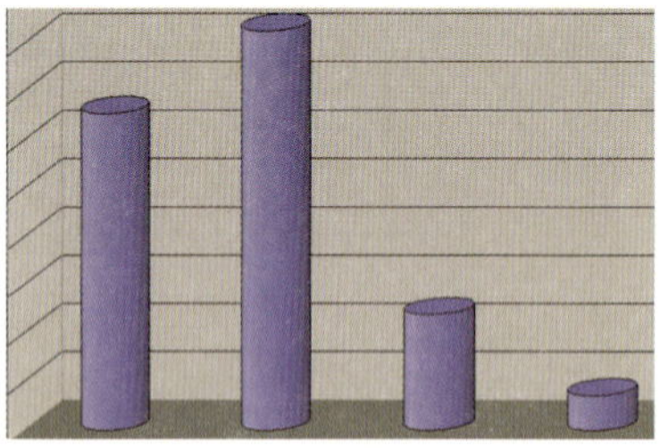

1. Die nebenstehenden Grafiken zeigen verschiedene Diagramme. Beschreibe sie kurz.

2. Wähle in deinem Tabellenkalkulationsprogramm den Befehl DIAGRAMM. Klicke verschiedene Diagrammtypen an, benenne sie und beschreibe die Unterschiede.

Merke

Tabellenkalkulationsprogramme bieten die Möglichkeit, Zahlenwerte in verschiedenen grafischen Darstellungen auf das Wesentliche beschränkt zu präsentieren, sodass der Betrachter auf einen Blick den Sachverhalt erfassen kann.

Diagramme, auch als Schaubilder bezeichnet, sind visuell ansprechend und erleichtern es dem Betrachter auch, aus den grafisch aufbereiteten Daten Vergleiche und Trends herauszulesen.

Der Anwender wählt zwischen verschiedenen zweidimensionalen Darstellungsformen (2-D) aus. Neben den wohl am bekanntesten Säulen- und Kreisdiagrammen können z. B. auch Linien-, Punkt- und 3-D-Diagramme aus dem gleichen Datenmaterial erzeugt werden.

Um ein Diagramm zu erstellen, sind die dazu erforderlichen Daten zunächst in ein Tabellenblatt einzugeben und zu markieren. Anschließend wird das Diagramm-Modul des Programms aufgerufen.

Vorsicht:
Nicht alle **Darstellungsformen** eignen sich für jedes Diagramm – die Auswahl ist immer den darzustellenden Daten anzupassen.

Die meisten Programme stellen einen **Diagramm-Assistenten** zur Verfügung, der durch die Diagramm- und Optionenauswahl führt.

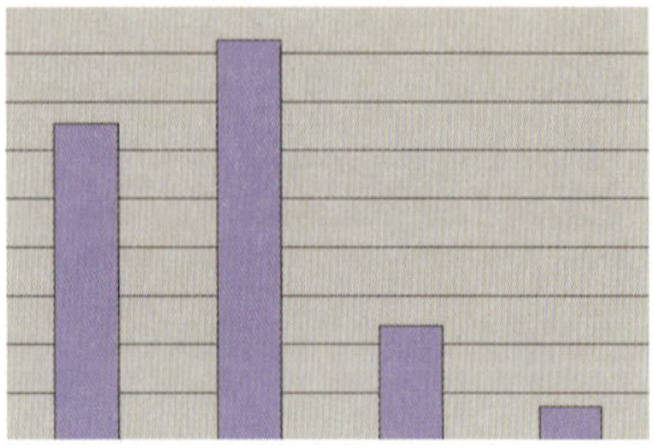

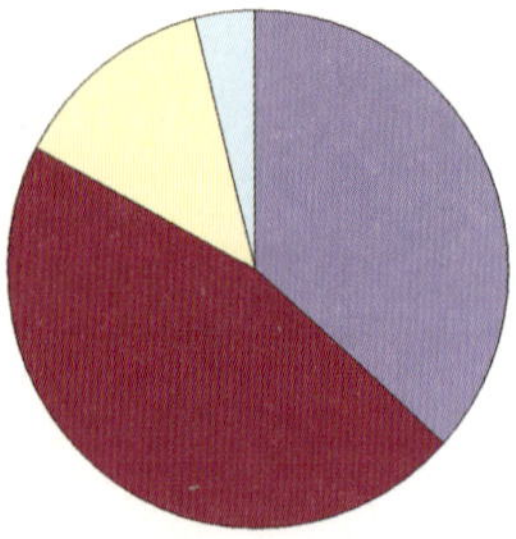

3. Berate dich mit deinem Partner:

Welcher der nebenstehenden Diagrammtypen eignet sich, um z. B.

- einzelne Posten miteinander zu vergleichen,
- das Verhältnis einzelner Teile zum Ganzen aufzuzeigen?

Von der Tabellenkalkulation zum Diagramm

Mit Unterstützung des **Diagramm-Assistenten** lässt sich aus den Daten der Spendenaktion für KUNO schnell ein Diagramm erstellen und wunschgemäß bearbeiten.

So erstellst du ein Diagramm:

Zunächst sind die im Diagramm darzustellenden Daten zu markieren.

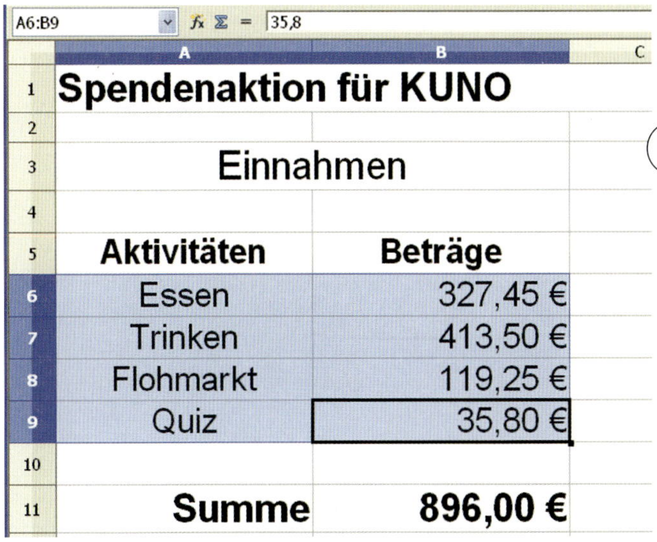

1

Über den Befehl EINFÜGEN – DIAGRAMM
oder
durch Anklicken der Schaltfläche

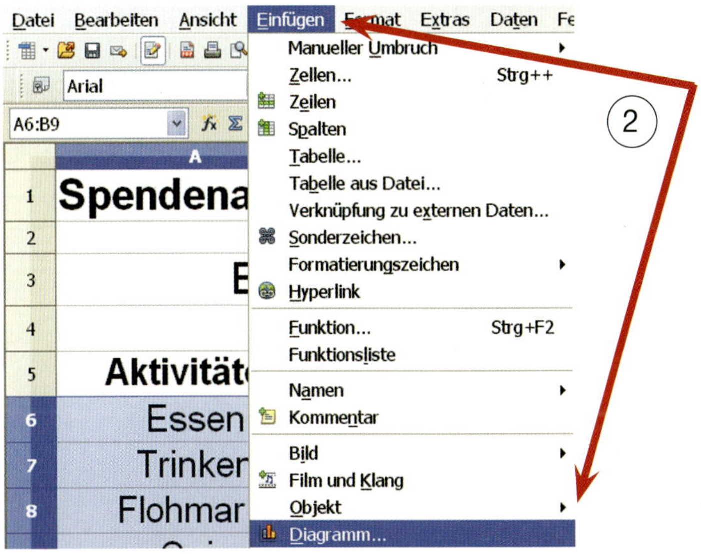

2

wird der **Diagramm-Assistent** geöffnet. Ein Standarddiagramm wird sofort dargestellt.

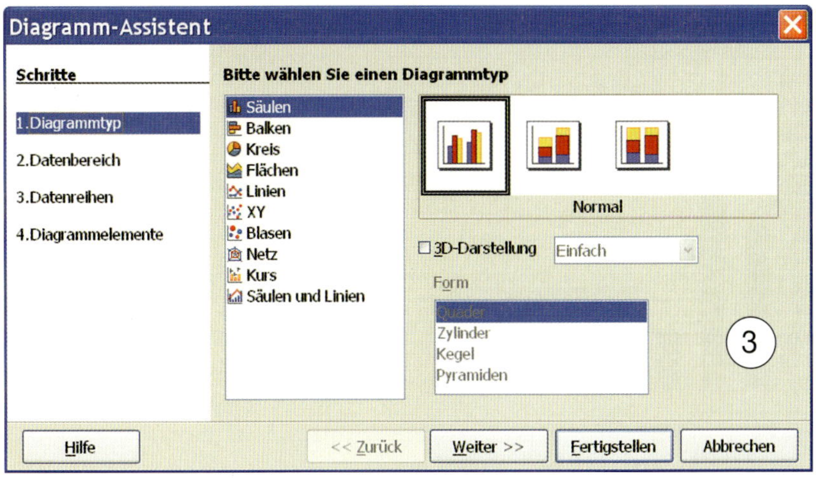

3

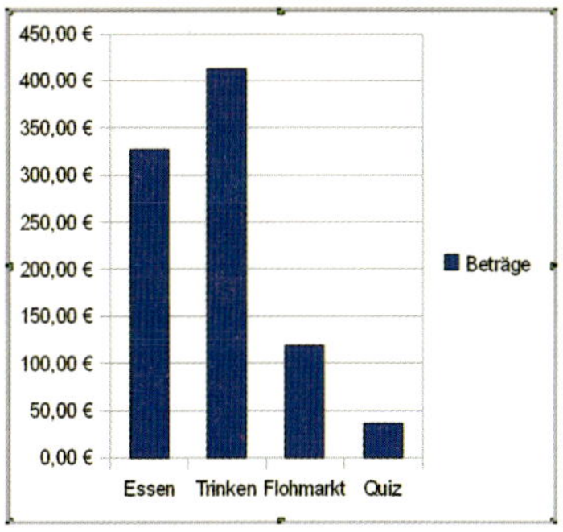

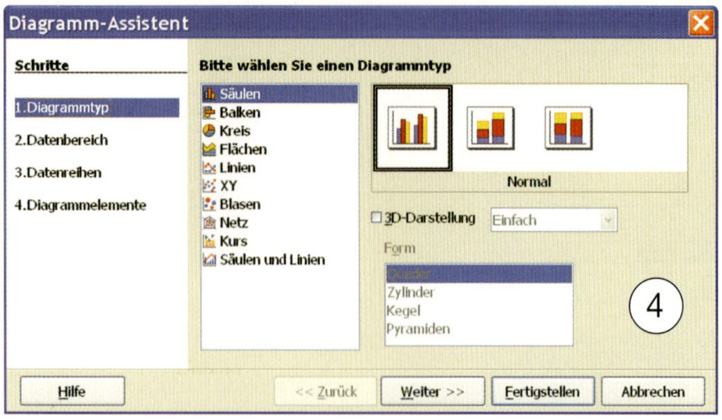

Ein **Diagrammtyp** kann ausgewählt werden. (In der links stehenden Grafik wurde der Standardvorschlag belassen.)

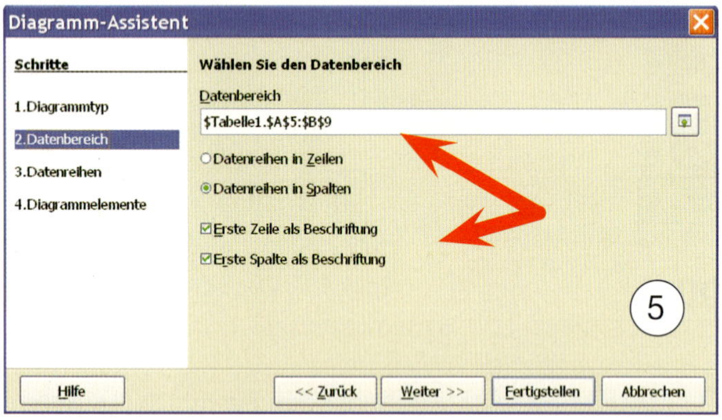

Die Datenreihe des Datenbereichs wird angegebenen und in Spalten angeordnet, die Beschriftung wie angehakt eingefügt.

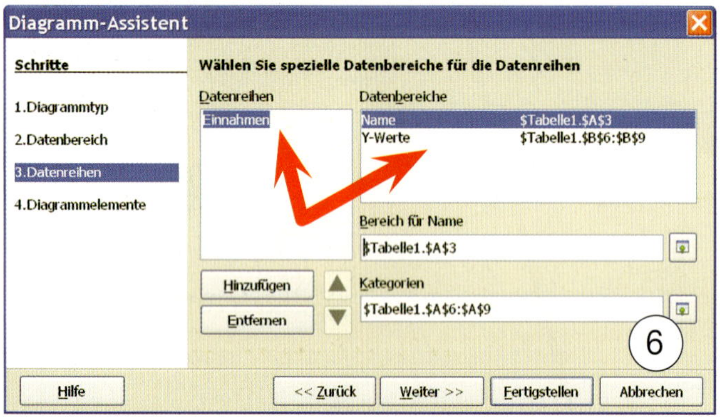

Die Datenreihen können benannt werden (= Legende).

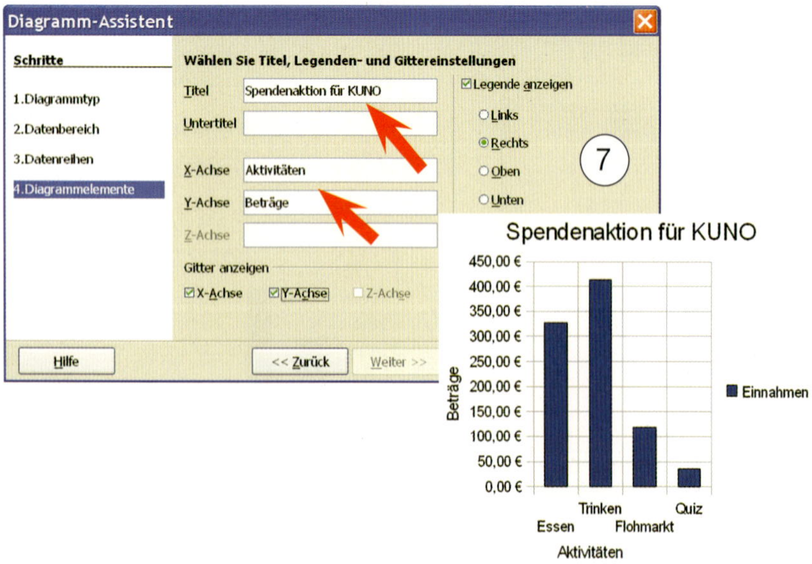

Beim nächsten Schritt zeigt der Assistent die Standardelemente eines Diagramms an:

Die gewünschten Einträge können vorgenommen werden, z. B.:

- Diagrammtitel (Spendenaktion ...), siehe folgende Seite
- Rubrikenachse (Beträge)
- Größenachse (Aktivitäten)
- ...

Eine mögliche Darstellung zeigt die links stehende Grafik.

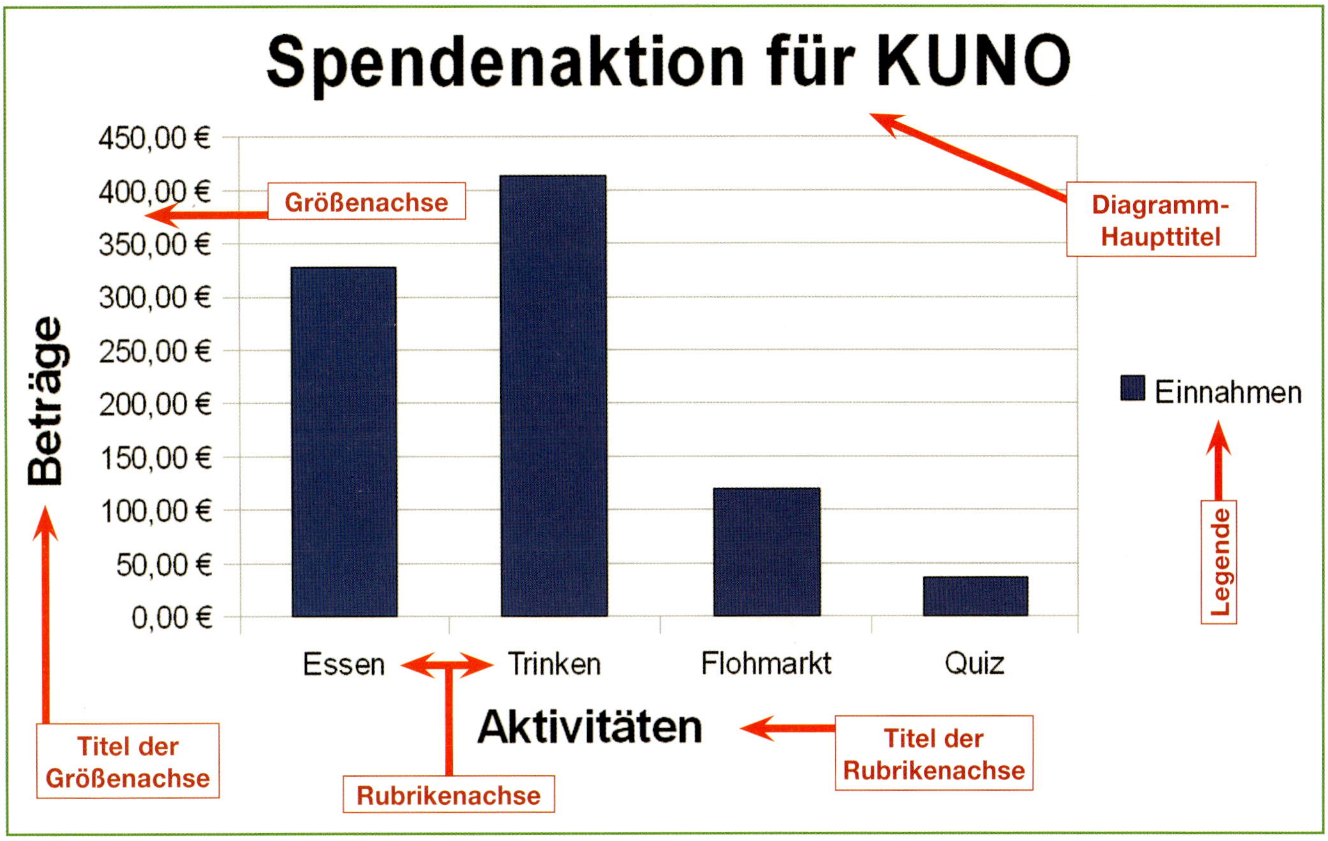

Tipps und Tricks

Mithilfe des Kontextmenüs lassen sich Diagramme und deren Elemente schnell und einfach **formatieren**. Möchtest du z. B. die Schriftart oder Schriftgröße des Diagrammtitels ändern, markierst du diesen, wählst das Register Schrift und nimmst die Änderungen vor.

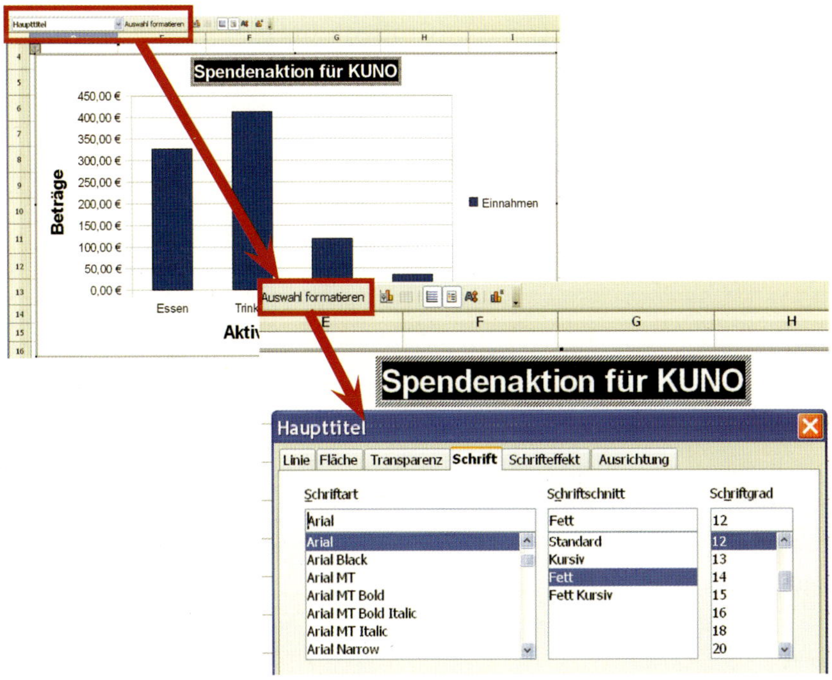

1. In der oben stehenden Grafik sind einige Elemente eines Diagramms angezeigt.

- Sprich mit deinem Partner über die Bedeutung der angegebenen Diagrammelemente.
- Verändere solche Elemente in deinem Programm.

2. Lass dir durch Anklicken der einzelnen Diagrammelemente das jeweilige Kontextmenü anzeigen.

3. Nimm folgende Änderungen vor:

- Schriftart und Schriftgröße des Diagrammtitels, der Rubriken- und der Größenachse
- Ausrichtung der Beschriftung der Rubrikenachse
- Hintergrund der Diagrammfläche

Die gestalterischen Möglichkeiten der Darstellung von Diagrammen sind fast unerschöpflich. Wie immer gilt der Grundsatz:

Weniger ist oft mehr!

Trotzdem hier noch einige nützliche Gestaltungsmöglichkeiten.

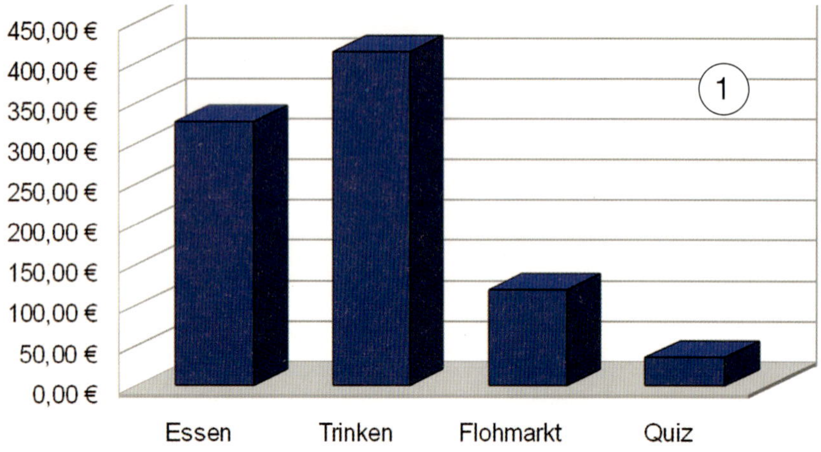

3-D-Darstellung

Um Diagramme in der **Breite** bzw. **Höhe** zu verändern, kann dies mithilfe von Ankerpunkten oder über ein Menü und Prozenteingabe durchgeführt werden. Eine entsprechend proportionale (gleichmäßige) Skalierung lässt sich meist einstellen.

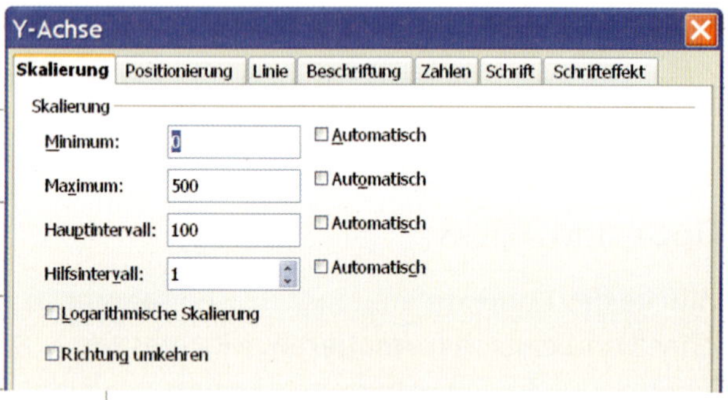

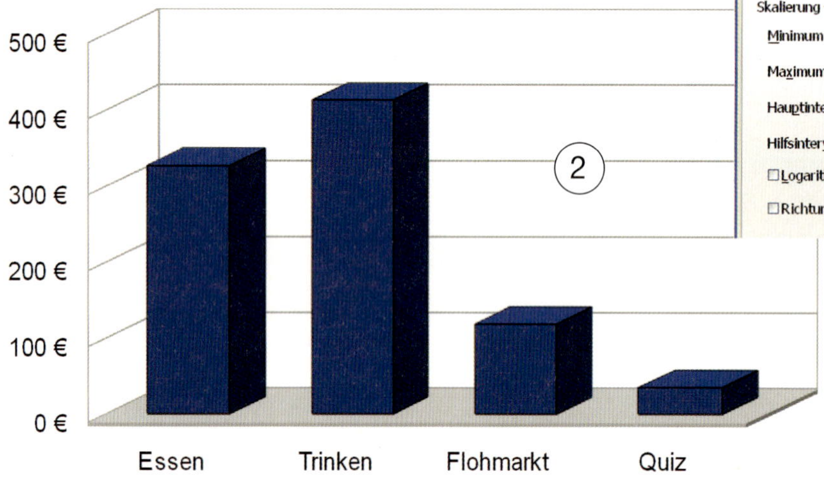

Formatierung der y-Achse (Größenachse)

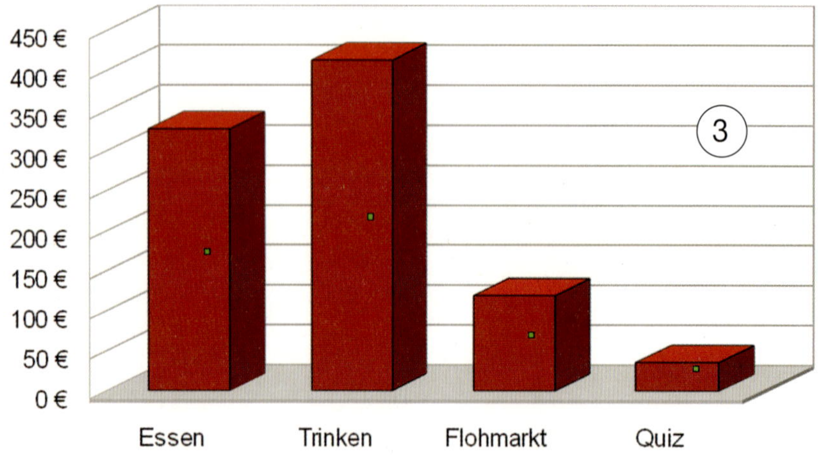

Farben aller Datenpunkte ändern

Farben einzelner Datenpunkte ändern

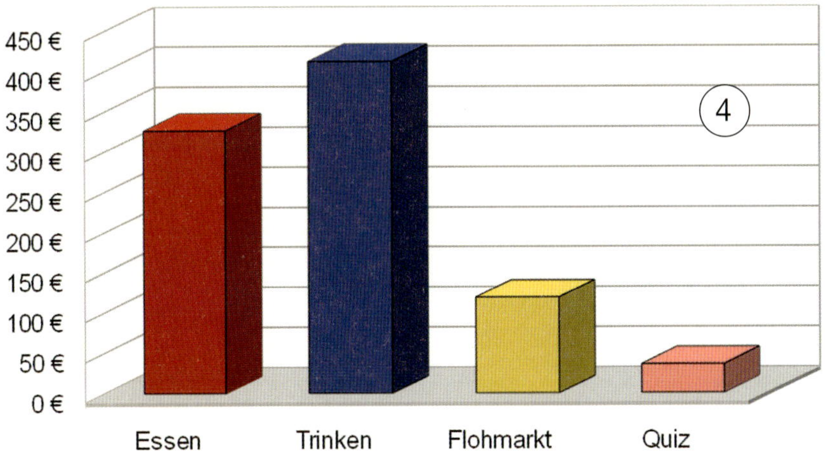

Werte anzeigen und formatieren

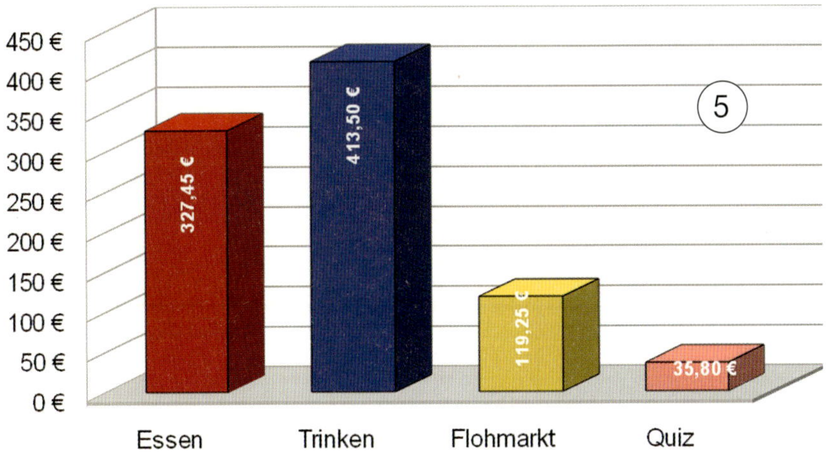

Diagrammwände formatieren

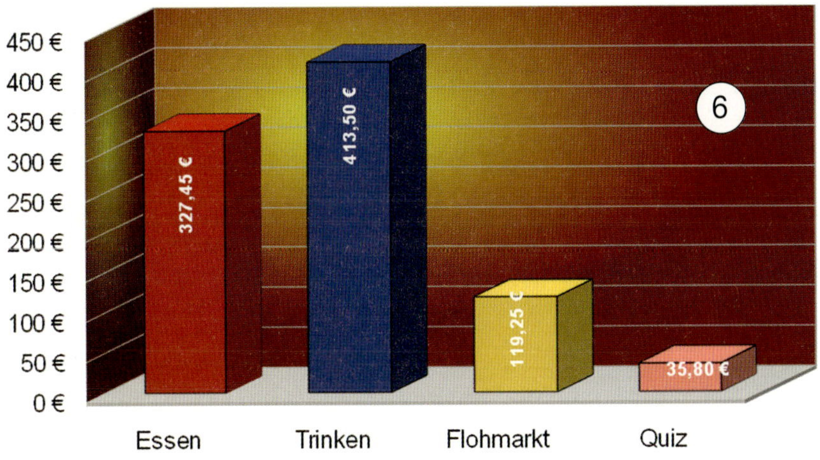

Arbeitsaufgabe: Pausenverkauf

1. Erfasse in einem leeren Tabellenblatt die nebenstehenden Aufzeichnungen über den **Erlös aus dem Pausenverkauf** eines Schultages oder öffne die Datei *152-Pausenverkauf.*

4		
5	Belegte Brötchen	25,00 €
6	Hörnchen	12,80 €
7	Joghurt	7,50 €
8	Milch	12,00 €
9	Apfelsaft	7,90 €
10	Schokoriegel	3,25 €

2. Stelle die einzelnen Posten in einem Diagramm gegenüber, siehe unten:

- Wähle den Diagrammtyp „Säule" aus.
- Informiere dich über die Bedeutung der weiteren Diagrammelemente und probiere diese aus.
- Setze passende Beschriftungen ein:
  - Diagrammtitel
  - Titel der Rubrikenachse
  - Titel der Größenachse
- Aktiviere für die einzelnen Datenpunkte unterschiedliche Farben.
- Formatiere die Größenachse in Schriftgröße 11 pt.
- Wähle unter Datenbeschriftung „Wert anzeigen" und blende die Legende aus.

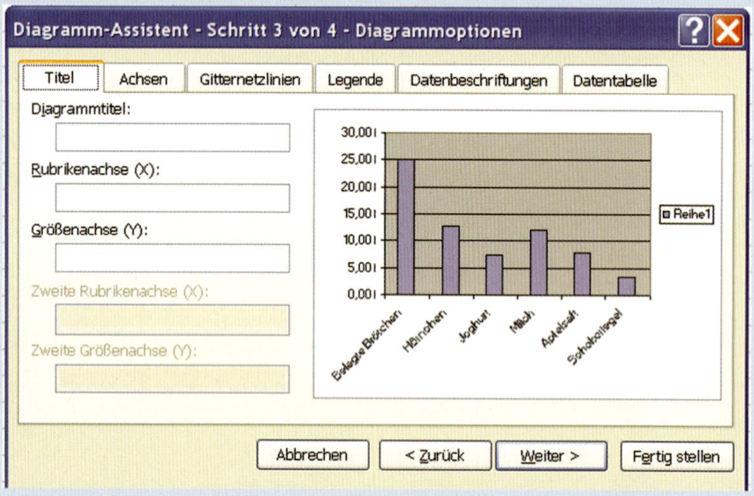

- Füge in die Zeichnungsfläche oben rechts eine passende Grafik ein, Höhe der Grafik ca. 3 cm.
- Gib das Diagramm auf einer neuen Seite aus.

3. Berate dich mit deinem Partner:
Welche Posten sind zu markieren, wenn der Erlös aus dem Verkauf von belegten Brötchen, Hörnchen und Schokoriegeln in einem Kreisdiagramm gegenübergestellt werden soll?

Erstelle das Diagramm und überprüfe deine Feststellungen durch das Programm.

Gestalte das Rechenblatt.

Tipp: Setze die Strg-Taste ein.

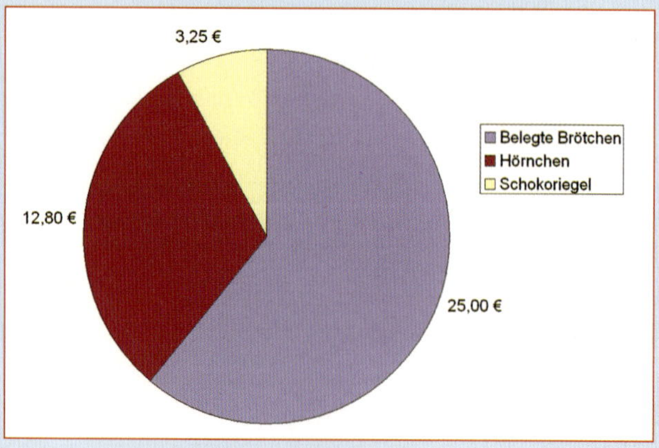

Arbeitsaufgabe: Tag der offenen Tür

Ein Sportverein veranstaltet einen „**Tag der offenen Tür**". Folgende Meldungen gehen für die angebotenen Aktivitäten ein:

Sportarten	Jugendliche	Frauen	Männer
Tennis	15	17	25
Badminton	11	17	13
Volleyball	5	8	12
Basketball	3	7	8
Fußball	18	0	10
Handball	9	5	9
Taekwondo	14	16	0

1. Gib diese Daten in ein Tabellenblatt ein oder öffne die Datei *153-Sportarten.*

2. Setze die gesamte Tabelle in die Schriftart Arial, 16 pt.

3. Berechne die Gesamtbeteiligung an den einzelnen Disziplinen mithilfe der Tabellenkalkulation.

4. Stelle die Gesamtbeteiligung an den einzelnen Disziplinen in einem Diagramm dar:

a) Wähle den Diagrammtyp 3D-„Säule, Untertyp „gruppierte 3D-Säulen."

b) Finde einen geeigneten Diagrammtitel und formatiere diesen in Schriftgröße 20 pt, Schriftstil fett.

c) Beschrifte die Rubrikenachse (Sportarten) und die Größenachse (Beteiligung) und wähle hierfür die Schriftgröße 14 pt, Schriftstil fett.

d) Drehe die Rubrikenachse in einen 45-Grad-Winkel.

e) Füge den Datenreihen die Datenbeschriftungen hinzu und formatiere in Schriftgröße 12 pt.

f) Setze die Angaben der Rubriken- und Größenachse in Schriftgröße 12 pt.

g) Blende die Legende aus.

h) Füge in die Diagrammwand einen Tennisspieler als Hintergrundbild ein.

i) Wähle für die Diagrammfläche einen farblich passenden Hintergrund.

j) Füge eine Fußzeile mit deinem Namen, zentriert, Schriftart Arial, 10 pt ein.

k) Drucke das Diagramm ohne die Datentabelle aus.

Arbeitsaufgaben

5. Stelle die Summe der Ausgaben des ersten und die Summe der Ausgaben des zweiten Halbjahres (Seite 135, Arbeitsaufgabe 2) in einem Säulendiagramm gegenüber.
Gib dazu die Daten ein oder öffne die Datei *135-Jahresausgaben.*

Beurteile den Aussagewert des Diagramms. Verändere die Größenachse und gestalte das Diagramm.

6. Stelle die Gesamtausgaben im Monat März (Seite 135, Arbeitsaufgabe 3) für Kultur und Sport in einem geeigneten Diagramm gegenüber und gestalte.

7. Erstelle über die Gesamtpreise der einzelnen Kalenderarten (Seite 140, Arbeitsaufgabe 2) ein geeignetes Diagramm und gestalte.

Ein Bild sagt mehr als tausend Worte

Leonie liebt Blumen – sie träumt davon, nach ihrer Schulzeit eine Ausbildungsstelle als Floristin anzutreten. Um erste Eindrücke über diesen Beruf zu erhalten, erkundet sie im Rahmen des Unterrichts Arbeit-Wirtschaft-Technik diesen Arbeitsplatz in einem Blumenfachgeschäft.

Die Inhalte dieser Erkundung möchte Leonie nun ihrer Klasse vorstellen – sie überlegt, wie dies am wirkungsvollsten geschehen kann.

Leonies Bruder kommt ihr zu Hilfe:
„Am besten gestaltest du eine Bildschirmpräsentation. Das ist gar nicht so schwer – ich helfe dir dabei.“

Merke

Bei einer Bildschirmpräsentation werden die wichtigsten Aussagen mit verschiedensten Objekten in einem entsprechenden Programm aufbereitet und mittels Computer und Beamer an der Wand dargestellt. Für Arbeitsmappen oder den Aushang im Klassenzimmer ist auch ein Ausdruck auf Papier, für den Overhead-Projektor ein Ausdruck auf Folie möglich.

Bildschirmpräsentationen unterstreichen den mündlichen Vortrag und wecken durch Text und Bild, evtl. unterstrichen mit Ton und Animation, das Interesse und die Aufmerksamkeit der Zuhörer.

Folgende Objekte können in einer Bildschirmpräsentation vertreten sein:
Text, Grafik, Foto, Audio, Video, Animation, Hintergrund, Tabelle, Hyperlink

Die Wirkung von Bildschirmpräsentationen lässt sich mit den Erkenntnissen der Lernpsychologie begründen. Menschen behalten „Eindrücke“ mit folgenden Prozentraten:

1. Sprich mit deinem Partner über die nebenstehende Grafik.
Was sagen die Prozentzahlen aus?

Mithilfe der Grundkenntnisse aus anderen Programmen lässt sich rasch eine ansprechende Bildschirmpräsentation erstellen.

Nach dem Start des Präsentationsprogramms erscheint die erste Arbeitsfolie.

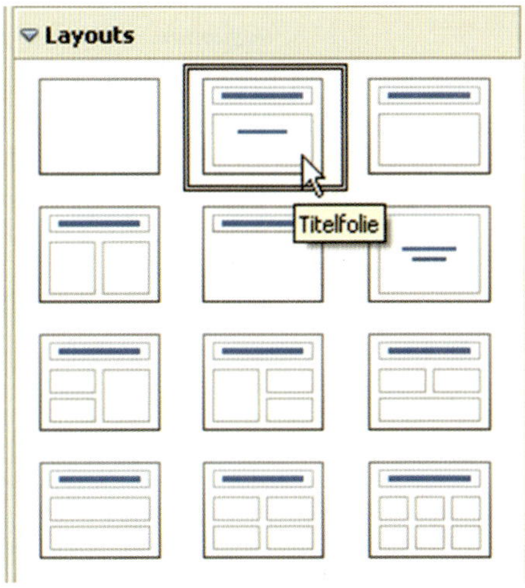

Die meisten Präsentationsprogramme gliedern die Bildschirmansicht in mehrere Bereiche:

- Den größten Raum nimmt die aktuelle Arbeitsfolie ein. Auf ihr werden die Informationen in Text und/oder Bild dargestellt.
- Das linke Fenster ist mit einem Inhaltsverzeichnis vergleichbar. Hier werden nach und nach die jeweils bearbeiteten Folien nummeriert wie in einer Übersicht dargestellt. Die aktuelle Folie ist markiert.
- Je nach Programm können am rechten und am oberen Rand weitere Fenster eingeblendet werden.

Im Gegensatz zu Textverarbeitungsprogrammen spricht man bei Präsentationsprogrammen nicht von Dokumenten oder Arbeitsblättern, sondern von Folien.

Mehrere zu einem bestimmten Thema erstellte Folien ergeben eine Präsentation.

2. Betrachte die oben stehende Grafik und besprich mit deinem Partner die unterschiedlich dargestellten Folienlayouts.

Stelle Unterschiede und Gemeinsamkeiten fest.

Im Fenster LAYOUTS wählt Leonie für die erste Folie (Startfolie) TITELFOLIE.

Während in einem Textverarbeitungsprogramm Text direkt in ein geöffnetes Dokument eingegeben wird, kann bei Präsentationsprogrammen Text nur in ein Textfeld der Folie geschrieben werden.

Bei der Auswahl LEERE FOLIE muss dieses Textfeld aufgezogen werden.

Diese Textfelder können – wie bei Textverarbeitungsprogrammen – in der Größe verändert und innerhalb der Folie mithilfe der Maus verschoben werden.

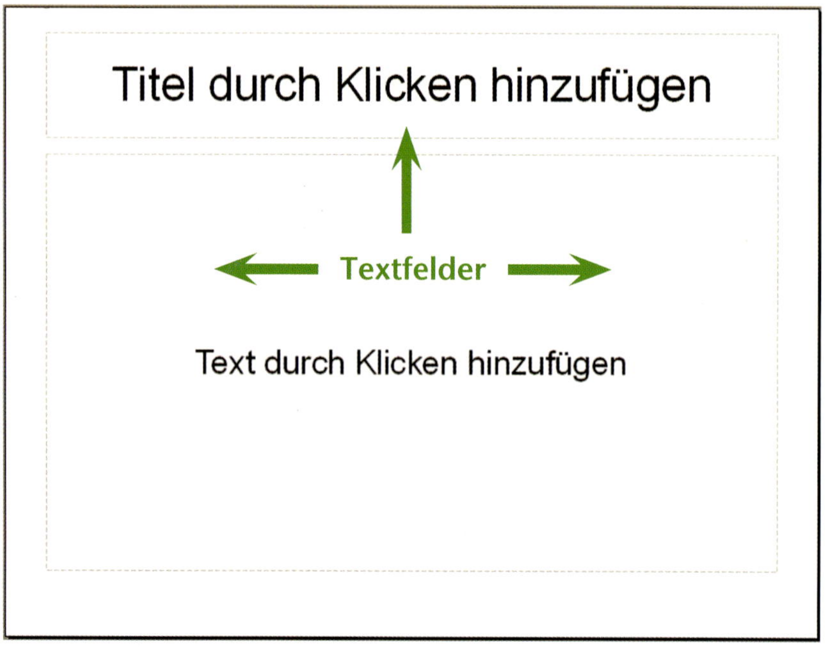

Leonie beschriftet die Startfolie „Arbeitsplatzerkundung" und formatiert den Text: Schriftart

3. Informiere dich über dein Präsentationsprogramm:

- Betrachte dessen Aufbau und die Menüs.
  Welche Gemeinsamkeiten mit deinem Textverarbeitungsprogramm stellst du fest?
  Welche Unterschiede gibt es?
- Welche weiteren Effekte kannst du in deinem Präsentationsprogramm auswählen? Probiere aus.
- Gestalte Folie 1 nach.

Eine neue Folie wird, je nach Programm, über das Menü EINFÜGEN – NEUE FOLIE oder EINFÜGEN – NEUE SEITE zur Verfügung gestellt.

Die weiteren Folien entstehen:

Folie 2

Floristin

Blumenboutique Langhans

Folie 3

Aufgaben und Tätigkeiten

u. a.

Sträuße und Kränze binden

Gestecke und Werkstücke fertigen

Schnittblumen verpflegen und versorgen

Pflanzen verpflegen und versorgen

Kunden beraten

Anfragen und Bestellungen behandeln

Folie 4 (Schlussfolie)

Garteln macht Spaß!

Ein weiteres Beispiel:

Gärtner/-in

Garten- und Landschaftsbau

Merke

Eine Bildschirmpräsentation soll durch Text, Bild und evtl. weitere Effekte das Interesse und die Aufmerksamkeit der Zuhörer wecken. Neben der Berücksichtigung allgemein gültiger Gestaltungsmerkmale gelten insbesondere folgende weitere Grundprinzipien:

- so wenig Text wie möglich – die Aussage soll sich auf einen Blick einprägen
- wenige Wörter in eine Zeile setzen
- möglichst nur eine Schriftart einsetzen
- mindestens Schriftgröße 20 auswählen
- gleiche Schriftgrößen für gleichrangige Texte
- Folienhintergrund und Schriftfarbe aufeinander abstimmen

4. Betrachte die oben abgebildeten Folien. Welches Folienlayout hat Leonie für die einzelnen Folien jeweils ausgewählt?

5. Öffne den Ordner *Erkundung* (Bilddateien) und gestalte die Präsentation, Folien 1 – 4, nach.

6. Informiere dich auf den Webseiten der Bundesagentur für Arbeit über den Beruf Gärtner/-in.

M **7.** Erstelle mithilfe der gefundenen Informationen eine Präsentation mit folgenden Folien:

- Start- und Schlussfolie
- Folie „Tätigkeitsbereich"
- Folie „Ausbildung"

Binde Bilder und Grafiken ein.

8. Informiere dich im Hilfemenü, wie du den Hintergrund einer Folie farbig gestalten kannst. Beachte die Gestaltungsprinzipien.

Projektarbeit ist Teamarbeit!

Deine Ausbildung im berufsorientierenden Zweig Wirtschaft und im Unterrichtsfach Arbeit-Wirtschaft-Technik wird in der 9. bzw. 10. Jahrgangsstufe mit einer Projektprüfung enden.

Übungsprojekte in dieser und in der folgenden Jahrgangsstufe sollen dich auf diese Projektprüfung vorbereiten.

Ohne Planung kein Erfolg

Eine gute Vorbereitung sowie eine sorgfältige Planung sind mit die wichtigsten Voraussetzungen, um Projekte erfolgreich durchzuführen und abzuschließen. Daher wird ein Projekt in zeitliche Abschnitte gegliedert, die sog. **Projektphasen**: Schritt für Schritt bearbeitest du mit deiner Gruppe die festgelegten Projektphasen und schließt diese jeweils mit einem Ergebnis ab.

1. Sprich mit deinem Partner über die unten dargestellten Projektphasen und über deren möglichen Inhalte.

Projektphasen

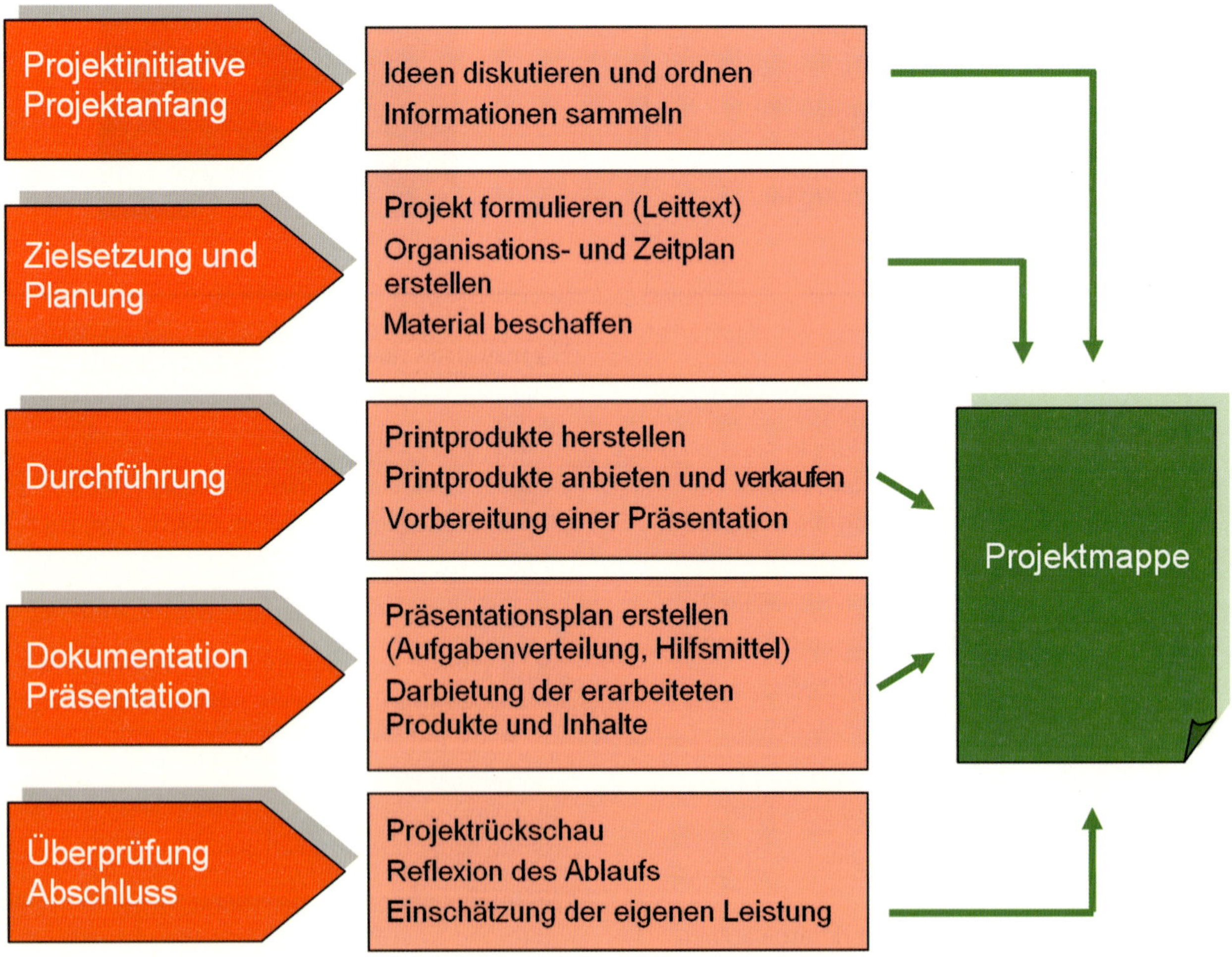

Der Leittext

Grundlage für das in diesem Schuljahr durchzuführende Projekt im Fach **Arbeit-Wirtschaft-Technik** und im **berufsorientierenden Zweig Wirtschaft** ist ein sogenannter **Leittext**, der die Projektaufgabe beschreibt.

2. Lies den unten abgebildeten Leittext und beantworte die Fragen mit deinem Partner:

- Aus welchen Teilen setzt sich der Leittext zusammen?
- Welche Aufgaben sind im BoZ Wirtschaft, welche in AWT zu bearbeiten?

Erstellen und Gestalten von Grußkarten

Die Schule veranstaltet einen Markt, zu dem Eltern, Lehrkräfte, Elternbeirat und weitere Gäste eingeladen werden. Für diesen Anlass sollt ihr Grußkarten herstellen, die ihr auf dem Markt anbieten und verkaufen wollt. Durch eine Umfrage sollt ihr die Marktchancen für die Grußkarten herausfinden.

Das müsst ihr tun:

1. Zuerst erstellt ihr in der Gruppe einen Organisations- und Zeitplan, aus dem die Aufteilung der Arbeiten für jedes Gruppenmitglied hervorgeht.
2. Dann informiert ihr euch über mögliches Druckpapier (Papierfarbe, Papierstärke), das ihr zu gegebener Zeit beschafft.
3. Danach erstellt und gestaltet jedes Gruppenmitglied jeweils eine Grußkarte im Papierformat A5 sowie eine Grußkarte im Papierformat A6 zu zwei unterschiedlichen Anlässen. Folgende Elemente sollen vertreten sein:
   - Text und Foto
   - Gedicht oder Spruch/Weisheit
4. Anschließend betrachtet ihr eure Entwürfe in der Gruppe und trefft eine Entscheidung für
   - fünf Grußkarten, die in die Produktion gehen sollen,
   - dazu passende Briefhüllen.
5. Durch eine Umfrage findet ihr die Marktchancen für die Grußkarten heraus.
6. Am tt.mm.jjjj stellt ihr die Grußkarten her, für die ihr euch entschieden habt.
7. Am tt.mm.jjjj stellt ihr gemeinsam in einer Präsentation eure Produkte vor. Jeder von euch übernimmt darin die vorher vereinbarten Aufgaben.

Jedes Gruppenmitglied erstellt eine Projektmappe mit folgendem Inhalt:

Deckblatt

Arbeitsbericht mit
- Arbeitsplanung
- Aufgabenverteilung
- Zeitplanung
- Unterlagen aus der Planungs- und Durchführungsphase eures Projekts
- Muster der Printprodukte
- Umfrageergebnis

Quellenangaben

Begleittext zur Präsentation

Reflexion der eigenen Arbeit und der Arbeit in der Gruppe

Warum Projekt?

Projektarbeit ist eine andere Art des Lernens. Projektarbeit bedeutet:

- Ihr gestaltet den Unterricht weitgehend selbst.
- Ihr arbeitet sowohl alleine als auch in einer Gruppe.
- Ihr bearbeitet eine komplexe Aufgabe und setzt dabei die erworbenen Kompetenzen in fachlicher Hinsicht, in der Umsetzung von Ideen, im Umgang mit Mitschülern um.
- Ihr arbeitet soweit wie möglich selbstständig.
- Ihr sammelt Ideen und Informationen.
- Ihr trefft Entscheidungen.
- Ihr plant und organisiert.
- Ihr kontrolliert und bewertet eure Arbeitsergebnisse.
- Ihr stellt euer Projektergebnis vor.

3. Habt ihr schon einmal an einem Projekt teilgenommen?

Welches Thema habt ihr bearbeitet?

Was hat euch dabei besonders gut gefallen?

Was hat euch nicht gefallen?

Projekte im Rahmen des Unterrichts in den berufsorientierenden Zweigen und in Arbeit-Wirtschaft-Technik sind wichtige Bausteine für deinen **Berufsorientierungsprozess**.

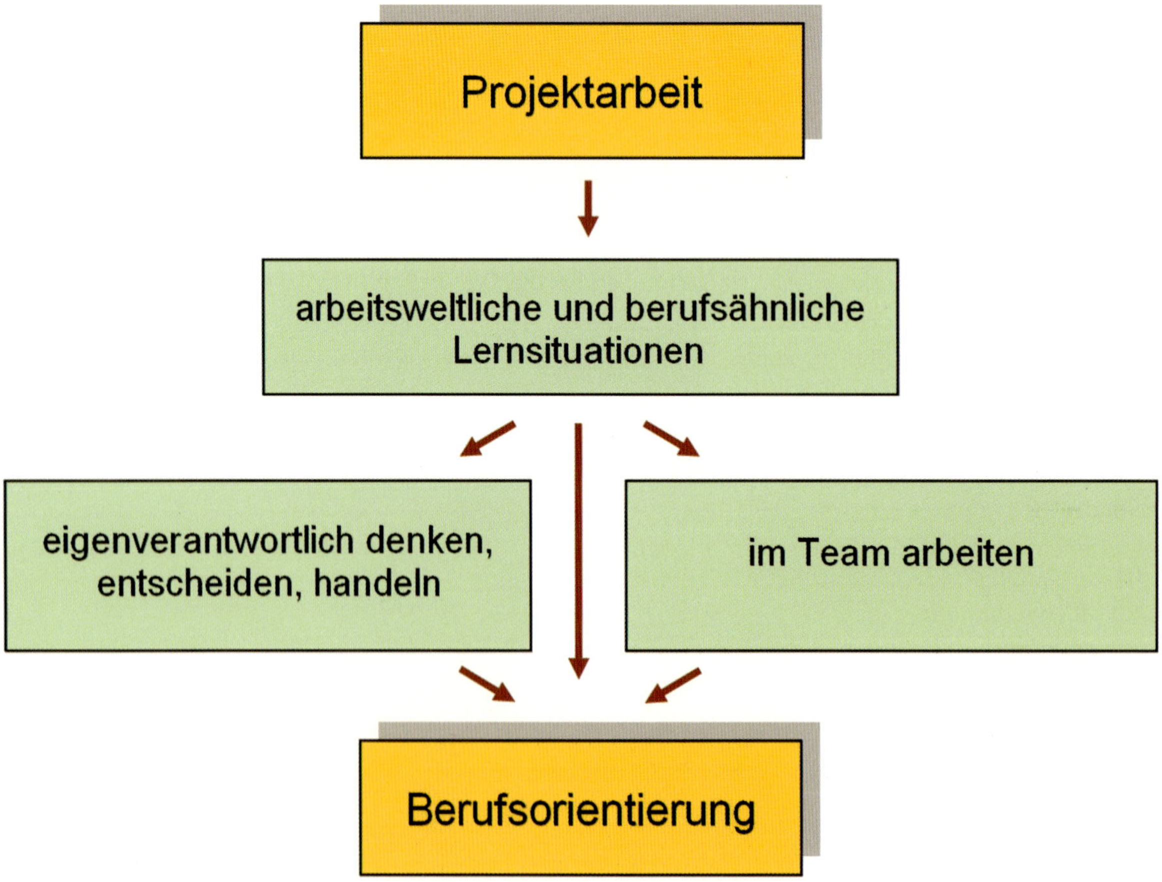

Projektinitiative – Projektanfang

Endlich geht es los – es gibt nur noch ein Thema: „Schüler arbeiten und wirtschaften für einen Markt – Erstellen eines Printprodukts".

Eifrig wird in der Gruppe die Frage diskutiert:

- Welche Printprodukte können am Computer hergestellt werden?
- Welche dieser Produkte finden Abnehmer, bringen Gewinn?

Beispiele werden gesammelt und an der Pinnwand festgehalten.

Die Entscheidung fällt:
Karten sollen für verschiedene Anlässe hergestellt werden.

Der Leittext liegt vor – das Projektthema ist formuliert.

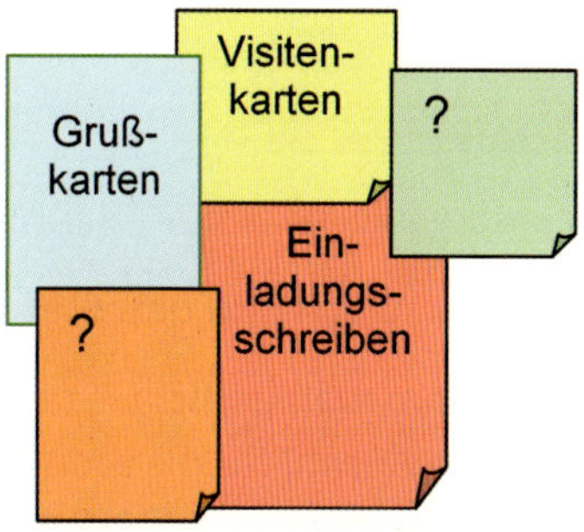
Visiten-
karten
Gruß-
karten
?
Ein-
ladungs-
schreiben
?

Zielsetzung und Planung

Planung verhindert Chaos. Es gilt, eine Reihe von Fragen zu klären und Entscheidungen zu treffen.

- Wie viele Projekttage stehen zur Verfügung?
- Zu welchen Zeiten ist der Computerraum zu nutzen?
- Welche Art(en) von Grußkarten soll(en) hergestellt werden?
- Wie viele Karten gehen in die Produktion?
- Welche Briefhüllenformate sind zu beschaffen?
- Wie teuer sollen die Karten verkauft werden?
- Wer fotografiert?
- Wer ist für die Besorgungen zuständig?
- ...

Ein **Organisations- und Zeitplan** entsteht.

Organisations- und Zeitplan			
Arbeits-schritte	Zeit	Hilfsmittel Arbeitsmittel	Wer
?	?	?	?
?	?	?	?
?	?	?	?

Werbung fördert den Umsatz. Ein Poster, im Schulhaus ausgehängt und an Schüler, Lehrkräfte und Eltern verteilt, kündigt den bevorstehenden Markt an und weist auf den Kartenverkauf hin.

Großer Kartenverkauf
auf dem MARKT der Schule
am 18. März 20..
Schüler des BoZ Wirtschaft
bieten selbst hergestellte
Grußkarten für alle Gelegenheiten
zu günstigen Preisen
an.

Im **Unterricht Arbeit-Wirtschaft-Technik** werden durch eine Umfrage die **Marktchancen** für die Grußkarten ermittelt.

Während dieser Planungsphase legt jeder Schüler seine Projektmappe an. Diese Mappe „wächst" mit dem Projektverlauf: Diskussionsergebnisse, Arbeitsschritte, Unterlagen aus der Planungsphase, Muster usw. werden hier festgehalten.

BoZ Wirtschaft und AWT
Projekt
Wir erstellen Karten
14.03.20.. bis 18.03.20..
Michael Müller, 7 a

Durchführung

Die „handwerkliche Arbeit“ kann beginnen:

- Schüler erstellen und gestalten Grußkarten.
- Gemeinsam wählen sie aus den vorliegenden Mustern die gewünschte Anzahl für die Produktion aus.
- Die ausgewählten Grußkarten gehen in die Produktion.
- Die Produkte werden je nach Bedarf gefaltet und zusammen mit der passenden Briefhülle für den bevorstehenden Basar gesammelt.
- Preisschilder und Hinweisschilder für den Verkaufsstand werden angefertigt.
- Die Dokumentation und Präsentation der Projektergebnisse wird vorbereitet, der Begleittext zur Präsentation erstellt.
- Die Projektmappen sind auf Vollständigkeit und saubere Führung zu kontrollieren.

Preisliste

A5-Grußkarten	
mit Briefhülle	1,70 €
ohne Briefhülle	1,20 €
A6-Grußkarten	
mit Briefhülle	1,50 €
ohne Briefhülle	1,00 €
…	

Am Markttag wird in der Aula der Schule ein Verkaufsstand aufgebaut, hergerichtet und das Kartenangebot präsentiert.

Dokumentation und Präsentation

Auch die Dokumentation und Präsentation der Projektergebnisse bedarf einer guten Vorbereitung:

- Wie soll der Projektverlauf präsentiert werden?
  z. B. mündlicher Vortrag, Bildschirmpräsentation mit Moderation …
- Welche Hilfsmittel werden benötigt?
  z. B. Plakate, Flipchart, Stifte, Computer, Beamer …
- Wer übernimmt welchen Teil?

Bei der Präsentation legt jeder Schüler seine Projektmappe vor.

Unser Projekt
hat Spaß gemacht!

Überprüfung – Abschluss

Peter lässt den Projektverlauf gedanklich noch einmal an sich vorüberziehen. Er denkt über seine eigene Leistung im Projekt nach und macht sich Notizen zu folgenden Fragen:

- Was ist mir besonders gut gelungen?
- Was ist mir weniger gut gelungen?
- Konnte ich zur Lösung von Problemen beitragen?
- In welchen Bereichen muss ich mich verbessern?
- Konnte ich alle erforderlichen Informationen beschaffen?
- Worauf muss ich beim nächsten Projekt besonders achten?

Gemeinsam mit seinen Partnern diskutiert Peter die Gruppenarbeit:

- War unsere Teamarbeit insgesamt gut?
- Mit welchem/welchen Gruppenmitglied(ern) verlief die Teamarbeit besonders gut? Warum?
- Mit welchem/welchen Gruppenmitglied(ern) verlief die Teamarbeit weniger gut? Warum?
- Ist es gelungen, Probleme gemeinsam zu bewältigen?

Merke

Nach dem Projekt ist vor dem (nächsten) **Projekt.**
Ein Handlungsplan, in dem die Erfahrungen dieses Projektes aufgezeichnet werden, ist ein hilfreicher Ratgeber für kommende Projekte.

Eine Liste, in der du für die Eigen- und die Gruppenleistung jeweils eine Punktebewertung von z. B. 0 bis 4 vornehmen kannst, unterstützt deine Reflexion über das Projekt.

4. Erstelle mithilfe der Tabellenfunktion eine Liste „Projektüberprüfung – Projektabschluss" nach dem folgenden Muster:

Punkte	**0**	**1**	**2**	**3**	**4**
Eigenleistung					
Ich konnte die erlernten Arbeitstechniken sicher anwenden.					
...					
Gruppenleistung					
Die Teamarbeit in der Gruppe verlief gut.					
...					

5. Suche gemeinsam mit deinem Partner nach Bewertungskriterien für die eigene Leistung sowie die Leistung in der Gruppe und trage sie entsprechend ein.

Projekt: Schüler arbeiten und wirtschaften für einen Markt Erstellen eines Printprodukts Jahrgangsstufe 7	Schuljahr 20../20..
Was lief im Projekt gut?	Antwort(en), Begründung
Was lief im Projekt nicht so gut?	Antwort(en), Begründung
Wo gab es während des Projekts Probleme?	Antwort(en), Begründung
Was sollten wir beim nächsten Projekt vermeiden?	Antwort(en), Begründung
Welche Arbeitsmittel oder Hilfsmittel haben gefehlt?	Antwort(en), Begründung
Das müssen wir beim nächsten Projekt berücksichtigen.	Antwort(en), Begründung

Gut gerüstet ins Projekt gehen

Im Projekt stellst du deine bisher erworbenen Fähigkeiten und Fertigkeiten unter Beweis. Du lernst aber auch Neues hinzu. Um gut gerüstet zu sein, solltest du dich vorher mit wichtigen Bausteinen eines Projekts vertraut machen. Dazu gehören u. a.:

Die Projektmappe

Während des Projekts führt jeder Schüler eine sog. Projektmappe, in der der Projektverlauf dokumentiert wird. Im einzelnen könnte die Projektmappe folgenden Inhalt haben:

- Deckblatt
- Inhaltsverzeichnis
- Arbeitsbericht mit
  - Arbeitsplanung
  - Aufgabenverteilung
  - Zeitplanung
  - Unterlagen aus der Planungs- und Durchführungsphase des Projekts
  - Muster der Printprodukte
  - Unterlagen zu den AWT-Aufgaben
- Quellenangaben
- Begleittext zur Präsentation
- Reflexion der eigenen Arbeit und der Arbeit in der Gruppe

Im berufsorientierenden Zweig Wirtschaft hast du gelernt, deine Arbeitsergebnisse in einer Mappe abzulegen. Du bist also „Experte“ auf diesem Gebiet.

Merke **Bei einer Projektmappe gilt es, das Folgende zu beachten:**

- Führe die Mappe lückenlos und sorgfältig.
- Nutze für die Erstellung der Schriftstücke deine Anwenderprogramme.
- Gestalte die Blätter übersichtlich und fehlerfrei.
- Nutze im Zweifelsfall das Rechtschreibprogramm deines Textverarbeitungsprogramms oder den Duden.
- Wende die DIN-Regeln an.
- Beachte allgemein gültige Gestaltungsprinzipien.

1. Für welche Unterrichtsfächer oder Teilbereiche eines Unterrichtsfaches hast du eine Mappe angelegt? Zähle deinem Partner Beispiele auf.

2. Welchen Inhalt haben diese Mappen? Mach dir Notizen.

3. Welche Textteile muss ein Deckblatt aufweisen?

Ein Inhaltsverzeichnis erstellen

Ein Inhaltsverzeichnis vermittelt dem Leser einen raschen Überblick über den Inhalt eines Buches, einer Mappe oder einer Dokumentation und hilft, gewünschte Stellen schnell aufzufinden.

Inhaltsverzeichnisse lassen sich mit verschiedenen Hilfsmitteln erstellen.

Beispiel 1:

Inhaltsverzeichnis		
Nr.	**Datum**	**Arbeitsblatt**
01	20..-09.15	DIN-Regel: Satzzeichen
02	20..-10-05	Gestaltungsregeln
03	20..-09-15	DIN-Regel: Anschriften
04	20..-11-20	Schriftarten und Schriftgrößen

Beispiel 2:

Inhaltsverzeichnis

Titel/Thema	**Seite**
Arbeitsplan	4
Aufgabenverteilung	5
Zeitplan	6
Unterlagen aus der Planungsphase	7
Muster	14

Beispiel 3:

Inhaltsverzeichnis

Titel/Thema .... Seite
Arbeitsplan 4
Aufgabenverteilung 5
Zeitplan 6
Unterlagen aus der Planungsphase 7
Muster 14

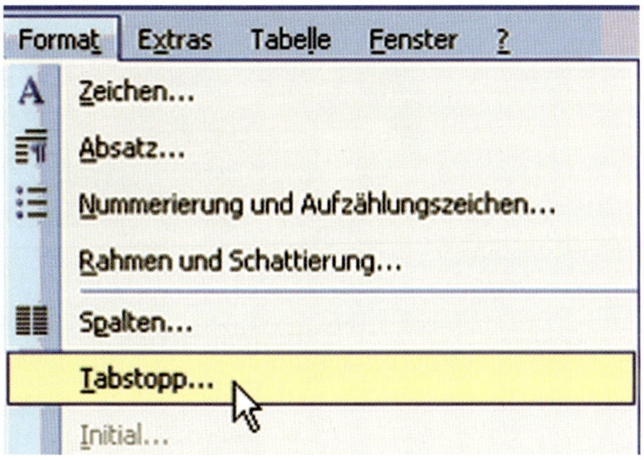

4. Betrachte die links abgebildeten Beispiele für die Darstellung von Inhaltsverzeichnissen. Beschreibe die Unterschiede.

So erstellst du ein Inhaltsverzeichnis mithilfe der Tabellenfunktion:

- Füge in dein Dokument eine Tabelle ein: 3 Spalten, 6 Zeilen. (Die Anzahl der Zeilen kann – je nach Bedarf – später erweitert oder verringert werden.)
- Passe die Spaltenbreiten an.
- Verbinde die Zellen der ersten Tabellenzeile (Tabellenüberschrift).
- Gib die Spaltenüberschriften ein und setze diese in den Fettdruck.
- Gib den Text ein (Beispiel 1).
- Kopiere die Tabelle und füge sie nach zwei Leerzeilen wieder ein.
- Deaktiviere die Rahmenlinien (Ergebnis siehe Beispiel 2).

So erstellst du ein Inhaltsverzeichnis mithilfe von Tabstopps (Beispiel 3):

- Menü FORMAT anklicken
- TABSTOPP auswählen
- Gewünschte Tabstopp-Position eingeben
- Ausrichtung *Rechts* anklicken
- Füllzeichen auswählen

Deckblätter gestalten

Deckblätter sind zum einen ein wichtiges Ordnungsmittel:
Sie grenzen in einer Mappe z. B. bestimmte Themenbereiche ab.

Zum anderen wecken Deckblätter – ansprechend gestaltet – die Neugier des Betrachters auf den darunter liegenden Inhalt.

Bei der Gestaltung von Deckblättern stehen zunächst folgende Überlegungen im Vordergrund:

- Für welchen Zweck bzw. für welchen Anlass ist das Deckblatt bestimmt?
- Welcher Text muss auf dem Deckblatt stehen?

5. Überlege mit deinem Partner, sammelt Beispiele und macht euch Notizen:
- Für welche Unterrichtsmappen habt ihr Deckblätter erstellt?
- Wie sind diese gestaltet? (z. B. Beschreibung des Inhalts, Einsatz des Computers, Handschrift, Bilder/Grafiken)
- Welche weiteren Anlässe bieten sich für die Gestaltung von Deckblättern an?

6. Vergleiche die beiden unten stehenden Deckblätter. Äußere dich zu Beispiel 1:
Welche „Mängel" sind hier zu erkennen?

7. Gestalte Beispiel 2 nach.

Beispiel 1:

Schuljahr 20../20..

BoZ Soziales

Rezepte

Julia Kemmer

Beispiel 2:

Schuljahr 20../20..

BoZ Soziales

Rezepte

Julia Kemmer,
Klasse 7 b

Beispiel 3:

Beispiel 4:

Das Deckblatt einer Projektmappe kann sehr unterschiedlich gestaltet werden. Eine Reihe von Möglichkeiten bieten sich an – von einfacher Gestaltung ausschließlich mit Text bis hin zur anspruchsvollen Gestaltung mit der Einbindung von Grafiken oder Fotos.

Du kannst deinem Einfallsreichtum und deiner Kreativität freien Lauf lassen. Allerdings dürfen dabei allgemein gültige Gestaltungsprinzipien nie außer acht gelassen werden:

- Nutze den vorhandenen Schreibraum eines A4-Blattes voll aus.
- Positioniere die einzelnen Textteile entsprechend ihrer Bedeutung.
- Wähle gut lesbare Schriftarten.
- Passe die Schriftgrößen der Bedeutung des Textes an.
- Stimme die Schriftfarben auf die Hintergrundfarbe ab:
  - helle Schriftfarben für dunklen Hintergrund
  - dunkle Schriftfarben für hellen Hintergrund
- Wähle zum Anlass passende Grafiken oder Fotos aus.

Keine Grafik ist besser als eine schlechte oder nicht zum Anlass passende Grafik.

8. Betrachte mit deinem Partner die Beispiele „Deckblätter für die Projektmappe“ auf dieser und den folgenden Seiten. Macht euch Notizen zu folgenden Punkten:

- Welche Textteile sind auf allen Deckblättern zu finden?
- Welcher Textteil steht jeweils im Mittelpunkt des Deckblattes?
- Welche Art von Grafiken bzw. Fotos wurden eingebunden?
- Wie wirken einzelne Deckblätter auf euch? Begründet.

M **9.** Gestalte verschiedene Deckblätter nach.

Beispiel 5:

Fach

BoZ Wirtschaft und AWT

Projekt

Wir erstellen Karten

Datum

14. – 17.03.20..

Name, Klasse

Michael Müller, 7 a

Beispiel 6:

BoZ Wirtschaft und AWT

Projekt

Wir erstellen Karten

14. – 18. März 20..

Michael Müller, 7 a

Beispiel 7:

Beispiel 8:

Ein Vorhaben planen

Ein einwöchiger Schullandheimaufenthalt steht bevor. Lena und Ludwig übernehmen die Aufgabe, für die Abende im Schullandheim ein Freizeitprogramm aufzustellen. Die beiden setzen sich zusammen, diskutieren und machen sich handschriftliche Notizen:

- Wie viele Abende müssen geplant werden?
- Welche Aktivitäten sollen stattfinden?

Planung verhindert Chaos – sind sich die beiden gewiss. Also skizzieren sie Listen für den Sport- und für den Spieleabend, in die sich die Mitschüler eintragen sollen:

- Wer belegt zu welcher Zeit welches Gerät bzw. welchen Raum?
- Wer spielt an welchem Tisch welches Spiel?

Nachdem die Organisation steht, fertigen Lena und Ludwig aus den handschriftlichen Aufzeichnungen übersichtliche Tabellen für den Aushang im Klassenzimmer.

Ankunft Montag,
Abreise Freitag,
= 4 Abende
Sportabend, Spieleabend, Nachtwanderung, Abschiedsparty

Was machen wir am ...

Wochentag	Aktivität
Montag	Sportabend
Dienstag	Spieleabend
Mittwoch	Nachtwanderung
Donnerstag	Abschiedsparty

Wer spielt wann wo ...

Uhrzeit	Sportstätte	Namen
18:00 – 19:00	Tischtennis 1	?
18:00 – 19:00	Tischtennis 2	?
18:00 – 19:00	Billard	?
18:00 – 19:00	Fitnessraum	?
19:00 – 20:00	Tischtennis 1	?
19:00 – 20:00	Tischtennis 2	?
19:00 – 20:00	Billard	?
19:00 – 20:00	Fitnessraum	?

Wer spielt was ...

Spieltisch	Mitspieler	Namen
Monopoly	6	?
Mensch ärgere dich nicht	4	?
Mau Mau	4	?
Uno	5	?

9. Erstelle für die Vorbereitung der Abschiedsparty einen Organisations- und Zeitplan. Halte deine Überlegungen zunächst handschriftlich fest und gestalte anschließend eine Tabelle:
- Was wird benötigt (Getränke, Knabbereien ...)?
- Wer richtet den Raum her? Wann?
- Wer kauft ein? Wann?

10. Im Unterrichtsfach AWT steht in zehn Tagen eine Probearbeit an. Erstelle mithilfe der Tabellenfunktion einen Organisations- und Zeitplan:
- Welche Lerninhalte müssen wiederholt werden?
- An welchem Tag wird welcher Lerninhalt bearbeitet?

Eine wichtige Voraussetzung für das Gelingen eines Vorhabens einer einzelnen Person oder einer Gruppe ist eine gute und sorgfältige Planung.

In eurem Projekt stellt ihr Printprodukte her. Auch hier gilt:

Ohne Planung kein Erfolg!

Festgelegt werden muss z. B.:

- Welche Arbeitsschritte sind erforderlich?
- Welche Arbeitsmittel werden benötigt?
- Wie ist die Zeiteinteilung?
- Wer übernimmt in der Gruppe welche Aufgaben?

11. Im Deutschunterricht hast du am Montag das Thema für ein Referat erhalten. Für die Vorbereitung hast du 14 Tage Zeit.

Erstelle mithilfe der Tabellenfunktion einen Organisations- und Zeitplan, aus dem die Planung der Vorbereitung hervorgeht:

- Welche Informationen müssen eingeholt werden?
- Welche Informationsquellen gibt es?
- Wie sieht dein Zeitplan aus?

Beispiel: Möglicher Organisations- und Zeitplan im Projekt

Organisations- und Zeitplan			
Arbeitsschritte	Zeit	Hilfsmittel/Arbeitsmittel	Wer
?	?	?	?
Gedichtsuche	Montag, 20..-..-..	Literatur, Internet	Simone, Nico, Tom
Fotos erstellen	Montag, 20..-..-..	Digitale Kamera	Jens, Annika
?	?	?	?
?	?	?	?
Briefhüllen besorgen	Dienstag, 20..-..-..	?	Mona, Bärbel
?	?	?	?
Deckblätter für Projektmappe erstellen	Mittwoch, 20..-..-..	Computer, Drucker, Anwenderprogramme	alle Gruppenmitglieder

Merke

Ein Organisations- und Zeitplan, sorgfältig überdacht, unterstützt jede Planung. Ein solcher Plan muss klar strukturiert und übersichtlich gestaltet sein.

Manchmal ist es erforderlich, den Plan zu aktualisieren.

Karten erstellen

Im Projekt „arbeitet und wirtschaftet" ihr „für einen Markt" – es sollen „Printprodukte" hergestellt werden, die auf einem Markt zum Verkauf angeboten werden.

Ein „lohnendes Geschäft" ist sicher der Verkauf von Glückwunsch- oder Grußkarten, zum Beispiel zur Hochzeit, zum Geburtstag, zu Weihnachten, zur bestandenen Führerscheinprüfung ...

Aber wie und womit erstellt man Karten, die so attraktiv aussehen, dass mit ihnen auch Gewinn erzielt werden kann? Ganz einfach:

- Du setzt dein Textverarbeitungsprogramm, ein Layout- bzw. Publikationsprogramm und/oder ein Zeichenprogramm ein,
- du suchst in Printmedien oder im Internet nach Gedichten, Sprüchen, Weisheiten,
- du nutzt Hilfsmittel wie z. B. die digitale Kamera für Fotos,
- du wendest die erlernten Gestaltungsprinzipien an,
- du bist kreativ und bemühst dich um Originalität.

Schnell und unkompliziert –
Karten mit einem Layout-/Publikationsprogramm gestalten

Schnell und ohne großen Aufwand lassen sich Karten mit einem Layout- bzw. Publikationsprogramm erstellen:

Du wählst zunächst die gewünschte Publikation aus. Sodann führt dich ein sogenannter Assistent durch das Programm und gibt dir Arbeitsschritt für Arbeitsschritt vor. Du musst nur seine Fragen beantworten. Deine eigene Kreativität kommt dabei dennoch nicht zu kurz: So lässt dich der Assistent z. B. Muster, Farben, Anordnungen usw. selbst auswählen.

12. Berate dich mit deinem Partner und macht euch Notizen:

– Welche Gestaltungsprinzipien gelten für die Erstellung von Schriftstücken wie z. B. Poster, Glückwunschkarten, Einladungsschreiben usw.?
– Mit welchen „Hilfsmitteln" kannst du die Attraktivität solcher Karten steigern?

13. Öffne ein Layout- bzw. Publikationsprogramm.

– Mach dich mit der Bedienung dieses Programms vertraut.
– Prüfe, welche Printprodukte du mit diesem Programm erstellen kannst.

Zwei Glückwunschkarten in Form von Postern im Format A4:

Die unten abgebildete Glückwunschkarte besteht aus vier Seiten und wird auf einem Blatt im Papierformat A4 ausgedruckt.

14. Überlege, wie die unten stehende Karte nach dem Druck zu falten ist.

Aufwendig – aber anspruchsvoll –
Karten mit einem Textverarbeitungsprogramm gestalten

Etwas mehr Arbeit macht das Erstellen von Karten mit einem Textverarbeitungsprogramm. Dafür kannst du aber deiner Phantasie und deiner Kreativität freien Lauf lassen, solange du allgemein gültige Gestaltungsprinzipien berücksichtigst.
Und: Du stellst Unikate her – d. h., deine Karten sind einzigartig.

Die gängigsten Formate für Gruß- oder Glückwunschkarten sind die Papierformate A5 und A6. Grundlage für die Herstellung ist ein A4-Format, das zum Anlass passend beschriftet und nach dem Druck entsprechend gefaltet oder zugeschnitten werden muss.

Arbeitsgrundlage für die unten abgebildete Doppelkarte ist ein A4-Querformat, das zu A5 gefaltet wird.

15. Berate dich mit deinem Partner, sammelt Beispiele und haltet diese schriftlich fest:

Welche Anlässe bieten sich für die Herstellung von Gruß- oder Glückwunschkarten an?

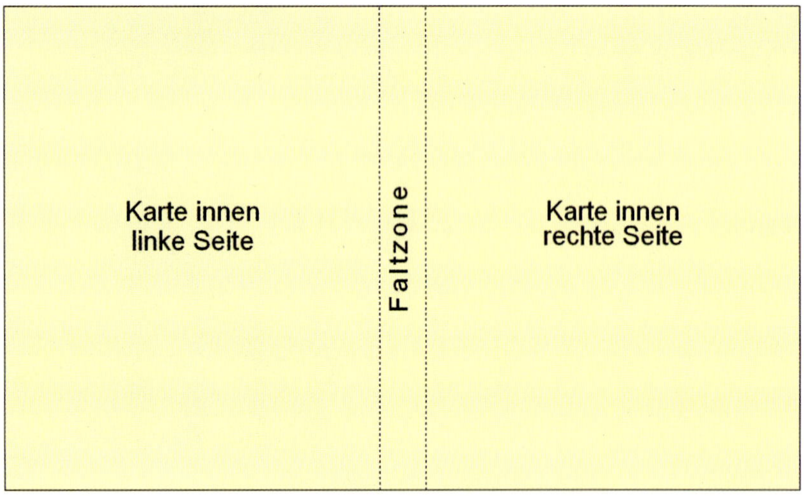

Querformat eines A4-Blattes, eingeteilt in zwei Kartenseiten sowie eine Faltzone

zu A5 gefaltete Doppelkarte

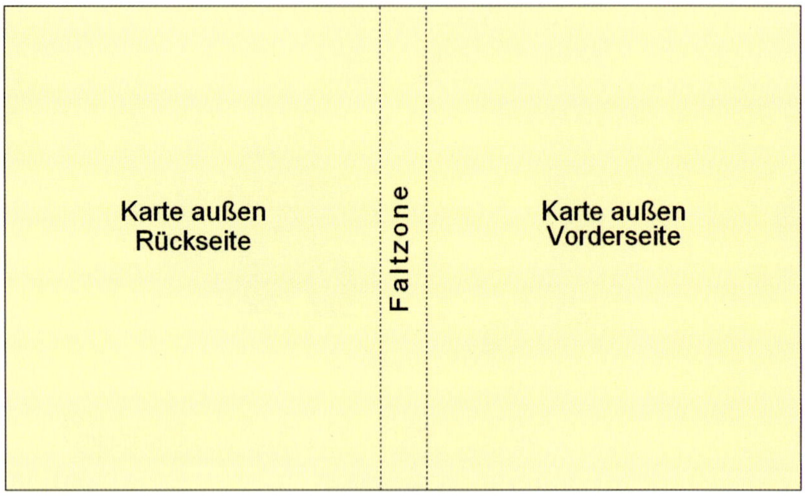

Soll auf farbigem Papier gedruckt werden, kannst du dir im Menü FORMAT – HINTERGRUND die ausgewählte Papierfarbe auf dem Bildschirm anzeigen lassen und somit die Schriftfarbe auf den farbigen Hintergrund abstimmen.

Werden bei der Karte neben den Innenseiten auch die Außenseiten beschriftet, wird für diese ein zweites A4-Blatt gestaltet.
Das Zusammenführen der beiden Seiten zu einer Karte geschieht entweder

- durch Bedrucken der Vorder- und Rückseite des A4-Blattes oder
- der zweite Ausdruck wird als Einlage in die Faltkarte gelegt.

16. Wähle für ein leeres Dokument die Hintergrundfarbe Dunkelblau. Wechsle in die Seitenansicht. Was erkennst du?

Hochzeitskarte – Außenseiten

Hochzeitskarte – Innenseiten

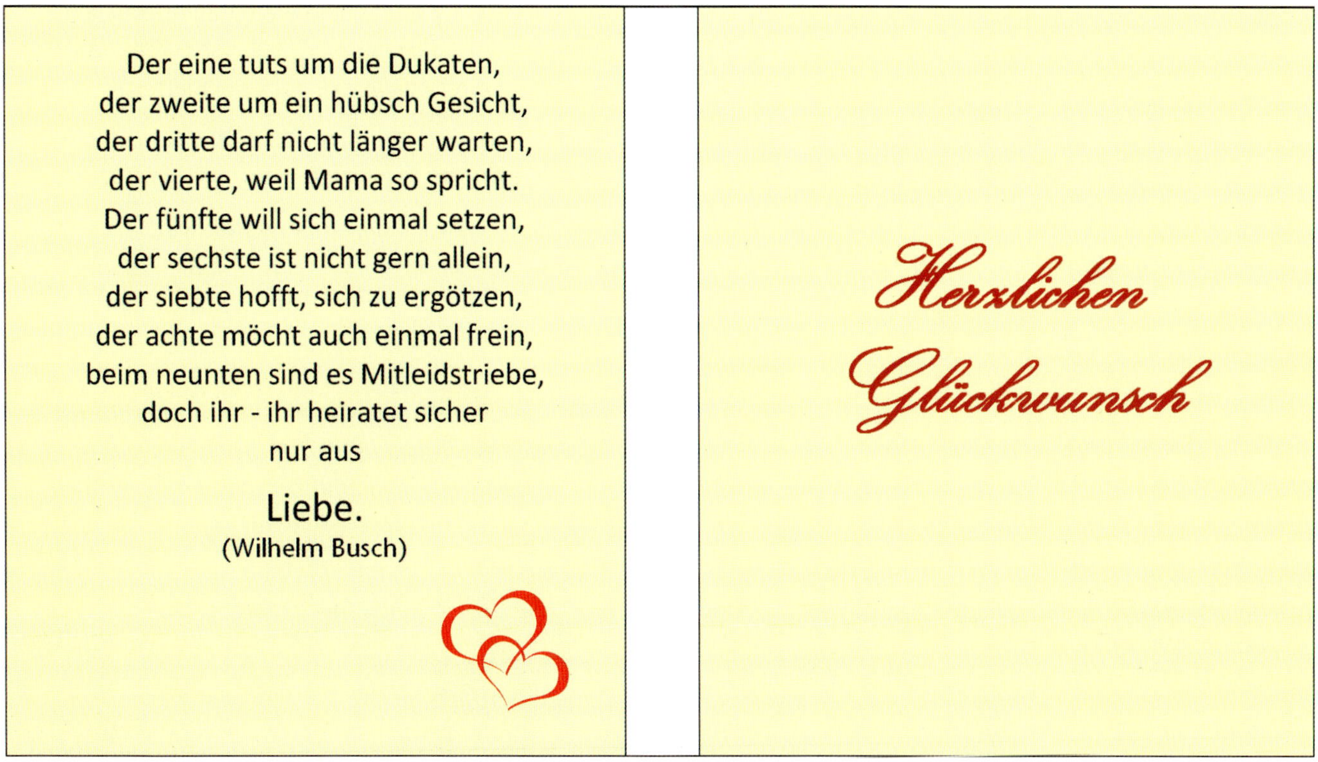

Der eine tuts um die Dukaten,
der zweite um ein hübsch Gesicht,
der dritte darf nicht länger warten,
der vierte, weil Mama so spricht.
Der fünfte will sich einmal setzen,
der sechste ist nicht gern allein,
der siebte hofft, sich zu ergötzen,
der achte möcht auch einmal frein,
beim neunten sind es Mitleidstriebe,
doch ihr - ihr heiratet sicher
nur aus
Liebe.
(Wilhelm Busch)
Herzlichen
Glückwunsch

17. Öffne die Datei *175-Hochzeitskarte* und gestalte mithilfe der Arbeitsschritte auf Seite 176 (oben rechts) die Hochzeitskarte nach.

18. Drucke dein Arbeitsergebnis aus.

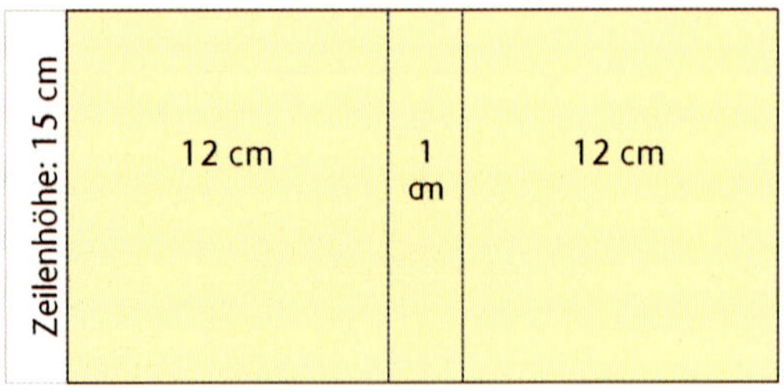

A4 – Querformat

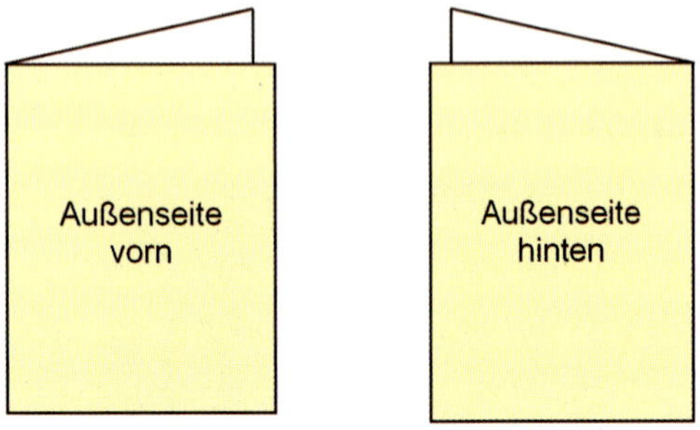

zu A5 gefaltete Karte

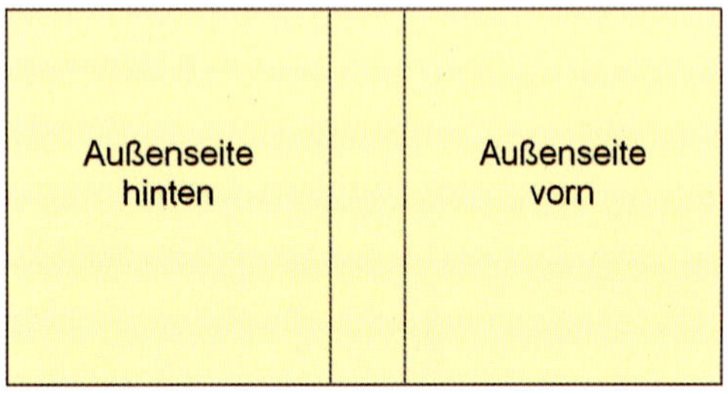

zu beschriftende Außenseiten der Karte (A4)

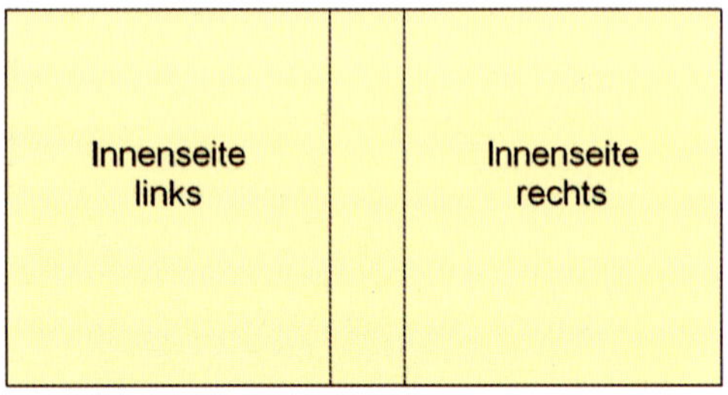

zu beschriftende Außenseiten der Karte (A4)

So erstellst du eine Karte im Papierformat A5 auf einem A4-Arbeitsblatt:

- Richte die Seite ein:
  Seitenränder 2 cm, Querformat.
- Füge eine Tabelle ein: 3 Spalten, 1 Zeile.
- Bestimme die Maße der Tabelle:
  Spaltenbreiten: 12 cm, 1 cm, 12 cm,
  Zeilenhöhe: genau 15 cm.
- Deaktiviere die Rahmenlinien.
- Richte ein zweites Arbeitsblatt ein und kopiere die Tabelle auf diese Seite.
- Gestalte auf dem ersten Arbeitsblatt die Außenseiten der Karte.
  Achte auf richtige Beschriftung:
  Welche Seite ist die Vorderseite, welche Seite ist die Rückseite der gefalteten Karte?
- Gestalte auf dem zweiten Arbeitsblatt die Innenseite der Karte.

Für das Ausdrucken bieten sich zwei Möglichkeiten an:

- Die Karte wird auf einer Außenseite und einem Einlageblatt gedruckt:
  Außenseite auf etwas stärkerem Papier drucken, Innenseiten als Einlageblatt auf dünnerem Papier drucken (zwei Ausdrucke auf zwei Blättern).
- Die Außen- und die Innenseiten werden auf einem Blatt gedruckt:

Nach dem Ausdruck der Außenseiten wird das Papier wieder in den Drucker eingelegt und die Rückseite des Papiers wird mit den Innenseiten gedruckt (zwei Ausdrucke auf einem Blatt).

Beachte: Drucker ziehen Blätter unterschiedlich ein. Informiere dich deshalb vor dem Ausdrucken, wie das bereits bedruckte Blatt in den Drucker einzulegen ist.

19. Gestalte eine gefaltete Geburtstagskarte im Format A5:

– Außenseite vorn:	Herzlichen Glückwunsch, Grafik, Blumen
– Außenseite hinten:	Grafik Marienkäfer
– Innenseite links:	Gedicht zum Geburtstag (Internet, Gedichtebuch …)
– Innenseite rechts:	Für dein neues Lebensjahr die besten Wünsche

20. Drucke dein Arbeitsergebnis aus.

21. Berate dich mit deinem Partner: Welche Papiersorten eignen sich für das Drucken von Karten?

22. Informiere dich im Internet über Briefhüllen und Briefhüllenformate.
Welches Briefhüllenformat benötigst du für eine Karte im Format A5?

Kannst du zwitschern?

Wort- und Satzübungen

aktuell sekundenschnell blitzschnell informationstechnische
Twitter Follower Mikro-Blogs Web-Dienst Desktop-Application

Pro Produkt Produktin Produktinformati Produktinformationen
Nu Nutzung Nutzungsmö Nutzungsmöglich Nutzungsmöglichkeiten
Markt Marktforsch Marktforschungs Marktforschungsinstrument

Twitter begann als ein Forschungs- und Entwicklungsprojekt. 62
Heutzutage kann schon in vielen Sprachen getwittert werden. 61
Nachrichten lassen sich sekundenschnell im Netz verbreiten. 61
Im Umgang mit persönlichen Daten ist aber Vorsicht geboten. 63

Fließtext

Kannst du zwitschern? Im ersten Moment wirst du mit dieser Frage 70
nichts anfangen können. Mit dem Hinweis über das englische Wort 137
tweet (zwitschern) ist es zu „twittern" nicht mehr weit. Mit 203
Mikro-Blogs, Kurznachrichten mit maximal 140 Zeichen, können 267
angemeldete Nutzer dieses Web-Dienstes auch mit dem Handy 325

Textnachrichten an alle Follower - das sind Personen, die 390
Mitglied in diesem Kreis sind - senden. In der Regel werden 454
sekundenschnell meist in der Ich-Form Informationen, Gedanken und 524
Erfahrungen ausgetauscht. So lassen sich blitzschnell Meldungen 591
im Netz verbreiten. Wie bei vielen informationstechnischen 652

Neuerungen begann Twitter im März 2006 als ein Forschungs- und 719
Entwicklungsprojekt. Seitdem kann in immer mehr Sprachen 779
getwittert werden, zumal zahlreiche Drittanbieter das Twittern 844
über Desktop-Applikationen, Mobiltelefone oder Mails ermöglichen. 914
Die Nutzungsmöglichkeiten dieser Technologie sind vielfältig. In 983

Südkalifornien wurde der Service zur Warnung vor Waldbränden 1048
verwendet. Private Unternehmen stellen Produktinformationen 1111
bereit und bedienen sich dieses Mediums als Marketing- und 1172
Marktforschungsinstrument. Nachrichtenagenturen verbreiten 1233
mithilfe dieser Plattform Kurznachrichten über aktuelle 1291

Ereignisse. Die Wahlkampfteams des US-Präsidentschaftskandidaten 1362
Barack Obama kommunizierten mit ihren Helfern, um Aktionen zur 1429
Wahl zu koordinieren. Bei der Wahl von Christian Wulff zum 1494
Bundespräsidenten wurde das Wahlergebnis vor der Bekanntgabe in 1564
der Bundesversammlung veröffentlicht usw. Bei all diesen 1619

Anwendungsmöglichkeiten darf nicht vergessen werden, dass mit 1682
Twitter auch Missbrauch getrieben wird. So werden u. a. 1741
personenbezogene Daten der Nutzer weitergegeben. Wie bei allen 1807
anderen Neuerungen, die uns das Internet ermöglicht, ist auch bei 1875
Twitter im Umgang mit persönlichen Daten große Vorsicht geboten. 1943

Dabeisein ist alles – wirklich?

Wortübungen

und mit ist die auf der das nur für als von den bei ein des
oder sich kann eine über aber weit mehr dass dies wenn zwar
viele jeder immer wobei einer haben wurde nicht klein einem

Facebook Facebook Community Community Smartphone Smartphone
Facebook Community Smartphone Facebook Community Smartphone

Soziale Netzwerke erfreuen sich immer größerer Beliebtheit. 62
Viele Jugendliche finden es äußerst cool, Mitglied zu sein. 62
Benutzer können sich sehr rasch eine Profilseite gestalten. 61

Fließtext

Ob Facebook, schülerVZ oder andere soziale Netzwerke – viele 64
Jugendliche finden es cool, Mitglied zu sein. Eine Vielzahl von 134
Freunden zu haben und sich mit diesen austauschen zu können, 196
scheint eine ungeheure Anziehungskraft auszuüben. Vorteilhaft ist 264
die einfache Bedienung dieser Webseite. So kann sich jeder 326

Benutzer schnell eine Profilseite gestalten, auf der es möglich 392
ist, sich vorzustellen und Fotos oder Videos hochzuladen. Für 457
alle sichtbar können auf einer sogenannten Pinnwand Nachrichten 523
hinterlassen und Mitteilungen oder Einladungen zu Events 583
verschickt werden. Ursprünglich wurde Facebook 2004 nur für 645

Studenten der Harvard University in den USA entwickelt, bereits 715
2008 aber in über 70 Sprachen angeboten. Inzwischen bedienen sich 783
weltweit mehr als 500 Millionen Nutzer dieser Plattform. Ihr Name 854
stammt von einem Buch, das Studenten an einigen amerikanischen 919
Universitäten mit den Abbildungen der Neuzugänge erhalten haben. 987

Die Plattform finanziert sich über Werbung und die Nutzung der 1054
persönlichen Daten der Mitglieder. Man muss wissen, dass zwar die 1123
Inhalte, wie z. B. Fotos, im Besitz eines Mitglieds bleiben, 1189
Facebook aber das Recht erhält, alle Inhalte kommerziell zu 1252
verwenden und die Nutzungsrechte an Dritte weiterzugeben. Dies 1318

kann zu unliebsamen Überraschungen führen, wenn ein Arbeitgeber 1384
oder eine Lehrkraft total über die Party am letzten Wochenende 1450
informiert ist. Inzwischen wurde bekannt, dass Facebook sogar 1514
Daten von Leuten speichert, die nicht Mitglied der Community 1579
sind. Dies funktioniert über ein Programm, das personenbezogene 1645

Daten des eigenen Smartphones mit den Daten des eingegebenen 1709
Freundeskreises im Netz vergleicht und schließlich ergänzt. 1771
Deshalb gilt der Grundsatz: Vorsicht ist besser als Nachsicht. 1838

Übersicht zu den DIN-Regeln

DIN-Regel	Beispiel
Schreibweise bei Wörtern, Ziffern und Zahlen:	
• Vor und nach dem Wort, der Ziffer bzw. der Zahl wird ein Leerzeichen gesetzt.	in 4 Wochen
• Die Satzzeichen sind unmittelbar an das Wort bzw. die Zahl anzuschließen.	Dies ist ein Fragesatz? 3, 4, 5
• Währungsbezeichnungen stehen vor oder hinter dem Betrag. In einem fortlaufenden Text sollten sie hinter dem Betrag stehen.	7 € oder € 7
• Wortzusammensetzungen mit Zahlen und Aneinanderreihungen mit Zahlen werden durch den Mittestrich verbunden.	3-Zimmer-Wohnung, 4-fach, aber auch 4fach
• Postleitzahlen sind 5-stellig zu schreiben.	90499 Nürnberg
• Nach Ordnungszahlen folgt ein Punkt.	3. Oktober
Klammer:	
• Vor– und Nachklammern werden ohne Leerzeichen an die dazugehörenden Textteile angeschlossen.	(Deutschland)
• Bei Aufzählungen mit lateinischen Kleinbuchstaben folgt die Nachklammer.	a) Einzelanschlussnummer b) Durchwahlnummer
Häufige Zahlengliederungen:	
• Postfachnummern werden von rechts nach links in Zweiergruppen gegliedert.	5 55 oder 88 85
• Bei Telefonnummern sind Ortsnetzkennzahl und Einzelanschlussnummer (Ruf–) durch ein Leerzeichen getrennt, die Durchwahlnummer mit Mittestrich anzufügen.	09404 5432 5432–399
• Bei Anrufen aus oder in das Ausland muss die Landesvorwahl vor der Ortsnetzkennzahl gewählt werden. Die Null vor der Ortsnetzkennzahl weist auf eine Telefonnummer im Inland hin, sie fällt oft weg.	0049 oder +49 (nach Deutschland) 0049 8634 76799–333
• Bankleitzahlen sind 8–stellig, sie werden von links nach rechts in zwei Dreiergruppen und eine Zweiergruppe gegliedert.	750 500 00
• Kontonummern werden nicht gegliedert.	987654
Dezimale Teilungen:	
• Fehlende Zahlen vor dem Komma werden durch eine Null ersetzt.	0,50 EUR
• Fehlende Zahlen nach dem Komma werden durch zwei Nullen ersetzt.	7,00 EUR
• Bei ungefähren Werten und runden Zahlen kann die Kennzeichnung fehlender Dezimalstellen unterbleiben.	100 EUR 1 000

• Zahlen mit mehr als drei Stellen vor oder nach dem Komma sollten durch je ein Leerzeichen in dreistellige Gruppen gegliedert werden.	3,121 345
Aus Sicherheitsgründen sollte bei Beträgen an Stelle des Leerzeichens ein Punkt gesetzt werden.	1.000 EUR

Uhrzeiten und Kalenderdaten:

• Bei der Angabe der Uhrzeit müssen die Stunden, Minuten und Sekunden zweistellig geschrieben werden. Die Zeiteinheiten werden durch Doppelpunkte gegliedert.	07:04:27 Uhr aber 6 Uhr
• Die Schreibweise des Datums darf alphanumerisch oder numerisch erfolgen. Das numerisch angegebene Datum wird in der Reihenfolge Jahr-Monat-Tag mit Mittestrich oder Tag.Monat. Jahr mit Punkt gegliedert. Tag und Monat werden hier immer zweistellig angegeben.	1. Oktober 2009 1. Okt. 2009 2009-10-01, 09-10-01, 01.10.2009 oder 01.10.09

Keine Trennung bei

• Zahl und Benennung,	15. April; 20,00 EUR
• gegliederten Zahlen,	5 000 000; 89 70
• akademischem Titel und Name,	Dr. Bauer
• Firmenname,	Meyer Verlag
• Abkürzungen.	u. a.

Zeichen

Frage-, Ausrufe-, Anführungs-, Auslassungszeichen, Strichpunkt und Doppelpunkt stehen ohne Leerzeichen beim dazugehörenden Wort. Nach diesen Satzzeichen werden Leerzeichen geschrieben.

Der Schrägstrich

• wird als Bruch- und Gliederungsstrich verwendet,	1/3, 30 km/h
• ist Teil des Promillezeichens,	0,5 ‰
• steht für das Wort „gegen" bei Rechtsstreitigkeiten,	Huber ./. Meier
• ersetzt manchmal das Wort „und".	Alkohol/Autofahren

Vor und nach dem Schrägstrich werden keine Leerzeichen geschrieben.

Paragraf- und &-Zeichen

Wird ein ausgeschriebener Begriff durch ein Zeichen ersetzt, steht ein Leerzeichen vor und nach dem entsprechenden Zeichen.	BGB § 117
Das §-Zeichen darf nur verwendet werden, wenn eine Zahl folgt.	§ 20
Bei mehreren Paragrafen wird das Zeichen zweimal geschrieben.	§§ 314 und 315
Das &-Zeichen steht nur in Firmennamen.	Wolff & Söhne

Hier kannst du Fachbegriffe nachschlagen

@

Dieses Zeichen wird umgangssprachlich auch als Klammeraffe bezeichnet, es steht für das englische „at". Jede E-Mail-Adresse beinhaltet dieses Zeichen.

Absatz

Einen Absatz erkennt man daran, dass er vom vorhergehenden und nachfolgenden Text durch jeweils einen zeilenartigen Zwischenraum getrennt ist.

Absatzschaltungen müssen auch bei Fließtexten, siehe unten, eingegeben werden. Bei einer nachträglichen Absatzschaltung steht der Cursor auf dem ersten Buchstaben des Wortes, mit dem der neue Absatz beginnen soll. Danach erfolgt – je nach Programm – eine ein- oder zweimalige RETURN-Schaltung.

Die Abstände zwischen den einzelnen Absätzen eines Textes lassen sich jederzeit festlegen und auch wieder ändern.

Absatzformatierung

Die Absätze eines Textes bzw. der gesamte Text können verschieden formatiert werden. Neben Flattersatz (rechtsbündig, linksbündig, zentriert) und Blocksatz sind Zeilenabstände, aber auch Aufzählungszeichen oder Nummerierungen usw. beliebte Möglichkeiten der Textgestaltung.

Absatzrahmen

Soll ein Absatz durch einen Rahmen, eine Rahmenlinie oder eine Schattierung hervorgehoben werden, sind die Wörter im Unterschied zum Wortrahmen mit dem anschließenden Absatzschlusszeichen zu markieren. Anschließend kann aus einer Fülle verschiedener Gestaltungsmöglichkeiten über Format – Rahmen und Schattierung ... – ausgewählt werden.

Anschriftfeld

Zusatz- und Vermerkzone (3 Zeilen) und die Anschriftzone (6 Zeilen) sind Inhalt eines Anschriftfeldes.

Arbeitsmappe

Die Datei eines Tabellenkalkulationsprogramms nennt man oft Arbeitsmappe, die einzelnen Arbeitsblätter heißen Rechenblätter oder Tabellen.

Bauteile eines Textes

Zu einem Text gehören in der Regel folgende Bauteile: Zeichen, Wort, Zeile, Satz, Absatz, Seite.

Berufsinformationszentrum (BiZ)

Berufsinformationszentren sind den örtlichen Agenturen für Arbeit angeschlossen. Sie bieten ein breit gefächertes und kostenloses Informationsangebot z. B. zu Ausbildung, Weiterbildung und Beruf.

Berufswahlpass

Der Berufswahlpass ist ein Ordner, in dem alles für den persönlichen Berufsorientierungsprozess Wichtige gesammelt, geordnet und dokumentiert wird.

Bezug

Dieser Begriff bezeichnet eine Zelle oder einen Zellbereich in einem Rechenblatt und teilt einem Tabellenkalkulationsprogramm mit, an welcher Position (Spalte/Zeile) sich die in einer Formel zu verwendenden Werte oder Daten befinden.

Browser (engl.: to browse = durchsuchen, durchstöbern, durchblättern)

Softwareprogramm, z. B. Netscape Communicator, Internet-Explorer etc., zum Durchstöbern („Surfen") und zur gezielten Informationssuche im Internet. Ein Browser stellt die WWW-Informationen grafisch anschaulich dar und ermöglicht das Anwählen verschiedener Dienste.

Brief

Grundsätzlich unterscheidet man einen Brief ohne Vordruck – auch Privatbrief genannt – und einen Brief mit Vordruck (Geschäftsbrief).

Für Briefe gibt es eindeutige Schreib- und Gestaltungsregeln, die den Ort der einzelnen „Bauteile" (= Struktur) festlegen.

Bauteile eines Privatbriefes sind u. a. Absenderangabe, Ausstellungsdatum, Anschriftfeld, Betreffvermerk, Anrede, Brieftext, Grußformel, Unterzeichner, Anlagen.

Bundesagentur für Arbeit (BA)

Die Bundesagentur für Arbeit erfüllt für die Bürgerinnen und Bürger sowie für Unternehmen und Institutionen umfassende Dienstleistungsaufgaben für den Arbeits- und Ausbildungsmarkt. Zur Erfüllung dieser Dienstleistungsaufgaben steht bundesweit ein flächendeckendes Netz von Arbeitsagenturen und Geschäftsstellen zur Verfügung.

CD-ROM

Dieser Name ist aus den beiden Abkürzungen CD (= **C**ompact **D**isc) und ROM zusammengesetzt. Es handelt sich um eine „silberfarbene Scheibe", die, auf mechanischem Weg hergestellt, ein optisches Speichermedium darstellt. Die Vorteile einer CD-ROM sind die enorme Speicherfähigkeit, zurzeit ca. 800 Megabytes, die hohe Datensicherheit, die lange Lebensdauer, der geringe Herstellungspreis und die beliebige Vervielfachbarkeit. Siehe auch DVD (= Digital Versatile Disk).

Zum Einlesen der Daten in den Computer wird ein entsprechendes Laufwerk benötigt.

Datei

Eine Datei umfasst eine Sammlung von zusammenhängenden Informationen, wie z. B. einen Text. Um in einem Betriebssystem diesen Text speichern zu können, muss ihm ein Dateiname gegeben werden. Dieser Dateiname ist einem Vornamen vergleichbar, der in der Regel aus einer begrenzten Zahl an Zeichen besteht. Ein aus drei Buchstaben bestehender Nachname (Fachbegriff: Kennung, z. B. .txt) kann angegeben werden bzw. wird vom Computer zugeordnet.

Daten

Dieser Oberbegriff bezeichnet in der EDV die Gesamtheit aller speicherbaren Informationen, wie z. B. Zahlen, Buchstaben, Wörter oder ganze Texte, aber auch Bilder, Grafiken, Hörstücke usw.

Diagramm

Ein Diagramm wird auch als Schaubild bezeichnet. Visuell ansprechend gestaltet erleichtert es dem Betrachter, Vergleiche und Trends aus den grafisch aufbereiteten Daten herauszulesen.

Download

Hierunter versteht man das Herunterladen von Daten und Programmen von einem fremden Rechner (Server) auf den eigenen PC. Die heruntergeladenen Dateien stehen dann auf der eigenen Festplatte zur Nutzung oder Weiterverarbeitung bereit.

Drag-and-Drop

Dieser Fachbegriff bezeichnet einen Vorgang, bei dem der Mauszeiger z. B. auf das Symbol einer Datei zeigt. Mit gedrückter Maustaste wird dieses Symbol über das Bildschirmfenster bewegt und kann an anderer Stelle losgelassen werden.

DVD

Dies ist eine Abkürzung für **D**igital **V**ersatile **D**isc, auch Digital Video Disc. Hierbei handelt es sich um eine Scheibe, die wie eine CD aussieht und auch entsprechend beschrieben und gelesen wird. DVDs haben aber eine wesentlich höhere Aufzeichnungsdichte und können auch beidseitig und in verschiedenen Tiefen gebrannt werden, wodurch eine vielfache Speicherkapazität zur Verfügung steht. Durch diese hohe Speicherfähigkeit eignen sich DVDs insbesondere für digitalisierte Filme.

Eine Weiterentwicklung der DVD ist die sogenannte **Blu-ray Disc** (BD). Dieses optische Speichermedium bietet gegenüber der DVD eine erheblich höhere Datenrate und Speicherkapazität an. Zur Zeit kann eine BD ca. 50 Gigabyte (GB) speichern (1 Gigabyte entspricht ca. 1 000 Megabyte – im Vergleich dazu: eine CD-ROM fasst ca. 800 MB). Durch diese zur Verfügung stehende große Datenmenge lässt sich auf geeigneten Bildschirmen eine erhebliche bessere Bildqualität erzielen. Neuere Entwicklungen mit einer Speicherkapazität von bis zu 400 GB sind im Erprobungsstadium.

E-Mail (Abkürzung von Electronic Mail)

E-Mail bezeichnet die elektronische Versendung eines im PC geschriebenen Briefes über das Internet. Der herkömmliche Beförderungsweg wird oft als „snail mail" (dt.: Schneckenpost) bezeichnet.

Ergonomie

Ergonomie ist die Anpassung der Arbeitsmittel, Arbeitsgeräte und der Arbeitsumwelt an die Bedürfnisse des Menschen. Dabei werden alle sicherheitstechnischen, arbeitsmedizinischen, psychologischen und den Körperbau betreffenden Erkenntnisse berücksichtigt.

Diese Anforderungen an Arbeitsmittel, Arbeitsgeräte und Arbeitsumwelt sind weitgehend durch Gesetze (z. B. Arbeitssicherheitsgesetz), Verordnungen (z. B. Verordnung über Arbeitsstätten mit Arbeitsstättenrichtlinien) und Normen (z. B. **DIN D**eutsches **I**nstitut für **N**ormung e. V.) geregelt.

FAQ (**F**requently **A**sked **Q**uestions)

Unter diesem Punkt findet der User oft Antworten auf häufig gestellte Fragen. Besteht z. B. ein Problem mit dem Drucker, so hilft oft ein Blick in die FAQs des Druckerherstellers.

Firewall

Im Deutschen bedeutet dies Brandschutzmauer. Wie eine Mauer umgibt diese Sicherheitsvorkehrung einen Rechner und schirmt unberechtigte Zugriffe von außen oder auch nach außen ab.

Flattersatz

Die Ausrichtung Flattersatz gehört zu den Absatzformatierungen. Als Möglichkeiten bieten sich an, den Text am linken (Flattersatz linksbündig) bzw. rechten Fluchtlinie (Flattersatz rechtsbündig) beginnen zu lassen oder jede einzelne Zeile eines Absatzes an einer gedachten Mittellinie auszurichten (Flattersatz zentriert).

Fließtext

In Textverarbeitungsprogrammen wird der Text in der Regel als Fließtext erfasst. Dies bedeutet, dass der Schreiber keine Zeilenschaltung zu setzen braucht. Je nach ausgewählter Zeilenlänge nimmt das Programm an der damit bestimmten Stelle selbstständig einen Umbruch vor. Ein Wort, das in der laufenden Zeile den rechten Rand überschreiten würde, wird in die folgende Zeile gezogen (Fachbegriff: umbrochen). Diesen Vorgang bezeichnet man als automatischen Zeilenumbruch.

Die Fließtexteingabe erleichtert nachträgliche Textkorrekturen. Beim Löschen von Zeichen rückt der nachfolgende Text nach links bzw. nach oben, beim Einfügen von Zeichen nach rechts bzw. nach unten, sodass Korrekturen nach ihrer Durchführung nicht mehr erkennbar sind.

Formel

Formeln bestehen aus einem Gleichheitszeichen und einem Term, z. B.: =B3+B4+B5 Leerzeichen dürfen nicht gesetzt werden.

FTP-Server (**F**ile-**T**ransfer-**P**rotocol)

Dieser Rechner stellt Daten zum Download auf andere Computer zur Verfügung.

Funktion

In der Tabellenkalkulation sind Funktionen vorgefertigte Formeln, die jederzeit eingefügt werden können. Dies kann mittels Menü bzw. eine Schaltfläche erfolgen, z. B. über die Schaltfläche Σ: =Summe(B3:B6)

Leerzeichen dürfen nicht gesetzt werden.

Geschütztes Leerzeichen

Bei der Fließtexteingabe kommt es immer wieder vor, dass zusammengehörende Textteile (Zahl und Benennung, Firmenname, Titel und Name, gegliederte Zahlen) durch automatischen Zeilenumbruch getrennt werden, da das normale Leerzeichen von einem Textverarbeitungsprogramm als Textende angesehen wird. Textverarbeitungsprogramme bieten deshalb die Möglichkeit, geschützte Leerzeichen einzugeben. Dadurch werden zusammengehörende Textteile unsichtbar verbunden und im Falle eines Zeilenumbruchs an dieser Stelle nicht getrennt.

Homepage (wörtl. übersetzt: „Heimatseite")

Dieser Begriff meint die erste Seite einer Website, auf der grundlegende Informationen in einem Überblick durch einen Onlinedienst oder Privatpersonen angeboten werden. Weitere Informationen sind auf den folgenden Seiten zu erfahren, die durch einen Klick auf Hyperlinks zu erreichen sind.

html (**H**ypert**e**xt **M**arkup **L**anguage)

Mit html wird eine Seitenbeschreibungssprache zur Präsentation von Informationen in Form von Seiten im WWW bezeichnet. Der größte Vorteil dieser „Sprache" liegt in den Möglichkeiten zu Querverbindungen, sogenannten Links, zu anderen Seiten. Klickt man auf einen solchen Link, gelangt man automatisch zur verbundenen Seite.

http (**H**yper**t**ext **T**ransfer **P**rotocol)

Dieses Datenübertragungsverfahren wird im WWW eingesetzt, z. B.

http://www.schulen.bayern.de

Deshalb beginnen alle Adresseinträge im WWW mit „http:". Mit Protokoll bezeichnet man eine Sammlung von Festlegungen und Regelungen. Wichtige Protokolle im Internet sind z. B. IP, TCP, PPP.

IRC (**I**nternet **R**elay **C**hat)

Mehrere Teilnehmer treffen sich über die Netzleitung in einem virtuellen Raum und können sich dort über Textzeilen unterhalten, Fachbegriff: chatten.

LAN (**L**ocal **A**rea **N**etwork)

Man versteht darunter ein räumlich begrenztes Computer-Netzwerk.

Laufweite

Manchmal kann es in einem Text notwendig sein, dass einzelne Zeichen noch in eine Zeile passen oder der Text bis zum ausgewählten Rand reichen sollen. Dies lässt sich durch das Ändern der Laufweite/des Zeichenabstands erreichen.

Leittext

Der Leittext formuliert die Projektaufgabe. In einem Handlungsanlass wird eine Situation oder ein Sachverhalt dargestellt. Die zu bearbeitenden Aufgaben bestehen aus Leitfragen und konkreten Handlungsanleitungen.

Link (engl.: Verbindung)

Dieser Begriff bezeichnet die Kurzform von Hyperlink. In HTML-Dokumenten verweisen Links auf andere Textstellen, Medien und Dokumente und verknüpfen damit verschiedene HTML-Dokumente miteinander. Durch Anklicken einer als Link markierten Stelle gelangt man zu dem verbundenen Dokument bzw. zu einer verbundenen Textstelle.

Login (Sich-Einloggen)

Mit diesem Befehl meldet man sich mit Benutzernamen und Passwort bei einem fremden Rechner an, mit Logout meldet man sich wieder ab.

Metasuchmaschinen

Diese Suchmaschinen verfügen über keinen eigenen Datenbestand, sondern durchsuchen mehrere Suchmaschinen gleichzeitig.

Multimedia

Bei Multimedia-Anwendungen werden verschiedene Medientypen wie Texte, Bilder, Grafiken, Tonsequenzen, Animationen, Videoclips gleichzeitig durch eine geeignete EDV-Anlage vorgeführt.

Net(work), Netz(werk)

Die Gesamtheit aller verbundenen Rechner bildet das Netz, dessen jeweiliger Aufbau in einer Art Landkarte (engl.: map) wiedergegeben wird.

Norm DIN 5008

Die Norm DIN 5008 (Schreib- und Gestaltungsregeln für die Textverarbeitung) legt fest, wie Schriftzeichen mittels alphanumerischer Tastaturen einheitlich angewendet werden, sodass eine leichte und eindeutige Lesbarkeit der Schrift gesichert wird. Außerdem gibt die Norm DIN 5008 an, wie Schriftstücke zweckmäßig und übersichtlich gestaltet werden, um Arbeit einzusparen und die Informationsverarbeitung zu erleichtern.

DIN 5008 ist verbindliche Grundlage für den Unterricht im BoZ Wirtschaft und für Prüfungen vor der Industrie- und Handelskammer.

Offline

Mit „offline" (ohne Verbindung) meint man den verbindungslosen Betriebszustand, z. B. des Personalcomputers.

Online

Aus dem englischen „online" (in Verbindung). Verbindungszustand z. B. des Personalcomputers mit Datennetzen oder beim Datenaustausch von PC zu PC.

Online-Dienst

Online-Dienste sind Anbieter, die Informationen und Dienstleistungen zur Verfügung stellen und einen Zugang zum Internet ermöglichen.

Orientierungspraktikum

Ein Orientierungspraktikum gibt Haupt- und Mittelschüler/-innen Gelegenheit, erste berufliche Erfahrungen zu sammeln und sich dabei ihrer Stärken und Neigungen bewusst zu werden.

Projektmappe

In einer Projektmappe wird der Projektverlauf dokumentiert. Sie enthält Planungs-, Durchführungs-, Präsentations- und Abschlussunterlagen.

Provider (dt.: Anbieter)

Bei einem Internet-Service-Provider (ISP) handelt es sich um eine Firma, die u. a. direkte Internet-Verbindungen besitzt und diese ihren Kunden zur Verfügung stellt. Über einen Provider erhält der Benutzer in der Regel gegen Gebühren Zugang zum Internet.

Punkt (Schriftgröße)

Mit dieser nicht gesetzlichen Längeneinheit wird die Größe einer Schrift angegeben. 1 Punkt entspricht im Deutschen als typografischer Punkt 0,376 mm, im Englischen als DTP-Point 1/72 inch, das entspricht ca. 0,353 mm.

Rahmen und Rahmenlinien

Einzelne Zeichen, ein Wort bzw. mehrere Wörter und/oder ein bzw. mehrere Absätze können durch Rahmen und Rahmenlinien hervorgehoben werden. Dabei ist es möglich, den Rahmeninhalt farbig (= schattieren) zu gestalten und Stärke und Farbe der Rahmenlinie zu bestimmen.

Rechenblatt

Grundlage für alle Operationen bei einem Tabellenkalkulationsprogramm ist ein sogenanntes Rechenblatt. Es besteht aus einer Vielzahl von Zellen, die mit einem Zeilen- und Spaltennamen angesprochen werden können. So befindet sich z. B. die Zelle H5 in Spalte H, Zeile 5.

Schattierung

Der Begriff Schattierung wird in mehrfacher Hinsicht verwendet. Bei Rahmen wird damit die Möglichkeit einer farbigen Gestaltung angesprochen. Auch können Textteile mit einer farblichen Unterlegung hervorgehoben werden. Ebenso versteht man unter Schattierung aber auch das „Anfügen" eines Schattens an ein oder mehrere Zeichen bzw. Wörter, aber auch an einen Rahmen.

Server

Gemeint ist ein Rechner, der in einem Netzwerk Daten bereithält, um diese „Dienste" Computern, die auf ihn zugreifen, zur Verfügung zu stellen.

Silbentrennung/Worttrennung

Um bei Fließtexten allzu große Ungleichmäßigkeiten am rechten Schreibrand auszugleichen, führt man bei längeren Wörtern Worttrennungen durch. Dabei unterscheidet man die automatische von der manuellen Worttrennung.

Sofortkorrektur

Sofortkorrektur ist jede Korrektur, die vom Schreibenden selbst ausgeht und innerhalb der zur Verfügung stehenden Arbeitszeit durchgeführt wird.

Spalte

In der Tabellenkalkulation werden die jeweils unter der obersten Zelle angeordneten weiteren Zellen gemeinsam als Spalte bezeichnet. Spalten werden in der Regel mit Großbuchstaben benannt, z. B. A, B ...

Spaltentext

Text lässt sich in einem Arbeitsblatt in der Regel in Spalten gliedern. Um den Lesern die Textaufnahme zu erleichtern, werden z. B. in einer Zeitung die Textzeilen nicht über die gesamte Blattbreite geführt, sondern in mehrere Spalten gesetzt, z. B. 3-spaltig.

Statusleiste

Bei vielen Programmen wird eine Statusleiste am unteren Rand eines Fensters eingeblendet. In dieser Zeile werden verschiedene Informationen des aktuell ausgeführten Programms angezeigt, z. B. Seitenzahl, Schreibmodus usw. Nicht jedes Programm gibt eine Statuszeile an.

Suchdienste

Nach Eingabe eines Stichwortes durchforstet eine Suchmaschine das WWW nach den gewünschten Inhalten.

Tabellenkalkulation

Mit diesem Begriff wird in der EDV eine Standardsoftware bezeichnet, die Tabellen, also eine Anordnung von Daten in Zeilen und Spalten, meist menügesteuert erstellt und/oder auswertet. So können z. B. bei der Eingabe eines neuen Wertes alle dazugehörenden Werte blitzschnell erneut bererechnet, mehrere Tabellen zusammengefasst und Tabellen als Grafik (z. B. Balkendiagramm) dargestellt werden.

Tabulatorstopp

Durch Drücken der Tabulator-Taste springt der Cursor in den meisten Standardprogrammen an eine vorbestimmte Stelle eines Arbeitsblattes. In vielen Textverarbeitungsprogrammen sind sogenannte Tabulatorstopps standardmäßig auf bestimmte Zentimeterzahlen voreingestellt. Tabulatorstopps lassen sich aber auch an beliebigen Positionen innerhalb des Schreibbereichs festlegen.

Je nach Anwendungsbereich kannst du verschiedene Arten von Tabulatoren einsetzen. Man unterscheidet linksbündige, zentrierte, rechtsbündige und dezimale Tabulatoren.

Taskleiste

Viele Betriebssysteme bieten eine Taskleiste an.

Ein Klick auf ein entsprechendes Symbol ermöglicht das Umschalten zwischen laufenden Anwendungen (Fachbegriff: Task). So ist es möglich, hier

- Verknüpfungen häufig genutzter Programme und/oder Ordner abzulegen,
- gerade arbeitende Programme bzw. Dateien anzuzeigen,
- auf Sonderfunktionen, wie z. B. eine bestehende Verbindung ins Internet und die Uhrzeit, hinzuweisen.

Die Taskleiste kann an beliebigen Stellen des Bildschirms positioniert werden. Sie kann so eingestellt werden, dass sie dauernd sichtbar ist oder erscheint, wenn der Cursor an den Bildschirmrand gefahren wird.

TCP/IP

(**T**ransmission **C**ontrol **P**rotocol/**I**nternet **P**rotocol)

Mit dieser Internet-Standard-Sprache kommunizieren Rechner im Internet. TCP und IP gewährleisten gemeinsam die Funktion des Internets. Das IP zerlegt die Dateien in Pakete und sorgt für die korrekte Zustellung der Daten, das TCP überprüft die Vollständigkeit der Datenübertragung und sorgt dafür, dass die Daten die richtige Reihenfolge haben.

Textverarbeitung

Nach DIN 32 754 versteht man unter Textverarbeitung die Behandlung von Text mithilfe organisatorischer Methoden und/oder technischer Mittel (z. B. durch Entwerfen, Schreiben, Speichern, Vervielfältigen, Archivieren, Kommunizieren, Rechnen)."

Übertragungsrate

Die Anzahl von bit pro Sekunde, die im analogen Telefonnetz oder im ISDN vom PC oder Telefax aus übertragen wird. Im ISDN ist zurzeit ein Datenaustausch bis zu 64.000 bit/s möglich.

Unterstreichen

Nach DIN 5008 ist Unterstreichen eine Hervorhebung und keine Zeichenformatierung.

URL (**U**niform **R**esource **L**ocator)

Jede Seite, die auf einem Internetrechner gespeichert ist, hat einen Namen, damit sie weltweit eindeutig identifizierbar ist. Als Adresse bzw. als eine Art Wegbeschreibung zu den gewünschten Daten ist eine bestimmte Reihenfolge vereinbart, die sogenannte URL.

USB (**U**niversal **S**erial **B**us)

Mit diesem Schnittstellensystem können Geräte wie Drucker, Scanner ... einfach hintereinander geschaltet werden. Bis zu 127 Geräte lassen sich auf diese Weise mit dem PC verbinden. Der Vorteil dieser Schnittstelle liegt in der relativ schnellen Datenübertragung und in der Vereinheitlichung der zu verwendenden Kabel.

Vorsicht ist dennoch geboten: Auch die Daten auf einem USB-Stick können verloren gehen.

Usenet (User-Network)

Das Usenet besteht aus verschiedensten Diskussionsforen, den sogenannten Newsgroups.

Website

Dieser Begriff bezeichnet ein Angebot im Netz (WWW), das aus mehreren Seiten bestehen kann. Von der Startseite (Homepage) aus, die häufig als Vorstellungs- und Inhaltsseite dient, sind die einzelnen Themenbereiche durch Hyperlinks erreichbar.

World Wide Web (dt.: weltweites Netzwerk)

Im WWW werden Informationen auf Seiten präsentiert, die untereinander verknüpft sein können. So entsteht ein weltweites Geflecht verschiedenster Veröffentlichungen, die immer öfter multimedial aufbereitet, also mit Bildern, Videos und Sound verbunden werden.

Wortrahmen

Sollen ein oder mehrere Wörter innerhalb eines Absatzes durch einen Rahmen oder eine Schattierung hervorgehoben werden, sind im Unterschied zum Absatzrahmen nur die Wörter zu markieren. Anschließend kann aus einer Fülle verschiedener Gestaltungsmöglichkeiten über FORMAT – RAHMEN UND SCHATTIERUNG ... – ausgewählt werden. Am linken und rechten Rand des Rahmens kann der Abstand der Wörter z. B. durch Leerzeichen vergrößert werden.

Zeichenformatierung

In jedem Text können einzelne Buchstaben, Zeichen, Wörter ... verschieden gestaltet werden.

Häufig angewendete Zeichenformatierungen sind z. B. verschiedene Schriftarten, verschiedene Schriftgrößen, verschiedene Schriftfarben, **Fettdruck**, *Kursivdruck*, KAPITÄLCHEN, VERSALIEN (Großbuchstaben) und deren Kombinationen.

Hinweis: Unterstreichen siehe linke Spalte.

Zeile

Bei Tabellen werden die jeweils neben der obersten Zelle angeordneten weiteren Zellen gemeinsam als Zeile bezeichnet. Zeilen werden in der Regel mit Ziffern benannt, z. B. 1, 2, 3 ...

Zeilenabstand

Den Benutzer eines Rechners bezeichnet man als User (engl.: to use = benutzen, gebrauchen).

Zeilenumbruch

Mit der Tastenkombination ALT + RETURN lässt sich oft in einer Zelle eines Tabellenkalkulationsprogramms ein Zeilenumbruch durchführen.

Zelle

Bei Tabellen werden Zellen in der Regel wie folgt benannt: A1, A2 ... B1, B2 ... Dabei gibt der Buchstabe die Spalte, die Ziffer die Zeile an, kurz Spalte/Zeile.

Stichwortverzeichnis